武州拝島大師本覚院の歴史文化

川勝賢亮【著】
Kenryo Kawakatsu

岩田書院

▲写真1 比叡山遠望 琵琶湖畔大津市草津から
▼写真2 多摩川昭島市拝島霞堤(信玄堤)から秋川との合流点をみる。大岳山御嶽山遠望

▲写真3 南大門と元三大師石碑

◀写真4 文殊楼

▼写真5 八角円堂弁才天堂

◀写真**6** 経蔵堂

▲写真**7** 大梵鐘「ちぶさの鐘」

▶写真**8**「ちぶさの鐘」三品千鶴歌碑

▲写真10 旧本堂

▲写真9 水天宮と旧本堂

▶写真11 西門 転害門

▶写真12 西門 転害門より
本堂を望む

▶写真13 旧本堂「大悲殿」額

▼写真14 旧本堂「両大師」額

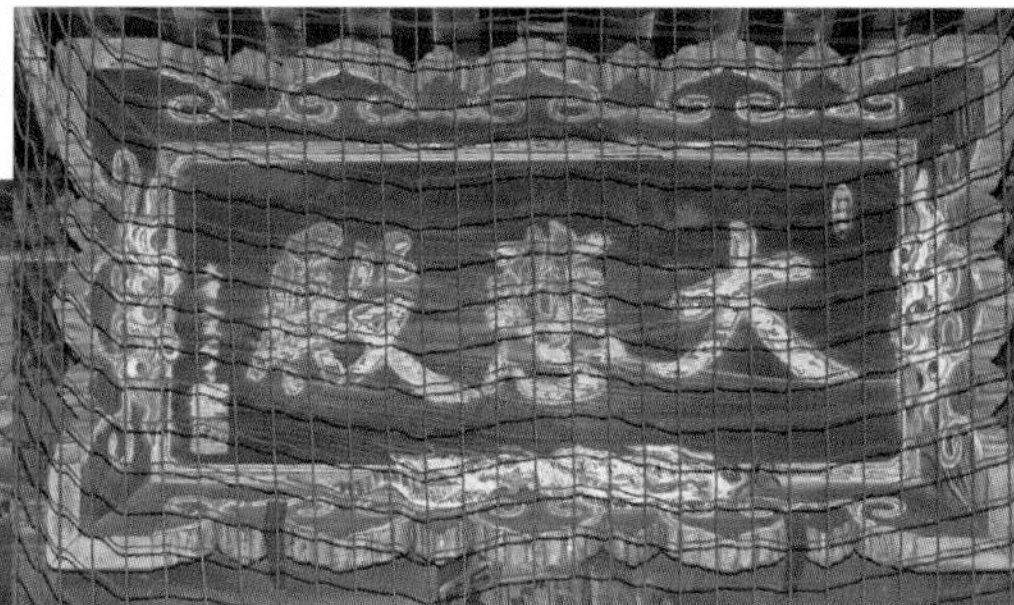

◀写真15 旧本堂 向拝海老虹梁

▼写真16 旧本堂 向拝唐破風下龍蟇股

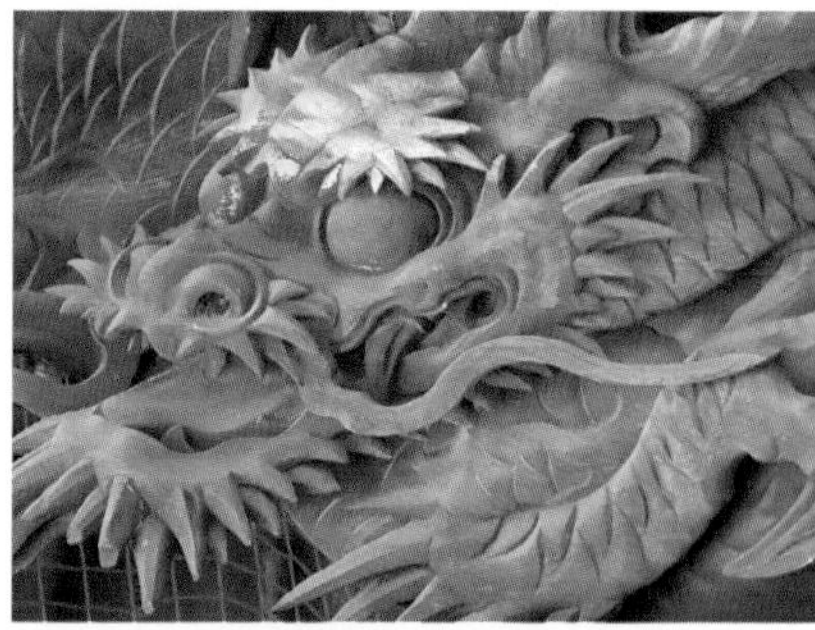

▶写真17 旧本堂 向拝柱獅子・象鼻

▼写真18 旧本堂高欄擬宝珠刻銘名

▲写真19 本堂・元三大師中堂
◀写真20 本堂の四手先組物

▼写真21 大師の池より築山・多宝塔、右本堂

▶写真22 築山・石造観音像

▲写真23 築山・明治十四年藤井賢祐歌碑

▲写真24 築山・諏訪社

▲写真25 築山・奥の院多宝塔

▶写真26 築山・奥の院多宝塔参詣路

◀▼写真27、28　拝島大師初縁日「だるま市」

▶写真29　東京大学民族音楽愛好会「拝島アンデスの響き」

◀写真30　七五三詣り

▶写真31 天然理心流
心武館 初代奉納額

▼写真32 天然理心流
心武館 二代目奉納額

▲写真33 天然理心流 心武館 奉納演武 集団素振

▼写真34 天然理心流 心武館 奉納演武

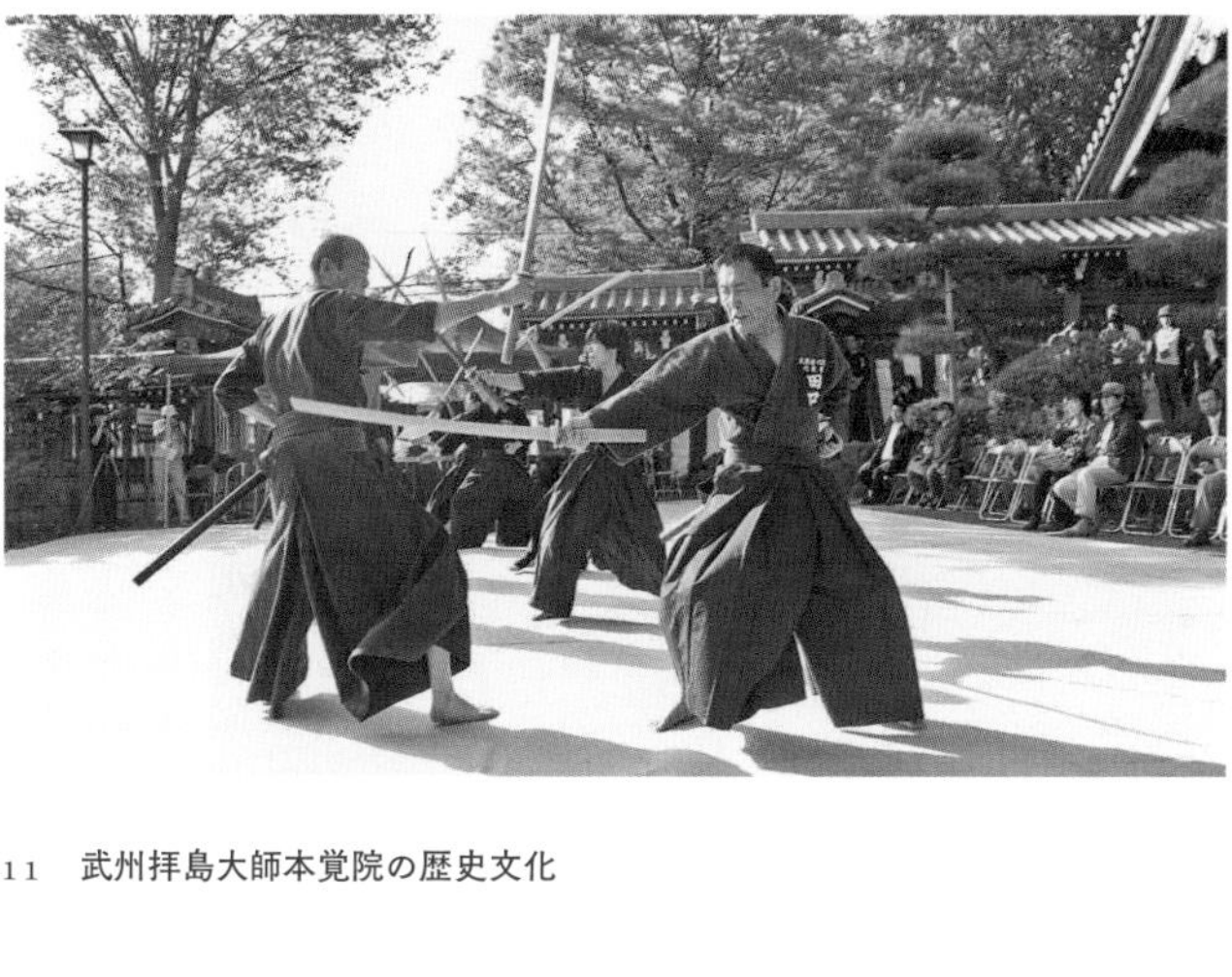

▲写真35 拝島大師木造五重塔

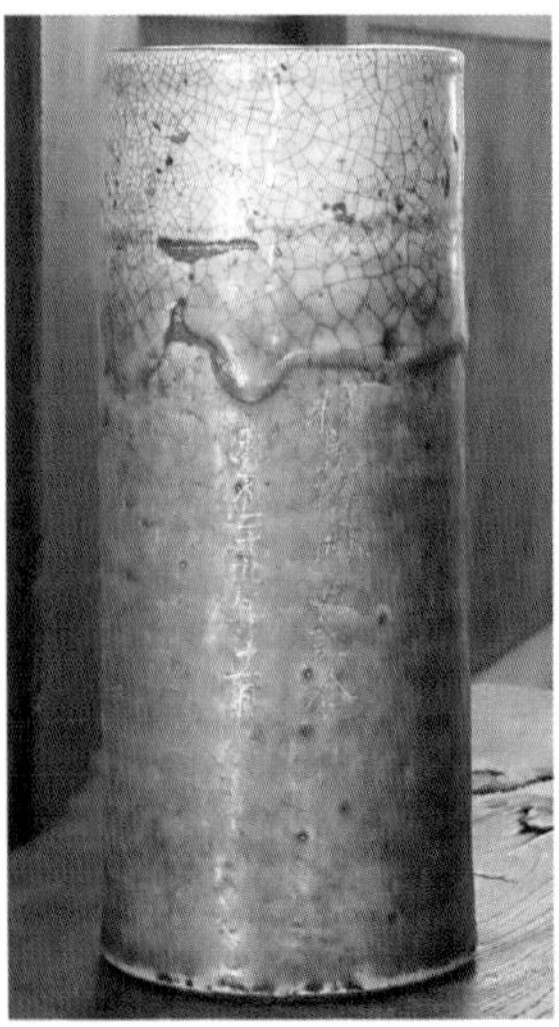

▶写真37 拝島橋開通記念花瓶 昭和二十九年十一月記年銘

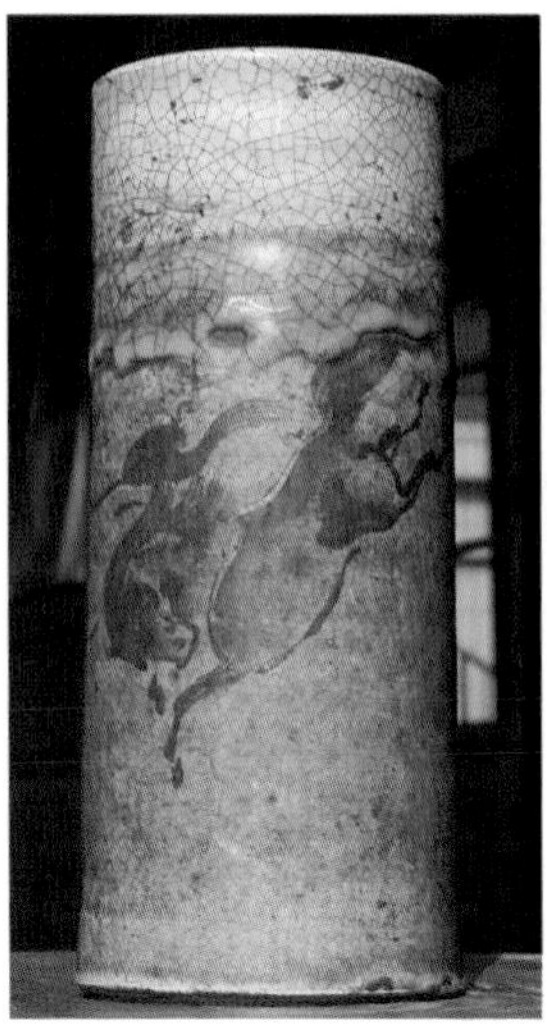

◀写真36 拝島橋開通記念花瓶

はしがき

拝島大師本覚院（東京都昭島市）は、多摩川の清流に秋川が合流する拝島の里の悠久の歴史を伝える古刹です。正月二・三日の初縁日には江戸時代より続く全国一早い「だるま市」が立ち、数百の露店出店の賑わいは新春の風物詩です。季節を通じて参詣者の人並みは絶えることなく、古来の大師信仰を今に伝えています。広大な境内に諸堂塔が建ち並び、泉からの水は三つの池から小川に流れ、四季折々の花樹とともに、虫や鳥・魚たちと共に、水と緑の別天地を呈しています。

ここに拝島本覚院が西隣大日堂とともに平安中期の村上天皇の世に建てられたと言われます。やや時代が降って、十六世紀の室町時代後期の戦国の世、永く比叡山横川の地にあった木造慈恵大師像すなわち元三大師（がんざんだいし）尊像は、元亀二年（一五七一）、織田信長の比叡山焼き打ちから敬諶（けいたん）大僧都により救出されました。敬諶大僧都は比叡山を出て諸国行脚の末、七年かかって、天正六年（一五七八）に当拝島本覚院に木造慈恵大師尊像を安置されたとのことです。詳細な史料文書は遺されていませんが、織田信長の天下布武の戦争が進められた元亀・天正の諸国戦国大名の配置から推測してみますと、敬諶大僧都は比叡山を出て、恐らくは琵琶湖西岸を北上し、敦賀に越え、福井一乗ヶ谷から金沢・富山と北陸路を通って、越後国（新潟県）へ抜け、上越からさらに山越えで関東入りして、上州（群馬県）・野州（栃木県）に入り、ここで土地の人びととの支援を受けてしばらく逗留した後に再び戦乱に巻き込まれ、天正六年になるころ、再び関東を南下し当拝島本覚院に安置されたものと考えられます。

爾来四百四十有余年、拝島大師は関東屈指の厄除け霊場として多くの信徒の崇敬を受け、江戸近世、明治・大正・昭和、さらに平成・令和の近現代、地域歴史文化の進展発展に密接に関係する由来縁故を持ち、昭島・多摩地方の歴史は拝島大師の信仰の歴史文化を抜きには語れない重要な存在であり続けました。

本書はこれまで社寺の縁起として取り上げられなかった拝島大師の由来事蹟を、歴史学・文学など文系諸学などの総合的観点で考察する、つまり拝島大師の歴史文化を分析しようとするものです。それにより拝島大師信仰の伝統の全貌が明らかになるのです。

なお、本書は多くの人びとの読書を願うために叙述表現は話言葉の口語体とし、随所に参考資料を添えて理解を容易にすることに努めました。それでも原文書の提示など、なお読みにくい個所も多いのですが、あくまで事態の正確な把握をするという本書の趣意からのもので、御理解を賜りたいところです。大方の御批判をお待ちします。

目　次

第一章　元三大師良源の生涯

はじめに―元三大師良源の伝記―

元三大師良源の生涯については、藤原斉信撰『慈慧大僧正伝』と梵照『慈恵大僧正拾遺伝』が最も信頼が置けます。前者は大師良源入滅（九八五）後四十六年目に作られました。第二十七代座主慶命が座主就任後三年目の長元三年（一〇三〇）九月八日に良源の霊位を供養する追善法要を行い、その嘆徳文に「国之師、仏家之棟梁、法侶之賢哲、釈迦如来之重出、慈覚大師之再誕」と讃え、初めて慈慧大師と追慕して比叡山三塔伽藍の復興から三千の弟子人材を育てた良源の功績を高く評価しました。

二十七代座主慶命が良源追悼法要を行い、良源の功績を絶賛したことが機縁になり、良源の遺弟門人が会議し、最終的には法性寺太政大臣藤原為光の第三子にして、尋禅座主の猶子であった才人大納言藤原斉信が潤色して『慈慧大僧正伝』が完成したのです。それでも大師良源没後四十六年目のこと、遺された弟子にしてみれば遺漏や不十分と思われた個所もあり、そこで遺弟の梵照が私記ということで作ったのが『慈恵大僧正拾遺伝』です。本章では最初の藤原斉信撰『慈慧大僧正伝』と梵照『慈恵大僧正拾遺伝』の対比によって良源の生涯を辿ってみることにします。

一　大師の誕生

大師の出自　大師は、諱は良源、醍醐天皇延喜十二年（九一二）九月三日、近江国浅井郡（現在、滋賀県長浜市三川町）に生まれ、幼名は観音丸。その生家は後に玉泉寺という寺になり、現存の境内に産湯井が残っています。父は木津氏、母は物部氏、ともに名は不詳とされますが、一説に父は木津姓改め饗庭氏の重頼、母は物部憲興の娘月子姫ともいいます。木津氏は大和の漢氏の一族、半島・大陸からの渡来人で、近江国では高島郡木津郷が本拠でした。母の物部氏は大伴氏や蘇我氏とならぶ有力な古代豪族で、物部守屋が蘇我馬子や聖徳太子との戦争に敗れて滅亡した後も、その分流は尾張国（愛知県）や遠く常陸国（茨城県）に栄えましたが。近江国では穴太郡に物部郷があります。また一説には母の月子姫の父物部憲興は竹生島の辺の荘園の首領で、姫が十二歳の時、宇多天皇が竹生島に行幸して観音菩薩宝前に参籠された折にお仕えしたのが縁で、その後宮中に参内したといいます。

大師の母親　大師の母親である月子姫は饗庭重頼に嫁いでから長く児ができなかったので、土地の名刹大吉寺の観世音菩薩に祈願し、その霊験によって授かったのが観音丸です。祈願の帰り道、美しい稚児が姿の良い馬に乗って大吉寺に向かうのに出会い、母は祈願成就のしるしと喜び帰宅しました。その夜の夢に海中に座して天上を向いていると、日輪が懐中に入りました。この後懐妊誕生したのが大師良源でした。誕生に際して室に異常な気がみなぎり、観音菩薩の申し子と観音丸と名を付けました。また日輪霊夢の佳瑞によって日吉丸という所伝もあります。

琵琶湖竹生島弁才天　大師の母縁りの竹生島には日本三弁才天の一があり、伝教大師最澄が比叡山を開いた時に神威を示し、竹生島のある湖北一帯は比叡山との結びつきを強めます。弁才天は日本古代第一の護国の経典である『金光明経』に書かれる諸天善神のおひとりで、比叡山では無動寺に祀られ、拝島大師でも大師池八角円堂の本尊です。

二　登叡得度

神童観音丸　九歳の少年に成長した観音丸は教えられたことはすべて理解する才能を表し、人々は「さすが観音の申し子よ」と言い合いました。才能を生かすのは僧侶への道が唯一ですから、観音丸の異才を見つけた人々は僧界入りを勧め、叡山に登ることを勧めました。両親は観音丸の出家をなかなか決意しません。

観音丸の異形　藤原斉信『慈慧大僧正伝』には、

年始めて九歳、田中に遊ぶ。時に国老越州司馬雲の貞行というもの有り。田を祭るの日、郷飲酒の礼を成す。家族群れ集る。ここに貞行が見渡して見ると、一人の霊童が田の中に立つ。眼を凝らして見ると、頂きに天蓋あり、形は蓮華に似たり。老翁は見て奇なりとして、児童の家所の方に向かい敬重の礼を致す。騎馬を御して、その室に至り、その父に誡めて言う「汝の児は霊童である。敢えて軽んずることなかれ。もし塵巷俗界におし留めれば、恐らくは雲霄の地位に上ることは難し。須く台嶽比叡山に登攀し、師匠に寄附すべき」と。

と記しています。観音丸の常人とは異なる異才ぶり、それゆえ出家得度、比叡山登山修行が勧められるのです。

覚恵阿闍梨　三年が過ぎました。父親が亡くなり、母親は浅井郡から滋賀郡に移住しました。この土地に梵釈寺がありま す。かつて伝教大師最澄が修学時代に訪れた寺です。十二歳の観音丸はここで天台宗の学僧である覚恵阿闍梨の室に遊びに行くと、覚恵は観音丸の形体奇偉なるを一目見て、「あなたは一般の俗人とは異なった優れた人相をしている。なぜ遊びばかりして学業に就かないのか。早く仏道を修学せよ」と告げました。

騎馬の客　梵照『慈恵大僧正拾遺伝』では浅井東郡に川が有り、字は田川、橋が有り、郷人が橋南で釣りをし、それをひとりの児が微笑しながら見ていました。そこへ騎馬の客が馬を連ねて橋を渡って来ました。騎馬たちの主人が橋の上から漁翁を見て、馬を下りて、「汝は何人か」と聞きました。翁は「当郡の人です」と答えました。客はまた、「この小児は汝が男子か」と問いました。「しからず、同郡の人の子です」と答えました。騎馬の客は数度小児を拝察して、漁父に向かって、「我はこの児に尋常ではない異事の相を見た。汝はその児の親に告げよ。ゆめゆめこの児をおろそかにするな」と言いました。でも彼の漁父は異相は何かを問いませんでした。愚直の至りでしたと記します。

観音丸比叡山登山　母親は、観音丸が比叡山に登ることを決意します。十二歳の観音丸は醍醐天皇の延長元年（九二三）五月三日に比叡山に登り、西塔宝幢院の理仙大徳に師事して学問修業に励みました。やがて延長六年（九二八）、十七歳となった観音丸は一を聞いて十を知るという天才ぶりを発揮しました。このころ得度者は国家が各宗各寺に定員を設け、天台宗の定員は宗祖伝教大師のころわずか二名で、その後、慈覚大師円仁・智証大師円珍の努力で急速に増加しましたが、それでも南都奈良東大寺・興福寺らが過半を占めておりました。

得度は狭き門　当時、得度出家者は公役免除のほか、種々の特権を有し、特に高僧ともなれば、朝廷・公家の供奉僧や念持僧となり、各種修法を依頼されたので、勢威も上がり、社会的エリートになりました。そのため、得度・出家の希望者は数多くなり、次第に僧侶への道が狭き門になりました。ふつうはその定員の各宗派の枠に応じて有力な師僧の推薦により資格が認められた者だけが得度出家を認められたのです。

船木良見の観音丸得度助力　観音丸も師の推薦で得度出家する手はずが整った矢先、理仙大徳が急逝して、得度は不可能になりました。理仙大徳と観音丸が居る比叡山西塔宝幢院の責任者である日燈房主は利発な観音丸の前途を心配しましたが、自分だけでは力不足と感じたので、有力な後援者である伊勢国（三重県）朝明郡の郡領船木良見に得度者の枠をもつ僧の斡旋を依頼しました。

右大臣藤原定方と薬師寺恩訓法師　船木良見は旧主人の右大臣藤原定方に相談したところ、右大臣は薬師寺の恩訓を選び、その度者にと考えました。依頼を受けた恩訓は右大臣の頼みもある上に、観音丸の容貌からその非凡さを認め、自分の度者にすることを許可したのです。

理仙度者の観音丸　ところが観音丸は自分の師はあくまで理仙であり、恩訓に転師することはできませんと、恩訓の申し出を固く辞退したのです。そこで観音丸の恩訓度者の件は頓挫しかかります。この事情を知った船木良見は、それでも観音丸の真摯な態度に感銘を受け、さらに一段と八方手を回したので、朝廷は観音丸を亡き理仙の度者とすることを認めたといいます。そこで観音丸は船木良見の良の一字を得て得度名を良源としたというのです。

比叡山僧良源の出発　延長六年四月、観音丸は天台座主尊意を戒師として、得度出家し、名を良源として、比叡山西塔宝幢院において日燈房主の下で修学修行の道を始めることになります。

船木良見と右大臣藤原定方の外護　以上のように、良源得度には船木良見の努力と右大臣藤原定方の政治力が外護となって良源は比叡山僧になれたのです。これは良源にとって、後援者というより藤原氏という最高の朝廷の有力者の外護を得るという、最も善い縁故関係を持つことになりました。

三　仏教教義論争＝論義での活躍

比叡山天台宗の止観業・遮那業両専攻　天台宗祖最澄は弟子たちの修学内容を、止観業と遮那業の二つに定め、止観業は法華経・金光明経・仁王経・維摩経などの顕教の大乗経典を修学し、遮那業は大日経・金剛頂経などの真言密教を専攻します。良源が止観業と遮那業のいずれを専攻したか考証の材料はありません。若き日に比叡山の法華経の論義や南都東大寺・興福寺との論義に活躍したことから考えると止観業の専攻かとも思えます。

天台宗の顕密一致教学　天台宗では宗祖伝教大師最澄の顕密一致の教学は、次の慈覚大師円仁、智証大師円珍によって密教がますます発展しましたが、それでも法華経教学はなお高度に発展しました。

比叡山三塔の論義　良源は得度出家の翌年の延長七年（九二九）、比叡山三塔の学僧により挙行される論義に選抜されました。学問論争の相手は東塔喜慶律師の下の乗恵でした。良源の博学とその弁説に東塔の有力者である喜慶律師は大いに感嘆したのです。これで後に良源直前に十七世天台座主となる高僧喜慶との縁もできました。

良源、初めての論義　良源の才能、勉強ぶりについて、伝記作者は次のようなエピソードを紹介しています。日夜学業に励み、論義のできは絶倫と言われたので、その評判を確かめるため、東塔山王院門徒（智証大師円珍門徒）が難題を持ち込んできました。東塔の上神宮寺の結縁八講に円珍門徒の最秀才と目された千観大法師の問者として良源を招きたい。題は因明（論義学）に関するものです。因明は千観の専門でしたが良源には未知の学で、期日は明後日です。良源はこれを引き受け、夜を徹して勉強します。すべてを暗誦してしかも新解釈を加えて千観を圧倒します。良源は非凡の才をいかんなく発揮しました。

藤原忠平　若き良源は比叡山の正式僧侶となってまもなく頭角を現し、この年十二月十四日、時の藤原氏の長者である左大臣藤原忠平の五十歳を祝う大講堂での法会に指名され参加が許されました。

良源高弟の暹賀・聖救　後に良源の高弟になった暹賀と聖救がいます。二人が良源の弟子になった経緯について、梵照編『慈恵大僧正拾遺伝』は次のように記述しています。運日大徳のもとに二童子がおり、共に学業優秀で、兄は得度する時期になっていましたが、度者の定員枠がもらえないで困っていました。これを西塔宝幢院房主基増が聞いて自分の年分度者の定員枠を与え、良源の下で修行させようとしました。良源は感激して基増の指示に従うことを誓い、年少の童子の方を基増付として、基増を感心させました。この頃比叡山天台宗の年分度者の定員枠は、その枠を自分の弟子に使おうとする競争が有力な師僧の間で熾烈になっていて、ともすれば、自分の弟子の増加のみを考える傾向が生じていました。良源と基増の関係は美談に近いものです。この時の二人の童子は後にいずれも良源の高弟となり、年長の者は座主権僧正となった暹賀と大僧都まで昇進した聖救です。暹賀の出家得度は『僧綱補任』によれば延長九年(九三一)四月十六日、年十七歳と知られますので、良源二十歳、法臈わずか四年の時のことです。良源はもう一人前どころか、後進を育てる指導僧侶として比叡山の幹部になっていたのです。

良源昇進の秘密　良源の急速な昇進の秘密は何でしょうか。この年九月十六日には、醍醐天皇の一周忌に当たり、中宮穏子は西塔院内で法会を催しています。良源は法会準備を担当したことが予想されます。

興福寺維摩会　数年後の承平七年(九三七)十月十日、奈良興福寺の維摩会に天台宗の比叡山西塔基増大法師が講師に任ぜられ、これに従う威儀僧に良源が選ばれました。一般の論義では出題者が探題、回答者が竪者、回答に対して更に質問するのが講師でありましたが、維摩会では講師が探題を兼ねましたので、会の最高権威でした。また維摩会講師は翌年の最勝会・御斎会の講師にも任ぜられて、三会修了を果たすと已講と称されて、僧綱入りが約束され、僧界の最高位を勤めることになります。この時に講師の基増は六十六歳、法臈四十六年の長老でしたが、良源は二十六歳、法臈十年の新鋭で、比叡山の若手代表でした。

南都・北嶺　このころ、山門比叡山延暦寺並びに寺門三井寺園城寺の天台宗は朝廷・公卿の帰依深く、勢力は旭日の勢いでした。ただ、南都側も華厳宗の大仏の東大寺、藤原氏の菩提寺である興福寺・西の京薬師寺、また聖徳太子の寺法隆寺などの法相宗大本山や飛鳥以来の元興寺・大安寺など多くの寺院は多数の学僧を擁し勢力はいささかも衰えていません。比叡山は北嶺、対する奈良諸大寺は南都と各々称しました。仏教寺院の二大潮流が直接ぶつかりあう論義は朝廷・貴族にとって甚だ興味ある一大イベントでした。しかも維摩会期間中、貴族たちの余暇を楽しませるために、南都北嶺の若手俊英が二方に分かれ、各四人の代表によって四番の論義が勅使藤原在衡の宿舎で開催されました。

良源と義昭　天台宗延暦寺側の一番手に良源が選ばれ、相手は地元南都の英傑義昭でした。義昭は相手が良源であることに難色を示しました。良源は自分よりはるかに年下の若輩ものであることが理由です。これは南都きっての学僧といわれた仁斆僧都が良源の学識深きことを挙げて説得しました。それでも南都の大衆は不満で、良源の出場を実力で妨害する挙に出ましたが良源に抑えられてしまいます。ただ義昭も藤原氏の子弟出身の南都きっての若手英才でした。後に両名に興福寺法蔵を加えた三名が藤原師輔の護持僧となり、義昭は日天、法蔵は月天、そして良源が明星天、以上三名はすなわち三光天子の生まれ変わりと称されました。

藤原忠平良源外護　勅使藤原在衡は奈良から帰京するや藤原氏の長者藤原忠平に維摩会のことを報告し、特に良源の活躍ぶりに力を入れました。忠平はこれを覚えており、後に覚恵律師が忠平宅で法会を行った折、伴僧中に良源が居るのを知ると、結願の日に良源だけを特に留め、自分の後生を弔うことを依頼しました。

四　天台密教の受法

台密の受法　その後、良源は天慶年間(九三八～九四七)覚恵律師を阿闍梨(教授)として胎蔵界・金剛界・蘇悉地法の三部大法及び諸尊瑜伽護摩秘法を学んでいます。天台宗の密教、すなわち台密の学匠の一人である覚恵阿闍梨は、天慶年間には宮中で行われる玉体加持の御修法に参内しています。

承平天慶の乱　承平・天慶年間（承平八年が天慶元年）といえば、西海で藤原純友が伊予の海賊を結集して暴れ、他方、東国に平将門の蜂起があり、勢力拡大して一大反乱になりました。天台座主尊意の時代です。青蓮院本の『天台座主記』には、

天慶二年五月十九日に東国に仰いで凶賊等鎮護すべきの由、去る承平五年海賊の例に依り、諸社諸大寺に於いて仁王経を転読すべきこと、また比叡山座主尊意、石清水八幡宮検校義海等各々十口を率いて大威徳法を修す。

「去る承平五年（九三五）海賊の例」とは伊予国、瀬戸内海での藤原純友の動きでした。その翌六年藤原純友は自ら海賊を率いて叛乱になり、豊後・日向の九州まで勢力を拡大しました。諸社諸大寺に於いて、仁王経など護国の経典を転読して朝敵調伏を祈願せよというものです。その中心は第十三代天台座主尊意でした。

平将門の反乱　さて、天慶年間の事態は東国常陸相馬を根拠地とする平将門の反乱ですが、地方荘園の利益争奪をめぐる同族間の抗争が背景にあり、平将門が承平五年常陸大掾の伯父国香を殺して自立の動きを見せ、常陸国府を襲撃して公然と朝廷に反抗するに至りました。西の藤原純友の叛乱に呼応した叛乱で承平天慶の乱と呼びます。

尊意座主　天慶二年（九三九）五月十九日に尊意座主を東国に迎えて平将門降伏が祈られました。結果、翌年、藤原秀郷や国香の子平貞盛に攻められ将門は敗死します。またその翌年には藤原純友は小野好古らに誅されます。

大威徳法　比叡山座主尊意は、石清水八幡宮検校義海らとともに各々十口の伴僧を伴って大威徳法を修しました。大威徳法は五大明王の一である大威徳明王を本尊とする密教修法ですが、この明王は六面六臂、且つ両足も三対六足、剣・戟・棍棒・金剛輪を結び大白牛に跨がるという異形の忿怒像の尊像です。明王はいずれも火焔を背負いますが、特にこの明王の火焔は強力で、疾駆するところすべて劫火に焼け、怨敵は焼き殺されます。阿弥陀如来の所変で、西

方を護り、衆生を害する毒蛇悪龍を摧服(粉砕)するともいいます。

座主尊意の修法　座主尊意らの修法により、天慶三年(九四〇)二月十九日には新皇と称して威勢を振るった将門もついに討たれます。その五日後、天台座主尊意は七十七歳で病没しました。将門調伏の修法に心血を注いだためでしょう。また別の伝承では、座主尊意が大講堂で行った不動安鎮国家法の最中、弓箭を帯した将門が出現して、護摩壇の炎の中に焼き尽くされたともいいます(『僧綱補任抄出』)。

不空三蔵の再来　天台座主尊意は承平天慶年間のころ、天台・真言全密教界随一の修法の大家で、唐の安史の乱にはじめて中国に密教修法を実践した不空三蔵に匹敵する存在でした。実際の修法はまさに不空三蔵の再来の働きぶりでした。特に不動護摩供修法に優れた霊験を現しました。なお、青蓮院本の『天台座主記』によれば、「天慶二年(九三九)五月十九日に東国に仰いて凶賊等鎮護すべきの由」とあります。ただ修法は大威徳法とありましたが、不動法すなわち護摩供修法の可能性もあります。護摩供修行の一に調伏護摩供というものがあり、天台座主尊意は東国房総・常陸の地でこれを行い、やがて将門追討に霊験が現れたのです。

十四世座主義海　十三世天台座主尊意の次に十四世座主に就任したのは権律師義海和尚でした。義海和尚は山本座主と称し、また常善房といい、無動寺八幡宮検校を兼ねました。治山六年。九州豊前国(大分県)の人で、俗姓宇佐氏、すなわち宇佐八幡宮宮家の出身でした。尊意和尚の師匠の玄昭律師に随って灌頂したといいますが、尊意和尚の受法弟子ともいいます。天慶三年三月二十五日座主任命の宣命が下ります。

座主義海の大威徳法　翌天慶四年(九四一)五月、藤原純友調伏のため、同月十八日より二七、十四日間、比叡山において座主義海を大阿闍梨として大威徳法が修されています。他に寺門流では延昌阿闍梨が京都市中の法性寺において不動法(護摩供)を修します。伴僧二十口といいます。さらに貞救法師は大和豊山寺(長谷寺)に一字法を修し、これも伴僧二十口といい、やがてこの年、小野好古らが西海の海賊藤原純友を誅しました。

如法孔雀経大法による降雨霊現　天慶八年（九四五）四月十七日、神泉園において如法孔雀経大法が修されました。慈雨が降り霊現があったのです。結願の日に座主義海は法務に任ぜられました。孔雀経の法は孔雀明王を本尊として除災、請雨を祈るのですが、ここでは人事にも霊現が有るとされます。円珍智証大師将来で寺門派の秘法とされます。

尊星王法　さらに、同年五月十一日に座主義海は初めて尊星王法の大法を修したとあります。これも円珍智証大師将来で寺門派の秘法とされます。霊現あって朱雀天皇の御願成就し、恩賞として天台宗に年分度者十二人が下賜され、天台宗の定員は倍増しました。

熾盛光法　同年十二月四日、公家御祈りのために、始めて熾盛光法を修し、伴僧二十口といいます。これが同法の始修とされます。熾盛光法は身の毛穴から熾盛の光明を放つことにより名付けられました。釈迦如来が衆生済度の利益方便のため、明王忿怒の相を現じた身である熾盛光仏頂（しじょうこうぶっちょう）如来を本尊として、日食・月食、天変地異、風雨災時に祈る修法で、熾盛光法といい、台密において特に重んぜられました。現在でも毎年四月はじめに比叡山根本中堂で修する天皇御衣加持の御修法の四箇大法の一つで、山門四箇大法の随一とされます。

山門四箇大法　熾盛光法のほか、安鎮法・七仏薬師法・普賢延命法を山門四箇大法と呼びます。

安鎮法　安鎮法は密教で不動尊を本尊とし、鎮護国家の祈願をなすために修する法、また一に新宅を造るときにその安穏安全を祈る修法ともいいいます。鎮宅法や安鎮家国法の別名があります。

七仏薬師法　七仏薬師法は台密で七仏薬師を本尊とし、息災・安産などを祈る修法です。七仏薬師とは善名称吉祥王如来・宝月智厳光音自在王如来・金色宝光妙行成就如来・無憂最勝吉祥如来・法海雷音如来・法海勝慧遊戯神通如来・薬師瑠璃光如来の七薬師をいい、この七仏を一体とみて最後の薬師如来を主体として七仏薬師、薬師七仏と称する天台宗独特の解釈があります。薬師七仏は過去七仏ともいい、東方薬師瑠璃光浄土世界の七仏で薬師瑠璃光七仏本願功徳経、略して七仏功徳経にみえます。七仏薬師法は七壇の修法の別名があり、大壇・七仏・護摩・十二天・夜叉・聖天・諸神の七壇を設営して一斉に修法する大規模な密教修法です。

普賢延命法　山門四箇大法の最後の普賢延命法は、密教で普賢菩薩に除障・延命を祈る修法です。

七仏通戒の偈　天台宗で常用する七仏通戒の偈は過去七仏が通戒とした普遍的な戒律であり、最も重視されます。

諸悪莫作、衆善奉行、自浄其意、是諸仏教。

もろもろの悪は作すことなかれ、衆くの善は奉行せよ、みずからその意を浄くする、これ諸仏の教えなり。これは仏教の真髄、真骨頂と言われます。

義海和尚入滅　熾盛光大法を修した後、天慶八年(九四五)十二月二十九日、大晦日近く、義海和尚は少僧都に転じています。そして翌天慶九年(九四六)五月十日、天台座主義海和尚は年七十六歳で入滅しました。

密教修法の時代　醍醐天皇の延喜の太平が一変して朱雀天皇承平・天慶年間の乱世となり、東に平将門、西に藤原純友の大動乱の時代でした。元三大師良源はこの時代に密教修法を修得しました。国家の危機に天台宗徒は懸命に祈願して、村上天皇の平和な時代を迎えたのでした。世に醍醐・村上、延喜・天暦の盛世と称します。

五　良源の支援者たち

良源母六十賀　天慶八年(九四五)良源は母の六十の賀を祝い、その長寿を祈って比叡山南麓の崇福寺において、大乗経六部を書写、三カ月間供養を催し、結願の夜、六組の論義を行いました。講師に彼の興福寺維摩会で対論した義昭を招いています。義昭はこころよく応じています。

空也聖　村上天皇天暦二年（九四八）三月四日、良源得度の師とされる薬師寺権少僧都恩訓が九十歳の高齢で寂し、良源は鄭重な弔意を表しました。その一カ月後、念仏聖空也が比叡山に登り、座主延昌のもとで受戒して光勝を名乗ります。空也と良源の関係は不明ですが、良源に『極楽浄土九品往生義』の著作があり、その弟子恵心僧都源信に有名な『往生要集』の著作があるので、良源の時代には比叡山は往生極楽を願う浄土信仰も盛んなことが分かります。

西塔大日院落慶法要　この年、村上天皇の御願によって西塔に大日院が建立され、その落慶法要の大導師は天台座主延昌ですが、その法会の庶務行事に良源が選ばれて居ます。位は律師以下の凡僧最高位の大法師でした。

藤原師輔との出会い　翌天暦三年（九四九）八月十四日に、関白太政大臣従一位藤原忠平が七十五歳で寂しました。墓所は忠平が建立した法性寺で、天台座主延昌が呪願を勤め、良源も随喜したのですが、そこで、身に災厄が及ぶという夢の告げがあり、叡山に帰る許可を藤原氏に申し入れましたが、忠平の長男実頼が反対しました。それをとりなしたのが次男師輔でした。

藤原忠平追悼三百日の護摩供　遺言にしたがって良源を師と仰げと教えられた師輔の助力に感謝しつつ、叡山に戻った良源は、横川に籠もり三百日の護摩供を修して忠平の冥福を祈願しました。護摩供は亡き人の追善供養の祈願もするのです。これ以来、西塔の良源は横川も併せて本拠とすることになります。

比叡山横川　横川は第三世座主慈覚大師円仁が開いた修行の地ですが、本尊は聖観音、左脇侍が毘沙門天、右脇侍を不動明王としたいかにも天台の顕密一致を表現した密教本尊を祭祀して祈願し、修行者に観音示現の御加護を得るのが眼目でした。これで比叡山は、東塔に薬師如来、西塔に釈迦如来、横川に観世音菩薩と三塔が成立しました。なお、円仁ははじめ横川には阿弥陀如来を本尊にしようと思いましたが、横川で自己の健康の恢復を祈った結果、入唐の旅が実現し、途中難破しかかったところ「念彼観音力（かの観音の力を念ず）」と一心に観音経を読（経本を見て読む）誦（暗誦する）した結果、無事に渡海できたので、阿弥陀如来の使者観世音菩薩を祀ることになったのです。毘沙門天も同様な加護の経験からです。

六種の大願　良源が横川に籠もった天暦三年のころ、天台大師の仏教実践原理の一つである六即にならって六種の大願を作成したと言われますが、その全体は残っていません。現在知られているのは次のようなものです。

十方の諸仏、願わくは頑質を擁護し、一切の聖衆、願わくは羊僧を加持し玉え。我と論を交え、義を決するの輩、永く貪瞋痴を離れよ。たとえ我れ負処に堕すとも他をして負処に堕せしめざれ。また願わくは、我が問答を聞かん者は、菩提心を発し、倶に仏種を植えん。乃至不見不聞の輩も、我が願念に随うて、同じく妙果に昇らん。

これは後に良源が天台座主になって比叡山三塔学僧に示した二十六カ条制式に発展するものでした。横川の修行の地の精神となるものです。

横川南谷定心房　良源が横川で忠平追善供養の祈願の護摩供を修した場所は南谷定心房といいます。定心房は後に良源が弟子たちに春夏秋冬の四季ごとに大乗経典の論義を行えと命じたことから四季講堂と称されますが、今日では横川大師堂という方がよく知られています。また横川に良源の墓所が定められ、これは御廟（めみょう）と称されます。ともかく比叡山最北の秘所である横川は、良源の手で大発展して今日に至っています。

六　右大臣藤原師輔と良源

藤原師輔外孫憲平親王　天暦四年（九五〇）五月二十四日、村上天皇に第二皇子が誕生しました。母は安子、藤原師輔女でした。これより先、村上天皇には第一皇子広平親王がおり、母は中納言藤原元方女の祐姫でした。元方は藤原氏でも南家、勢威は師輔の北家には劣りますが、第一皇子の優位にあります。第二皇子は憲平親王と名付けられました。村上天皇の次の勅旨が下されました。

今ヨリ以後、殊ニヨク祈願ヲ成サシメ、兼テ験僧ヲモツテ守護セシメヨ、

憲平親王守護僧良源　二人の皇子は立太子の競争になりました。村上天皇の勅旨にいう祈願を成す験僧には良源が撰ばれ、憲平親王を守護することになり、師輔孫の皇子誕生三日目、比叡山から皇子誕生とその健やかな成長を祈願する護摩供の巻数が送り届けられました。巻数とは般若心経五百遍とか、不動真言千遍とかの念誦読経の回数を記した一種の御札です。こうした誕生まもないお子さんを護摩を焚いて守護する、今日でいえばお宮参りの守護は天台宗僧の役割です。師輔は巻数が届けられた返礼というか、布施として信乃布、すなわち信濃（長野県）産の布二十段を送りました。比叡山での宛て先は横川の良源でした。ここで良源は師輔からその外孫、憲平親王が皇太子に立つようにという祈願の要請を受けました。藤原元方側には同じ比叡山延暦寺の桓算が守護僧としてつきました。

皇太子憲平親王護持僧良源　この年の七月二十三日、皇太子が決定しました。大方の予想通りでした。憲平親王が皇太子に立ち、良源は皇太子護持僧に依頼されました。元方はくやしくて悶死したといいます。良源三十九歳、法臈二十三年でした。

平安時代お宮詣の原理　当時は藤原摂関家の時代です。村上天皇の時代、藤原師輔は右大臣で最高位、摂政・関白不在でした。師輔は藤原氏の第一人者です。良源はその外孫のために一の人と呼ばれた氏の長者からの依頼を受けました。藤原師輔は外孫の皇太子が天皇に即位すれば天皇の母方の祖父になるのです。何としても生まれてまもない皇

太子は無事成長しなければなりません。平安時代のお宮詣りの原理です。ただ、良源は元方の怨霊をはじめ、さまざまな災厄や他の修法者ののろいを除(よ)けなければなりません。護持僧を数度も辞退したのですが、師輔からの強い依頼を受け、やむなく引き受けたものの、無役の良源がいかに師輔に信頼されているかを世に示したのです。

阿闍梨良源　翌天暦五年（九五一）、元慶寺別当覚恵阿闍梨が八十歳の高齢になったので、自己の阿闍梨ポストを良源に譲りました。この位は天台密教伝授者の最高の職で定員に限りがある極めて重要なポストでした。皇太子護持僧に相応しいポストです。

法華三昧院火入れ式　天暦八年十月十六日子の刻（午前零時、当時は前日）、右大臣師輔は長子伊尹を伴い比叡山に登りました。自分の孫が皇太子に冊立された返礼として寄進した法華三昧院の火入れ式に立ち会うためでした。京都から逢坂関を越え、近江（滋賀県）側の坂本から、比叡山東塔に登り、大講堂に到着して、ここで山城（京都府）雲母坂を登ってきた大納言源高明と合流しました。源高明は醍醐天皇第十皇子で延喜二十年（九二〇）臣籍に降下して源姓を賜った名門で、この年四十歳でした。師輔女の聟でもありました。講堂で入山の加持を受けた後、師輔は横川に向かい、未初刻（午後一時）到着、良源に会いました。師輔は良源を座主と呼んでいます。

十八日師輔火打ち　師輔は比叡山山上で一泊し、翌々十八日、法華三昧院の火入れ式です。落成した法華三昧院の仏前に供える御燈明にはじめて火を入れる法会です。良源は啓白の役に当たりました。火打ち石を打ち火を付ける役は右大臣藤原師輔自身が務めました。師輔は火打ち石を取上げ、自ら次のように誓いの言葉を述べました。

この三昧の力によって、まさに我が一家の栄を伝え、国王・国母・太子・皇子・三公九卿の栄華のさかりが、踵を接するように絶ゆることなく、朝家に充満するように、もしこの願が叶うのであれば、この石を三度打つうちに点火するように。（『慈慧大僧正伝』）

それが何と、一度で火がつきました。居並ぶ僧俗はみな師輔の祈願成就のしるしと喜びました。師輔はこの火を長燈明にともし、以後法華三昧院の不滅の燈明となりました。

十九日結願日　十九日は、師輔山上第三日目、この日は午前に法華懺法が行われ、夕には今度の師輔来山にさいして十五日から五日間の不断念仏が催されており、この日が結願の日でした。

二十日良源阿弥陀経の講説　二十日は、良源の指示で阿弥陀経の講説が行われ、十組の問答があって、師輔はこれを聴聞しています。

二十一日師輔帰京　二十一日は、師輔帰京の日であり、滞在中の諸事の労として、師輔は錦袈裟などを良源に布施として与えました。出発に当たり、師輔の無事幸運を祈願して法華懺法を行い、巳刻（午前十時）に出発、九条邸に帰ったのは申刻（午後四時）のことでした。

七　平安摂関政治の深層

師輔一家の比叡山登山　天暦八年（九五四）十月十六日から二十一日まで六日間の師輔の比叡山登山の面々は、師輔が従二位右大臣、四十七歳で藤原摂関家の氏の長者、この時期摂政・関白は置かれて居らず、摂関家でも右大臣が最高位の権力者でした。つき従うのは長子紀伊権守伊尹、三十歳、それに師輔三女の夫の大納言源高明、四十歳、の二人、いわば身内だけの比叡山行きでした。そのような私的に近い摂関家の最高首脳の動きの目的は、法華三昧院の火入れ式における師輔の誓いの言葉によく現れています。自家の女の子が産んだ皇子、すなわち外孫の皇太子が無事成長して天皇に即位すること、これが直面する願望、そして一族子孫繁栄が次の願望でした。

師輔女婿源高明　ところが身内と思われた一行の中に、後に藤原氏にとって恐るべき敵対的存在がありました。女婿源高明の存在です。それも師輔の計算ではこの度の比叡山行きに同行させ、一族扱いを受けた身内と見なした存在でしたが、それが却って師輔は源高明を重視しているとなり、高明の政治的立場が異常に高くなり、やがて師輔の死後に逆作用して安和の変として源高明失脚に繋がります。

村上天皇御前宮中宸筆法華御八講　師輔の比叡山行のほぼ一カ月後、明年の宮中宸筆法華御八講の配役僧が発表されました。これは村上天皇御前で開催され、天皇直筆の法華経八巻二十八品が用いられます。天皇の母穏子の菩提を弔うためということです。法華経八巻を興福寺四人、東大寺二人、元興寺一人の南都側七人、それと北嶺延暦寺一の計八人で分担して講義するものでした。平安遷都後約百年経っていますが、南都諸大寺の勢力強く、北嶺比叡山はまだ小勢力の段階だと分かります。

法華御八講奉仕の僧たち　法華御八講奉仕の八人は六十歳以上が五人、以下は東大寺法蔵の四十八歳、延暦寺良源四十四歳、元興寺義昭の三十六歳の三人で、三人とも師輔の護持僧といいますからこの八講では三人の対決が興味あるところでした。天暦九年(九五五)正月四日、宮中弘徽殿において催された宸筆法華御八講は宮中八講の最初であり、諸大寺の僧綱・高僧六十四人が動員され、右大臣師輔以下の公卿殿上人が庶務を奉行した国家的仏事でした。

法華御八講における良源の活躍ぶり　法華御八講における良源の活躍は「法験無双の名師、観音大士の化現なれば、さもこそ君も臣も帰敬申し給ひ」と伝えます。

良源母苗鹿の庵室　この年母の七十の賀の祝いを良源は行い、横川の真下の土地の苗鹿に母のため庵室を設けました。山上横川で修行に励む我が子の活躍を灯りをたよりに母に見せようという良源の母孝養です。近世写本の『江州浅井郡三河村慈恵大師縁起』には、叡山に登った良源は天暦五年(九五一)七月上旬、母を比叡山横川の山麓にある安楽野に移した。良源の母が居住したため、のちこの地を乳野という。翌年この地に一堂を作り安養院といったとあります。一説には母の住居そのものが庵室とされ、乳野安養院といったともあります。

師輔第十子尋禅良源弟子へ　師輔には十二人の男子が居ました。その内一人を出家させ、一門の繁栄を願おうと師輔は考えました。これは皇室も他の公卿も同様で、はじめは南都東大寺や興福寺に入りましたが、次第に比叡山にも入門するようになりました。師輔は第十子尋禅を僧侶にしました。天徳二年（九五八）八月、天台座主延昌を戒師として尋禅は得度出家しましたが、横川の良源の弟子になるのが目的です。その住房とされた妙香院も、良源の住房定心院の間近でした。良源は弟子尋禅に破格の優遇をしたのです。

九条殿師輔の寂　天徳四年（九六〇）五月、右大臣九条殿師輔が世を去りました。師輔は遺言（『九条殿遺誡』）を遺し、その所領荘園の多くを尋禅に分与しました。それは洛内京都西京の五条の田園以下、山城猪隈庄と丹波佐々岐庄（京都府）、摂津為奈・富田両庄と河内野田庄（大阪府）、伊勢内田庄（三重県）、遠江豊田栗栖庄（静岡県）、越中大家庄（富山県）、但馬大浜庄（兵庫県）、備後堺庄（広島県）の各地に及んでいます。

山門領荘園の成立　忠平（貞信）・師輔（九条殿）の時代、摂関家藤原氏は全国の荘園を寄進によって集積しました。南都の東大寺や興福寺もまた奈良時代以来の天皇勅願の寺、藤原氏の菩提寺として全国に所領荘園を構えました。その点、比叡山延暦寺（山門）や、三井寺園城寺、高野山金剛峯寺、京都東寺（教皇護国寺）は後発でした。ここに尋禅所領として師輔から各地多数の荘園が寄せられましたが、これは尋禅の私領ではありません。延暦寺山門領荘園が成立したのです。

近江国岡屋庄・鞆結庄　良源には尋禅所領とは別に師輔からその死後直接に寄進された荘園がありました。近江（滋賀県）岡屋庄の田地百二十余町歩が横川法華院用として贈られています。師輔を本家領主として仰いだ近江国鞆結庄も同じく横川法華院用に寄進されています。こうして山門領荘園は良源の時代に確実に増加したのでした。

十五世天台座主延昌　通行本『天台座主記』巻一、十五世天台座主延昌の記事をみると、この天徳四年九月二十三日内裏が焼失しました。延昌座主が御修法勤仕の最中でした。次に応和元年（九六一）三月九日の記事に延暦寺法華三昧堂で座主延昌は無量寿決定王如来法を七日間修したといいます。明記されていませんが、法華三昧堂は師輔の寄進になり、その一周忌追善の法要として座主延昌に無量寿決定王如来法を七日間に修せしめたのです。

「朝題目に夕念仏」　無量寿決定王如来とは聞き慣れない仏名ですが、阿弥陀如来の別名で、密教の金剛界曼陀羅では大日如来の四方四仏のうち西方仏を無量寿如来といいます。それを法華経の道場である延暦寺法華三昧堂において修せしめたというところに、「朝題目に夕念仏」といい、釈迦如来と阿弥陀如来の一体、法華経と阿弥陀経を一致させ、共に往生成仏を説く天台教学の浄土教理解が示されています。

八　応和の宗論

宮中法華十講　応和三年（九六三）八月二十一日、宮中清涼殿において村上天皇が書写された法華経の供養がありました。法華経八巻に開巻の無量義経と結巻の観普賢経の両巻を加えた十巻を、この日から五日間、朝夕二座、合計十座に分けて、経義の討論をする、いわゆる法華十講です。この度は南都北嶺ほぼ等分に配役があり、一人が経巻の義理を解説し（導師）、一人がそれに対する質疑を行う（問者）形式でした。導師が南都側だと問者は北嶺という南都北嶺双方が全力を挙げて議論するので、聴講に預かる皇族・公卿にしてみればこの上なく面白い仏教学論争でした。

興福寺法蔵と延暦寺覚慶　講会は初日・二日と型通り行われて平穏に進みましたが、二日目の夕座、興福寺法蔵が法相宗のかねての主張である「定性二乗不成仏義（本来的に声聞・縁覚の二乗であるものは成仏できない）」と主張したのに対して、延暦寺の覚慶は天台宗の立場から鋭く質疑して議論はにわかに活発化しました。この対決は法蔵の論の立て方が巧みで天台覚慶は折伏されそうになりました。

良源代役登場　ところが翌日の導師に予定されていた良源が覚慶に替わって問者の役を引き受け、「一切衆生皆成仏」論で論難します。議論は白熱して戌四点（午後八時半）に及びました。議論が尽きないので翌日に持ち越されました。翌日朝座の導師は良源、問者は予定では法相宗平州でしたが、法蔵が替わります。二日に及ぶ議論が終わって、法蔵は良源のことを「あなたの弁は富楼那に似たり、我れ豈に当たるべけんや」といって口を閉じたといいます。

興福寺仲算　しかし、この話には続きがあり、四日目は平穏でしたが、五日目に導師天台宗寿肇に対して、問者法相宗興福寺仲算が、先の良源の説に異を唱えて反論、これが優れているとして、夕座に予定の三論宗円芸の替わりに仲算が問者になるようにとの勅命があり、天台宗聖求に対し、先の良源の説にいちいち反論しました。これに対して良源は口を閉ざして何も言いません。先に良源の弁舌を絶賛した公卿たちは、今度は仲算を絶賛しました。

良源無言の訳　良源はなぜ何も言わなかったのでしょう。仲算は法相宗興福寺の僧、興福寺は藤原氏の菩提寺です。確かに忠平・師輔父子は良源の外護をして天台宗比叡山に心を寄せましたが、他の藤原氏の中には興福寺に子弟を僧とする公卿も居ります。そこで良源は天台宗側が議論に決定的に勝利するのでなく、一勝一敗の五分の引き分けに持ち込むことが良いとしたのです。

応和宗論の最高殊勲者良源　これも良源の評価を高め、法蔵を論破した評価とあいまって、応和宗論の最高殊勲者は良源だとするのが大方の評判でした。良源にとって宗論は大成功でした。

内供奉十禅師良源　宗論の翌、応和四年（九六四）六月、師輔長子伊尹から、良源は内供奉十禅師に補する勅命を受けています。その後応和は改元して康保元年、冬十月、天変防除のために十五口番僧を率いて参内、仁寿殿に熾盛光法を修し、同じく十二月に仁寿殿に尊勝法を修し、内供奉十禅師の役を勤めています。翌、康保二年（九六五）、僧綱召があり、良源は権律師となりました。応和の宗論の殊勲と内供奉の祈禱が評価されました。

良源鎮護国家の活躍　良源は康保三年（九六六）二月と八月に天変防除のために、仁寿殿に不動法を修しています。従える番僧は二十口と増えました。こうした良源の鎮護国家の活躍は比叡山三塔の詮議で大いに評価され、大衆から推されて天台座主候補になりました。

律師喜慶安鎮法　良源が僧綱入りした前年、康保元年十月二十四日、律師喜慶は伴僧二十口を率い、宮中承香殿において安鎮家国不動法を修します。これが安鎮法のはじめといいます。初め僧正延昌を請ぜしめようとしましたが、障りを申してきたので替わりに喜慶が代役に立たされました。四箇大法の一、安鎮家国不動法、伴僧二十口は山門四箇大法の随一とされる熾盛光大法と同じ規模です。

安鎮家国不動法　安鎮家国不動法はまた安鎮国家不動法、単に安鎮法、鎮宅法ともいいます。新宅を作る時、その安穏を祈願し、また国家の鎮護のために、不動尊を本尊として行う天台密教独特の法です。使用する曼陀羅を安鎮曼陀羅と呼び、中央に二臂黄色の不動明王、その周りに四臂青色の不動明王、外囲に八方天を描いています。安鎮家国不動法を修法した康保元年（九六四）の直前の天徳四年（九六〇）宮中内裏が炎上し、賢所や累代の珍宝を焼失しました。内裏新築なっての鎮宅法修法です。

十七世天台座主律師喜慶　翌康保二年（九六五）二月十五日、律師喜慶は天台座主に任ぜられました。青蓮院本『天台座主記』には、

康保二年日に仁寿殿に座主喜慶をもって孔雀経法を修せしめ法験に依る。天皇（村上天皇）御悩平復、依って勅使

少将懐忠をもって、伝教大師御筆法華経一部を賜る。件の経は匣に納録せり。云云。経は西塔の法華堂に安置せしむ云云。

とあります。そして喜慶座主は翌年の康保三年(九六六)七月十七日に入滅しました。年七十八歳。治山わずかに一年半でした。

九　天台座主良源

十八世天台座主良源　康保三年(九六六)八月二十七日、良源に座主の宣命が下りました。生年五十五歳、夏臈三十九年といいます。勅使少納言藤原懐忠が二日後の八月二十九日に比叡山に到着しました。九月二十六日、座主候補で権律師良源との競争に敗れた園城寺長吏房算は権少僧都の僧官を返上、隠棲先の比叡山極楽寺に没しました。

比叡山上諸堂焼く　二カ月後の十月二十八日夜、大講堂・四王院・延命院・法華堂・常行堂・文殊楼らが焼失しました。大講堂は根本中堂とともに比叡山東塔の中核的建物です。四王院・延命院は慈覚大師円仁、智証大師円珍関連の建物で東塔に所在します。法華堂・常行堂は、にない堂と称される西塔釈迦堂前の建物で、慈覚大師円仁が唐の五台山から将来した声明立ての法華三昧と常行三昧を行います。両三昧は天台宗の朝題目夕念仏の二大行法です。文殊楼もまた慈覚大師円仁が唐の五台山から将来した文殊菩薩を楼上に祀る楼門で、東塔根本中堂山門に当たります。

堂舎再建造立の計　火災は東塔・西塔の主要建物を焼きました。その日のうちにすべての堂舎再建造立の計が企図されます。先に九月二十六日に悲母が逝去して一月も経たないうちに、五堂一楼の焼失という災害にいよいよ心労を増しました。

六月会広学竪義・惣持院阿闍梨三口　この年十二月二十六日に大師良源は律師に就任します。同日、六月会に広学竪義を加えることができるという宣旨が下り、あわせて惣持院（東塔法華惣持院）に阿闍梨三口が加えられました。東塔法華惣持院阿闍梨はもと十三人でしたが、これに三人を加えて十六人となりました。

西塔法華堂・常行堂造営竣工落慶　翌康保四年（九六七）年三月十一日諸堂作料すなわち建設費用として諸国の通三宝の布施並びに知識物封戸五百戸が国家から与えられるとの宣旨が下りました。四月中に西塔法華堂の造営が竣工して、普賢菩薩を入仏供養し落慶法要として法華三昧の行法が修行されました。同年八月以前に常行堂の造営が竣工して恒例の不断念仏が再開され、天台宗の朝題目夕念仏という二大行法は慈覚大師円仁将来の姿を取り戻しましたが、これには村上天皇の外護の力が大きかったのです。

冷泉天皇御病気平癒宮中五壇法　その直後に天皇は崩御され、皇太子憲平親王が即位しました（冷泉天皇）。新天皇は病弱の身で同年八月十一日、新帝の御病気平癒を祈って宮中で五壇法が修され、良源が大阿闍梨として中壇を受け持ち、長勇ら阿闍梨が四壇を修します。未曽有の規模の大修法で冷泉天皇は快癒に向かいました。

安和元年広学竪義　翌年年号が安和となりました。安和元年（九六八）三月十一日大師良源は権少僧都に就任、五十七歳でした。六月会は、六月四日の宗祖伝教大師最澄の命日にその追悼のために行う行法でした。山家会とも呼ばれ、十一月二十四日の天台大師の霜月会と並んで天台宗両大師追福会です。六月四日、広学竪義を行いました。出題者の探題は禅芸、竪者は春叡、前年康保四年分の定員でしたが、この年安和元年分としては覚円です。

元初の広学竪義　この広学竪義のあり方は今日とは全く異なります。今の広学竪義は四年に一度十月初に行われ、竪者は何十人、たまには百人を超します。根本的差違は今日では全く私的な法会で国家は全く関係しません。良源の時代は聖徳太子の飛鳥時代以来、白鳳期の天武・持統朝、さらに奈良時代の律令制の遺風がまだ続き、僧侶は国家定員に規定されていました。さもなければ私度僧と呼ばれる在野仏教家でした。行基菩薩などたいへん重要な働きをして大僧正の位階を与えられた者も居ますが、日光の勝道上人や九州国東の仁聞菩薩など多くは伝説的存在でした。

西塔法華堂　大師良源の功績で広学竪義が比叡山天台宗に公認され、毎年一人の竪者の定員が認められました。なお、会場は西塔の法華堂でした。法華経の教学修得者の試験場として相応しいものでしょう。法華堂は西塔の本堂である釈迦堂前の高所に常行堂とならんで建ちます。二堂は橋がかりの屋根付き廊下で結ばれ、それが天秤棒で担ぐ形に見えるところからにない堂と親しまれています。

安和の変　安和二年(九六九)二月、文殊楼を根本中堂宝前の虚空蔵峰の峻嶺に建立しました。翌三月、多田満仲から、左大臣源高明に陰謀ありと告白されました。冷泉天皇の病弱を見越して守平親王を皇太子に立てたのに対して、源高明が娘の子である為平親王を擁立する陰謀がありとされ、その結果、源高明は大宰府に左遷されました。世に安和の変と呼ばれる疑獄事件です。右大臣菅原道真や大納言伴善男(応天門の変)の時と同じく藤原氏が政敵、競争者を除く常套手段ですが、この事件を契機にこの種の事件は後を断つとともに、摂政・関白職は常設となり、両職を独占した藤原北家の全盛時代となります。

円融天皇　この年、冷泉天皇は崩御し、実弟皇太子守平親王が即位しました(円融天皇)。翌天禄元年(九七〇)と改元され、その四月二十一日に物持院すなわち東塔法華物持院が焼亡しました。ここで天台座主良源は比叡山延暦寺三塔一山の綱紀粛正を思い立ちました。

二十六ヶ条制式　七月十六日、座主良源は二十六カ条制式を全山に布告しました。二十六ヶ条起請ともいいますから、比叡山天台宗徒全員に誓約書をとってその遵守を神明に約束させるものでした。

諸堂の造営　東塔法華物持院の焼亡を受けてその再建にかかります。先ず惣持院宝塔並びに門楼仮屋を造営し、明年四月二十五日に恒例の舎利会を行い、日を置かず事業を完遂しましたので万人が感歎しました。翌年には灌頂堂・真言堂の両堂とその四面の回廊などを造営しました。

天禄二年(九七一)に大講堂の檜皮葺きが完成し、そこで新造の仏像を安置しましたが、元は五間四面の講堂をさらに二間増加させています。青蓮院本の『天台座主記』では同年四月二十五日に惣持院落成入仏供養が行われ、三木兼通以下の公卿が参向したといいます。

大講堂等五堂入仏供養会　天禄三年(九七二)四月三日に大講堂等五堂入仏供養会が挙行されることになりましたが、その前日に習礼の訓練を行い、僧侶二百余口と音楽奏者の伶人百五十人を請い、法事は以後終日舞楽法要が盛大華麗に行われました。勅使蔵人頭右近中将修理太夫春宮亮源朝臣惟正並びに公卿殿上人の多くが参詣しました。比叡山延暦寺伽藍は旧にも倍して盛大な規模となり、翌月、座主良源は法務に任ぜられました。

座主良源没後の事を定む　しかし、座主良源はあまりの激務に病床に伏します。そこで五月三日、良源は没後の雑事を定めました(「座主良源御遺告」盧山寺文書)。

慈覚大師供の事　座主良源はさらに翌天禄四年二月二十二日に少僧都になり、その後天延三年(九七五)大僧都に昇っています。この年、慈覚大師円仁の住房であった法界房を改造しました。この年を始めとして毎年正月十四日に慈覚大師報恩のため慈覚大師供を行い、また阿闍梨房並びに雑舎及び宝蔵大衆屋を造っています。

台密川流　阿闍梨房は慈覚大師伝承の密教である慈覚大師流の教授を養成する堂舎で、元三大師良源もまたこの流派の台密の巨匠でありました。やがて良源自身は天台密教の一派である川流(横川流)の祖となっています。

台密　天台宗の密教は台密と言われ、法華経を中心とした顕教の教えと大日経・金剛頂経の密教との顕密一致を説き、空海弘法大師の密勝顕劣の真言宗密教と対立しました。真言宗密教は京都東寺(教皇護国寺)の密教で東密と称されます。後に台密・東密ともに諸流に分かれました。

止観業・遮那業　天台宗祖最澄は円・密・禅・戒の融合した日本天台宗を開きましたが、特に止観業・遮那業の両業を比叡山修学学生の専攻の制度としました。止観業は法華経の教学理解に立った修行で、禅法要素を取り入れ、それをさらに一段深めた修証方法にして、釈迦のさとりを実践する天台宗独特なものでしたが、法華経の一乗思想により迷いの心を持つ凡夫が誰でもその身のまま仏に成るというものです。それに対して、遮那業は密教修行で、仏陀のさとりを秘密内証の伝法により修得するのです。

宗祖最澄の入唐求法　宗祖最澄は入唐求法のために渡海し、中国浙江省明州（寧波）から天台山国清寺をめざし、ここで天台山主道邃座主から天台教観二門の印可を受け、さらに天台大師智顗の終焉の地である石城山を訪問します。

宗祖最澄の密教受容　その後越州（紹興）に向かい、峰山道場において順暁阿闍梨から金剛界胎蔵界両部の密教を相承しました。また、同地において太素・江秘・霊光・惟象の諸阿闍梨から雑曼陀羅を相承しました。帰国後、京都北の高雄において日本最初の密教法会である高雄灌頂を伝法しました。

真言宗祖空海　これに対して、真言宗祖空海は天台宗祖最澄と同じ遣唐使船で唐に渡り、最澄の渡海とは異なり、大漂流の末に福建福州沿海の赤岸鎮に漂着し、その後、遣唐大使とともに唐都長安に赴き、青龍寺において恵果阿闍梨などから金胎両部の密教大法を体系的に悉く修得し、恵果から密教はやがて日本に東伝すると称賛されました。

空海高雄灌頂　帰国後、最澄が一年前開催した高雄において、空海は僧俗多くに灌頂伝法を行いました。これに天台宗祖も参加して、空海から密教伝法を受けています。密教における空海の優位は確立し、やがて高野山に金剛峯寺を建立して真言宗を開きました。

円仁による金剛・胎蔵・蘇悉地三部伝法　天台宗密教の後れを取り戻すために宗祖最澄の直弟子円仁が入唐し、まず恵果阿闍梨の門弟弁弘の弟子である全雅阿闍梨から金剛界を相承し、同じく恵果門弟義操から胎蔵界及び蘇悉地法の相承を受けました。ここで天台密教は真言宗が金剛・胎蔵両部密教の伝法と言うのに対して、金剛・胎蔵・蘇悉地三部伝法という優位を確立しました。蘇悉地とはインド語の音訳で、漢語では成就という意味です。密教修法が効果を見せる、霊験あらたかな天台密教の一大特長が出てきました。

円仁五台山巡礼と鎮護国家の修法受容　また円仁は華北山西省の五台山巡礼を行ったほか、山東半島一帯の赤山鎮などの修法習俗をつぶさに眼にしました。当然、長安では青龍寺や大興善寺での唐の天子依頼の玉体加持や鎮護国家の修法群を修得しました。その体験は天皇貴族以下の日本朝廷の期待に十分応えるものでした。

円珍による円仁将来経典整理と入唐渡海　円仁の中国滞在の後半に唐武宗の会昌の法難が起こり、それから逃れるため、所得した経典儀規の一部を失ったようです。後に円仁将来文物を整理した円珍はその事に気付き、天台密教の確立のためには自らも入唐の必要を感じました。夢に新羅明神が出現してその渡海入唐の加護を約束したのです。

円珍入唐求法　円珍渡海は空海同様の漂流の結果、空海と同じく福建福州沿岸に着岸しました。福州においてインド、スリランカから中国に航海してきたバラモン行者に出会い、インド密教最後の巨匠から新しい修法を伝法されています。その後、天台山から長安に上り、円仁が伝法を受けた法全阿闍梨から密教極意を残らず受法、修得しました。

円珍の不動明王感得　円珍は特に不動明王の感得により不動法を始めて修しています。不動法すなわち護摩供修法の創設は日本仏教に大きな意味を持ちます。三井寺に円珍感得の不動明王が現存し国宝に指定されています。黄色の色彩に塗られ三井寺の黄不動とよばれます。宗祖の密教を根本大師流、慈覚大師円仁伝承の密教を慈覚大師流、円珍の密教を智証大師流という台密根本三流が確立しました。

十　比叡山中興の祖良源

天台座主良源の諸法要執行　ここで元三大師、十八世天台座主良源の事績に話を戻します。貞元二年（九七七）四月七日、往日の宿念を遂ぐとして舎利会の事を行い、七宝造りの塔二基並びに同じく輿などを営造し、八部衆の装束三十余襲・堂荘厳の具を新調しました。色衆三百五十人、公家は度者を賜わり、法会の当日以前に比叡社頭に試楽を行い、地主三聖を荘厳して日本国の万民を利益するとしました。

京都市中舎利会　次に四月二十日、京都神楽岳西の吉田社北（今日の京都大学構内）に重層の講堂を建立、数宇の雑舎を建設しました。会前の習礼（予行練習）は尽く比叡山の儀式のごとくに行うということです。これは女人禁制で登叡不可の女人たちに如来の舎利を礼拝し仏縁を結ばせるためであるというのが良源の考えでした。

舎利会とは　舎利会は仏舎利を礼拝供養して釈尊の恩徳に感謝する法会ですが、舎利講・舎利報恩講などとも言います。釈尊が入滅された時、遺体は火葬（荼毘）にされ、遺骨と灰は八つの国に分配され、ブッダガヤ大塔などの塔をつくって供養されました。それより次第に舎利崇拝・仏塔礼拝が盛んになり、前三世紀のアショーカ王は仏塔八個中の七を開いて舎利を分け、インドの各地に八万四千の塔を建てたとされます。八個のうちで残る一つはスリランカにあり、釈尊の歯骨が伝えられたといいます。これが仏歯寺といわれます。そのほかにインドには釈尊の頂骨を安置した寺があったと伝えられます。

舎利の感得　時代が経つにつれ釈尊の真骨が入手できないので宝石、他の骨・牙の代用がすでにインドではじまりました。さらに、舎利は熱心に祈ると感得されるとか、また信仰の程度で増減するとも考えられました。こうした舎利の色は白色、黄白色、時に小豆色もあり、多く光明を放つとされました。日本ではお米を舎利米と言って尊んだことが知られます。

五重塔・三重塔の相輪　舎利は小さな舎利瓶、舎利龕（がん）に収めます。現存するものでは北西インドのペシャワル付近のカニシカ王の大塔から発見さたものが有名ですが、サーンチー仏塔もよく知られます。その形は東アジアでは層塔の屋根上に据えられました。日本の五重塔・三重塔の相輪はインドの仏塔を忠実に伝えているとされます。相輪は屋根に伏盤（露盤）をのせ、伏鉢・宝輪（九輪）・水煙・龍車・宝珠と重ねます。それに舎利を入れたとされ、塔を高く造ることで遠方からも舎利がよく見えたのです。

舎利崇拝　舎利崇拝はインド仏教徒の間で非常に盛んでしたが、東南アジアや中国に拡大しました。スリランカ・ミャンマー・タイ国では黄金輝くパゴダに祀られ、中国では八、九層もある高大な塔が建造されました。また中国では西晋の太康三年（二八二）に江南浙江省寧波山中で発見された古塔がアショーカ（阿育王）王塔の一つではないかとされ、この寺を阿育王寺と名付けました。また高僧伝によると同じ西晋の康僧会が舎利を感得したと記され、その後広く全土に舎利供養が広まりました。日本では『日本書紀』敏達天皇十三年（五八四）条に司馬達等が斎食の上に舎利を得たとあるのを初見とします。日本でも六世紀末に、聖徳太子が舎利を感得したと『日本書紀』に記されています。

隋唐時代の舎利　中国ではその後隋文帝が仁寿元年（六〇一）十月に長安大興善寺で舎利を納めた塔を建立し、高句麗・百済・新羅三国に舎利を分与したとされますが、当時隋と高句麗は交戦中でその事実は疑問です。唐時代には玄奘などがインドから舎利を多数将来して、その信仰は一段と高まりました。指骨などやや大きいものは舎利・仏骨と呼び、仏の歯と称するものは仏牙と称します。

唐の舎利・仏牙信仰　代宗大暦十二年（七七七）正月、大興善寺検校恵果上表には舎利・仏牙を持つ長安の寺は九百五十七所もあったといいます。憲宗元和十四年(八一九)の韓愈(退之)の「論仏骨表」は舎利会が国家行事となって国家財政を圧迫しているとして、異常な舎利信仰に警告を発しています。遣唐使に従って入唐した留学僧が舎利を将来し、孝徳天皇白雉四年(六五三)に入唐した元興寺の道昭は玄奘より舎利を授けられたといい、日本法相宗の開宗に重大な意味を持ちます。百年後の天平勝宝六年(七五四)二月に平城京に入った鑑真和上は三千粒の舎利を将来すると伝えますが、これは鑑真和上が日本への戒律伝法に重要性を感じていたことの根拠とされます。釈尊即舎利即戒律として戒律の東伝に期待したのです。

最澄・空海と舎利　平安時代に入ると、天台宗を開いた伝教大師最澄が南都東大寺の具足戒を棄て、比叡山に登り山林修行を行おうと決意したとき、坂本比叡社前で舎利数粒を感得するという奇瑞を経験し、いよいよ入山修行に精を出すことになります。最澄は帰国に際して唐から舎利を持参した記録は確認できませんが、空海は帰国に際して数粒の舎利を将来しています。天台宗でも慈覚大師円仁の舎利将来は確認されます。

舎利供養式・舎利講式　仏舎利を礼拝供養して釈尊の恩徳に感謝する法会を先述の通り舎利会、また舎利講・舎利報恩講とよび、その儀式を舎利供養式・舎利講式と呼びます。古例は鑑真建立の唐招提寺舎利会とされますが、確実な例は円仁将来の舎利を祀った貞観二年(八六〇)四月の比叡山延暦寺舎利会が最初ということになります。

藤原頼忠　貞元二年(九七七)十月五日、良源は権僧正に昇り年六十六歳です。堀川大相国藤原頼忠(九二四〜九八九)が重病に依り熾盛光大法を修したところ、修法中に頼忠の病気が平癒した功績による僧位階の昇進といいます。頼忠は左大臣藤原実頼の次男、母は左大臣藤原時平の女、延長二年(九二四)の生まれ、はじめ時平の長男保忠の養子になりました。時平は藤原道真と勢威を争い、道真を九州大宰府に左遷した時の藤原氏の長者でした。成人した頼忠は代明親王女の厳子女王と婚姻して子に公任(四条大納言)、遵子(円融天皇皇后)・諟子(花山天皇女御)がいます。天慶四年

（九四一）従五位下の殿上人、応和三年（九六三）参議、安和元年（九六八）従三位下中納言、天禄元年（九七〇）権大納言、同二年正三位右大臣に昇進しました。

兼通と兼家　翌天禄三年（九七三）十月摂政太政大臣藤原伊尹が病気のため辞表を提出し、その弟権中納言藤原兼通とやはり弟の権大納言藤原兼家が円融天皇の前で直ちに摂政を停止することを主張します。次の摂政になることを両者で争ったのです（『済時記』）。この時、伊尹と親しかった頼忠は兼通を支持しました。兼通は中納言でしたが、大納言を経ずに内大臣となりました。十一月伊尹の没後、頼忠自身が藤原氏の氏の長者になりました。

藤原兼通　弟兼家との争いに勝利した兼通は内大臣となり左大臣源兼明や右大臣藤原頼忠・権大納言藤原兼家を超越しました。やがて天延二年（九七四）藤原頼忠は氏長者を兼通に譲ります。貞元元年（九七六）兼通は一上（臣下最高位の人）の宣旨を蒙ります。兼通・兼家兄弟の勢威争いはなお続いたので、兼通は兼家を抑えるため貞元二年四月左大臣源兼明を親王とし、右大臣藤原頼忠を左大臣とし、十月兼通が没すると頼忠は円融天皇の関白、藤原氏の氏長者に復帰します。それでも大納言藤原兼家との勢威争いは続き、頼忠は兼家を右大将から治部卿に左遷します。

頼忠の病気平癒　このような時期、頼忠は実権掌握の出鼻を挫くような病魔に襲われました。霊験あらたかな修法の験者に大法を依頼するのも当然です。比叡山天台座主良源に白羽の矢が立てられます。座主良源は天台密教最大の大法である熾盛光大法を修することになります。

座主良源の天元年間の活躍　座主良源は近江国木津氏、家柄や財力など持たない出家僧でした。天台座主として治山十九年、異例の長期です。数々の事跡を残していますが、天元年間（九七八〜九八三）の活躍は顕著です。

八坂祇園社天台別院管理　天元二年（九七九）三月二十六日、山城国（京都府）観慶寺感神院をもって天台別院とすべき由の宣下がありました。これは東山八坂祇園社（八坂神社）を寺院として天台比叡山別院とするものでした。

同年、四月の比叡の神の祭礼記事には次のようにあります。

地主三聖御祭事　比叡山地主三聖御祭事を荘厳するためにとして、次の記事が『天台座主記』に見えます。

天元二年四月、地主三聖御祭事を荘厳するために、唐崎神殿一宇、鳥居一基、廻廊二宇、雑舎四宇、並びに馬場針貫三町を新造し、兼ねて又宝輿一基を営作す、帷帳障子赤綱駕輿装束二十具在り　手文に唐鞍等の具供奉に異常なり、又伶人廿余人龍頭鷁首の船に乗り、冨津の浜より唐崎の傍に至り、歌舞を興じ、各々妙曲を竭す、到り畢りて以後終日楽を奏し、晩景に及びて還御す。

今日の坂本日吉社の祭礼につながる規模が記録されています。

東坂本・三津浜・苗鹿村住人の国役停止　さて、次に『天台座主記』には同年八月二十八日、東坂本並びに三津浜・苗鹿村の住人ら国役を停止すべきの由、宣下とあります。さらに同年十二月二十一日、良源は僧正に転じました。

根本中堂再建竣工・落慶法要　この年西塔常行堂は常に異なり不断念仏を勤修します。それに続いて宝塔並びに宝幢院経蔵・鐘堂を造り、また釈迦堂の礼堂掾橋などを作りました。さて翌、天元三年(九八〇)は数年前に焼失した東塔根本中堂が竣工、その落慶法要が修行されました。『天台座主記』は次のように記述します。

同、三年九月晦日〈他書作三日〉、中堂会を修し、十月一日、文殊楼会を行い、色衆各二百人、公家度者を給う。大納言藤原為光卿、参議源維正卿等登山し法会に随喜す。天元元年より始め、新たに孫庇・廻廊・中門などを造り加え、その間今年先ず前唐院を造り、また根本経蔵宝蔵を移し作る。これは中堂廻廊中門等を作らしめんとして、平地最も狭く、よって南岸の土をもって北谷を埋むるを為すなり。すなわち念のごとく造作功を終わる。

根本中堂再建落慶式期日の二説　落成式の期日は九月晦日に中堂落慶式、翌日十月一日に文殊楼供養会とした方が自然でしょう。『一代要記』『日本紀略』後編六、『叡岳要記』上、『天台霞標』には九月三日としますが、いずれも平安末院政期の著作です。九月三日は元三大師良源の誕生日、正月三日の御入滅、五月三日の初登叡の日など良源は三日に記念すべき出来事が多く、大師良源の生涯のなかで三日が特に重要な日にちですので、この度の根本中堂再建落慶式の日にちを天元三年九月三日としたのでしょう。でも正しくありません。

根本中堂再建落慶式の規模　二日にわたる東塔の盛儀に出仕した色衆二百人というのは空前の規模です。国家は根本中堂分の度者定員をつけました。大納言藤原為光卿、参議源維正卿らが登山し法会に随喜しました。根本中堂は天元元年より始め、足かけ三年、丸二年の歳月をかけて完成、新たに孫庇・廻廊・中門などを造り加え、その裏にはこの年先ず前唐院と根本経蔵を移動させて附属せしめました。前唐院は慈覚大師円仁が入唐求法の旅行で蒐集した経典類を所蔵する蔵、根本経蔵は宗祖最澄の入唐によるもので台州録と越州録がその経典目録です。後半にこの度の良源の根本中堂工事がいかに難工事、大工事であったかを具体的に述べています。「平地最も狭く、よって南岸の土をもって北谷を埋むるを為すなり」とあります、それでも「すなわち念のごとく造作功を終わる」とあって工事は良源が思った通りに竣工したと伝えます。なお、この年九間四面の食堂、七間四面の雑舎を造り、大師供内論議などを行うとありますが、この場合の大師供とは元三大師良源に供える法会で、慈恵供とよばれるものでしょう。もちろんそれは良源滅後のことです。

良源、輦車の宣旨　天元四年(九八一)八月十六日、良源は輦車の宣旨を蒙りました。その割注によれば、御修法結願の時、この賞有りといいますから、玉体加持修法の恩賞として宮中出入りに輦車の使用が認められるという栄誉が与えられたのでした。因みにこの栄誉は国母のほかには、摂政・関白で特別に功績が認められた者に与えられるもので、僧侶の例は空前絶後でした。

良源大僧正・慈恵大僧正　同月三十日、良源は大僧正に任ぜられました。生前に大僧正となったのは奈良時代の行称します。

基だけです。空海は没後に大僧正を贈位されました。なお良源は没後に慈恵の諡号を贈られましたので慈恵大僧正と称します。

座主良源の再建工事　座主良源の再建工事はまだ続きます。東塔常行堂を改造し、本堂をもって、八部院堂地に移作し、また勅使房・政所屋・浴室らを造ると記録に見えます。

右大臣兼家による恵心院供養行事　永観元年(九八三)十一月二十七日、恵心院を供養するため、右大臣兼家公が登叡して供養行事を行いました。先年兼家の発願により建立したもので、今日供養を遂げました。師輔の三男兼家は長らく兄関白太政大臣兼通に出世を抑えられていましたが、兼通が貞元二年(九七七)薨去すると、父師輔と同じく右大臣となり、女詮子は円融天皇女御となり、懐仁親王(後の一条天皇)を生みました。父師輔同様に横川の座主良源に師事して、父が法華三昧堂を寄進建立してその落慶法要に登叡して執行したように、横川に登り恵心堂を寄進建立、落慶法要に臨んだのです。

恵心僧都源信『往生要集』　なお、この堂を本拠として浄土信仰の『往生要集』の大作を著述した源信は恵心僧都と呼ばれます。

西塔宝幢院・本覚院　永観二年(九八四)、もと西塔である相輪橖の東隣にあった宝幢院を造営しました。ここは大師良源が初めて登叡した時に拠った由緒有る院房で、本覚院とともに座主良源の西塔における拠点でした。

十一　天台座主良源御入滅・諡号慈恵

天台座主良源御入滅　永観三年(九八五)正月三日、良源は入滅しました。春秋七十四といいます。その追善の詞に次のように述べられています。

凡そ治山の間奏して封戸を定め、東西の国において、通三宝の物（仏さまの財産）永くこの砌に留む。何に況や造るところの堂塔一山の上已に大半に及ぶに、誰か知る大師再び来りて我が山を重興せんをや。

天台座主大僧正良源一代の力で山門領荘園は日本の東西諸国に及び、比叡山上の堂塔伽藍の復興は旧に増して増加し、不世出の働きをしたというのが入滅に当たっての追悼の辞でした。

慈恵大僧正　寛和三年（九八七）二月十六日、諡号を慈恵と賜る。その注には権僧正尋禅の奏に依るなりとあります。尋禅は永観三年（九八五）二月二十七日に良源の遺志を継いで第十九世天台座主に就任しています。時に尋禅の兄兼家はその外孫懐仁親王が即位し（一条天皇）、摂政太政大臣になりました。

元三大師　座主良源入滅後の弟子たちは、良源を正月三日の入滅により元三大師と称しました。古くより中国では正月一日は元旦ですが、三日までを元三と呼びました。これは奈良・平安時代の日本にも伝わっています。ただ、弟子たちは座主良源の比叡山伽藍造営の数々、日本国家の危急を救う鎮護国家の修法、天皇玉体加持の御修法、さらに皇后・中宮・女御たち、諸皇太子・皇子たち皇族のほか、特に忠平―師輔―兼家の藤原摂関家三代を中心とした時の政権中枢の守護祈願に霊験を現しました。それに二十六ヶ条制式のように天台宗比叡山大衆の綱紀粛正に厳しい態度で臨みました。門弟大衆は元三大師と敬慕し、天台宗・比叡山発展の師匠と仰いだのです。

権者良源元三大師　その修法の力はとても人間わざとは思われないので、良源元三大師はどなたか、仏・菩薩・明王さまの生まれ変わりだと弟子たちは考えました。密教修法の霊験から不動明王、衆生済度の広大慈悲ぶりから観世音菩薩といろいろ言われました。お弟子の恵心僧都によれば如意輪観音ということでした。こういう仏・菩薩が衆生済度のために人間に生まれ変わった者を権者（ごんじゃ）といいます。日本の神々には、八幡大権現（また八幡大菩薩）・山王権現・戸隠権現・熊野大権現・東照大権現など、みな「権（ごん）」がつきます。

元三大師信仰のおこり　元三大師良源の尊容を画像に描き、彫刻に刻んでこれを祀ることが起こりました。座主良源が山門門徒の流祖と仰いだ慈覚大師供によって慈恵大師供が修法され、祈願されます。祈願の霊験は他を圧して、天台宗唯一の大師信仰になり、やがて真言宗の弘法大師信仰と日本の大師信仰を二分することになります。

結び

以上の元三大師良源の生涯の大概から、大師が「国之師、仏家之棟梁、法侶之賢哲、釈迦如来之重出、慈覚大師之再誕」と讃えられたことが、いかに真実な史的事実であったかがよく了解されます。十八世座主大師良源の後、十九世は良源猶子ともいうべき尋禅でした。彼の九条師輔男子です。治山五年後、二十世座主には智証大師円珍門徒の余慶が就任しましたが三カ月で辞任しました。二十一代座主は十五世座主慈念僧正延昌の弟子陽生が就任しましたが、治山一年で辞任し、その次に本命の暹賀が二十二代座主になりました。暹賀は慈恵大僧正良源直弟子で本覚房と称しました。かつて良源が住した比叡山西塔東谷本覚院を大師良源から譲られたからです。暹賀は治山八年、年八十五歳で入滅、当時とすれば超長寿でした。その次の二十三代座主覚慶も慈恵大僧正良源受法弟子とされ、健康に恵まれて八十七歳の長寿、治山十六年に及びました。一代おいて二十五世座主明求、その次の二十六世座主院源すべて慈恵大僧正良源直弟子でした。

明求は治山一年ですが院源は治山八年とやや長く、藤原摂関政治最盛期とされる入道前大相国藤原道長が寛仁四年（一〇二〇）登叡し、院源座主によって回心受戒し、その日、七仏薬師法ならびに薬師経不断経を修行され、千口の僧侶式衆により薬師経読経を受け、その身体安全が祈願され、二十日すなわち七日の御修法結願の日には千口の式衆に供物斎食を与えています。正しく主上天皇並みの御修法挙行でした。道長はその後治安二年(一〇二二)七月十四日には根本中堂薬師如来に十二神将を奉造しています。この年の十一月二十二日にも道長は登叡し、内論議の法要を受けましたが、父兼家、祖父師輔、曽祖父忠平以来の比叡山元三大師良源とその法流への外護です。道長は京都市中に法成寺を建造し良源法流へ寄進しています。摂関家本流の外護を受け、比叡山天台宗は比類なき大発展を遂げたのでした

第二章　元三大師信仰の歴史文化

はじめに

第一章の「元三大師良源の生涯」では、章末に永観三年(九八五)正月三日、十八世天台座主良源が入滅し、その追善の供養が行われたところまで記しましたが、以下本章では、元三大師信仰の諸事例、諸側面を取上げ、もって元三大師信仰の歴史文化の考察とします。

一　慈恵大師尊像

慈恵大師供　元三大師良源の尊容を画像に描き、彫刻に刻んでこれを祀ることが起こりました。座主良源が山門門徒の流祖と仰いだ慈覚大師供に範をとった慈恵大師供が作成されました。そのうち、比叡山そのほか全国の天台宗寺院で慈恵大師供が修法され、祈願されます。祈願の霊験は他を圧して、天台宗唯一の大師信仰になり、やがて真言宗の弘法大師信仰と日本の大師信仰を二分することになります。

1 慈恵大師画像

仁和寺蔵 紙本墨画高僧図像甲本・良源像 各宗の祖師たちを画像に描くことは奈良・平安時代に始まっています。天台の祖師たちを描く高僧画像、例えば京都市仁和寺蔵、重要文化財 紙本墨画高僧図像 甲巻に良源像があります。奥書によれば、院政期の長寛元年(一一六三)、石山寺にあった原画を勧祐が筆写したといいます。大東急記念文庫蔵の乙本と対になります。画像右に慈恵とやや大きく墨書され、下に第十八座主、御廟ノ大僧正也と書かれているのが注目されます。良源の図像として比較的早期のもので、右手に数珠、左手に五鈷杵(或いは三鈷杵カ)を持ち、左方を向いています。通常は独鈷杵を持ち、右方を向いているのと大分様子が異なります。

鶴林寺蔵 絹本着色慈恵大師像 兵庫県加古川市の聖徳太子縁の鶴林寺に蔵される慈恵大師像は鎌倉時代の作です。中央に慈恵大師を大きく描き、下に右から南岳慧思禅師、天台智者大師(智顗)、伝教大師を描く。下部には海中より出現した龍が宝珠を捧げる様子を描き、上部には三つの六葉蓮華に仏菩薩が描かれています。中央一、周辺六の計七体が三つ、合計二十一体で山王二十一神の本地仏を現します。これは元三大師・慈恵大師が山王二十一神を守護している図像となっているようです。

2 慈恵大師木像

元三大師・慈恵大師木像彫刻については、慈恵大師一〇二五年御遠忌記念企画展図録「元三大師良源—比叡山中興の祖—」大津市歴史博物館、平成二十二年(二〇一〇)二月二十七日が良い手引きとなります。特に木造彫刻は企画展図録所収、寺島典人「良源像の造像について」が参考になります。

平安時代中期の木造慈恵大師坐像　平安時代に作られた元三大師・慈恵大師木像の現存は未だ確認されていませんが、兵庫県神戸市須磨区に所在する浄土真宗本願寺（西本願寺）派の現光寺に蔵される木造慈恵大師像は、沖合で漁師の網に懸かって引き上げられたという伝承があり、鎌倉時代建保六年（一二一八）の墨書銘があります。これは最古の墨書銘慈恵大師像ですが、頭部から脚部まで一木から掘り出した一木造りで、背面に内刳りを施した様式です。この様式は平安時代の中期以前の古式彫刻で、この木造慈恵大師像は平安時代中期に遡る様式と考えられます。

京都市法界寺蔵　木造慈恵大師坐像　法界寺は京都市伏見区日野の真言宗醍醐寺派の寺院ですが、日野家宗の創建ではじめ天台宗に属しました。日野家は藤原北家冬嗣の兄参議真夏を祖とする堂上公家で、その孫が日野家宗です。家宗五世の孫資業が法界寺薬師堂を建立し、日野を姓としました。薬師堂には比叡山延暦寺根本中堂本尊を模して造像されたという薬師如来が安置されました。法界寺は平安から鎌倉時代に隆盛し、平安時代の丈六阿弥陀如来像が現存します。薬師堂は鎌倉時代の建保三年（一二一五）焼失、翌年再建されていますが、この時に造像された日光・月光両菩薩及び十二神将が現存します。本慈恵大師坐像もこの時代の作と考えられており、比較的古い作といえます。

重要文化財　滋賀県長浜市高野神社蔵　木造慈恵大師坐像　滋賀県長浜市高月町高野神社境内の大師堂に安置、もと湖北の天台宗大寺の己高山寺の流れを承ける満願寺薬師堂に伝来したと言われます。鎌倉後期の院派仏師の秀作です。

重要文化財　旧石清水八幡宮元三大師堂安置　木造慈恵大師坐像　現在滋賀県八幡市の浄土宗正法寺八角堂所蔵。明治初年の廃仏毀釈で石清水八幡宮から放出。さらに元は比叡山にあったと伝えられ、元亀法難で石清水八幡宮に預けられたという伝承もあり、比叡山求法寺慈恵大師像にも似通っていて、やはり鎌倉時代後期の院派仏師の手になると推定されます。水晶製五輪塔が納入され、鎌倉期の元三大師尊像信仰の一面を示す素材になります。

重要文化財　比叡山西塔旧本覚院蔵　文永二年木造慈恵大師坐像　旧西塔本覚院蔵文永二年（一二六五）木造慈恵大師坐像

で重要文化財に指定されている優品です。鎌倉時代の末、横川首楞厳院の僧栄盛が生涯三十三体の等身大慈恵大師坐像を作ろうと願を立て、弘長元年（一二六一）から毎年一体ずつ作り始めました。本体は文永二年の作でその五番目です。なお、三十三体は大師の御本地観世音菩薩の三十三身変化に因みます。後に紹介しますが一体として同形のものはありません。その早期の模範の作です。なお、信長の比叡山焼き打ちに西塔から救出されたと言います。

重要文化財　比叡山求法寺蔵　文永四年木造慈恵大師坐像　比叡山里坊の求法寺蔵文永四年（一二六七）木造慈恵大師坐像で重要文化財指定の優品です。鎌倉末元寇のころ盛んに作られた慈恵大師坐像の模範の作です。銘文に西塔宝蔵坊に作るとあり、願主名に円暹、上記栄盛発願三十三体とは別の鎌倉時代後期の院派仏師の手になる尊像です。

重要文化財　京都曼殊院蔵　文永五年木造慈恵大師坐像　曼珠院は京都市左京区の比叡山西坂本南方の天台宗五箇門跡の一、竹内門跡曼珠院蔵文永五年（一二六八）木造慈恵大師坐像で重要文化財に指定されている優品です。鎌倉時代の元寇のころ盛んに作られた慈恵大師坐像の模範の作です。やはり横川首楞厳院の僧栄盛の署名が残り、三十三体の九番目に当たることが確認できます。曼珠院は京都北野天満宮の別当寺でした。多数の中世書籍や古文書を所蔵します。旧記によれば、北野天満宮に元三大師堂が建ち、その本尊と伝えています。神像的な偉容です。

重要文化財　愛知県岡崎市真福寺蔵　文永十一年木造慈恵大師坐像　愛知県岡崎市真福寺蔵文永十一年（一二七四）木造慈恵大師坐像で重要文化財に指定されている優品です。鎌倉時代文永十一年はまさに文永の役、蒙古襲来の年に作られた慈恵大師坐像の模範の作です。やはり横川首楞厳院の僧栄盛の署名が残り、三十三体の十一番目の作です。この木像慈恵大師像の発願文の冒頭は次の文章です。

末法降魔之威厳。宛侔于四大八大之明王、……異国之顗覦、近曽有其聞、大師聖霊、願摧破彼野心、必安慰此国俗、四鄙皆塞畏途、万民旁誇福庭。

末法降魔の威厳。あたかも四大八大の明王に等しい、……異国の顗覦（悪だくみ）、近く曽て其の聞有り、大師聖霊、願わくは彼の野心を摧破し、必ず此の（日本）国の俗を安慰し、四鄙皆畏途を塞ぎ、万民旁た福庭を誇る。

蒙古襲来撃退の覇気が十分に伝わります。なお、愛知県岡崎市は徳川家康出身地で知られます。ただし、これは西塔宝蔵坊に作されたと銘文に記されています。

重要文化財　滋賀県愛荘町金剛輪寺蔵　弘安九年木造慈恵大師坐像　湖東三山の滋賀県愛荘町金剛輪寺蔵弘安九年（一二八六）木造慈恵大師坐像で重要文化財に指定されている優品です。弘安九年は弘安の役の弘安四年（一二八一）の五年後、元寇を退けた時期に作られた慈恵大師坐像の模範の作です。横川首楞厳院の僧栄盛の署名は有りませんが、三十三体系統の尊像です。

重要文化財　滋賀県愛荘町金剛輪寺蔵　正応元年木造慈恵大師坐像　金剛輪寺には前記弘安九年銘木造慈恵大師坐像のほかにもう一体の別の木造慈恵大師坐像があり、これも重要文化財に指定されている優品です。横川首楞厳院の僧栄盛の署名は有りませんが、三十三体系統の尊像です。

滋賀県湖南市岩根善水寺蔵　木造慈恵大師坐像　湖南三山で知られ、和銅年間（七〇八～七一五）創建の善水寺は伝教大師最澄が天台別院としたとされる古刹で、大師良源入滅直後の正暦四年（九九三）に比叡山延暦寺根本中堂薬師如来らの諸尊を模して作ったとされる諸像を多く蔵します。同寺慈恵大師坐像はやや後代の南北朝時代から室町時代の作ですが、国宝本堂が同時代貞治年間（一三六二～六七八）の再建であり、当時の延暦寺諸尊を模した仏像も多いので、慈恵大師坐像もその一つと考えられます。左手に独鈷を握り、右手で数珠を繰り念珠を数える尊像は慈恵大師坐像独特で古式の正しい継承を示しています。

京都市中十八大師　京都市中十八大師というのがあり、いずれも鎌倉時代を中心とした優品といわれます。十八箇寺を列挙しましょう。

1 廬山寺（寺町広小路）	2 金山天王寺（廬山寺内）	3 遺迎院（鷹ヶ峰）	4 革堂（寺町竹屋町）
5 曼珠院門跡（一乗寺）	6 真如堂（黒谷）	7 青蓮院門跡（三条粟田口）	8 尊勝院（三条粟田口）
9 妙法院門跡（東山七条）	10 方広寺（大仏）	11 養源院（三十三間堂前）	12 法住寺（三十三間堂前）
13 六角堂（烏丸六角）	14 大福寺（麩屋町二条）	15 一音寺（西洞院松原）	16 西雲寺（北野中ノ森）
17 上善寺（今出川千本西）	18 般舟院（今出川千本東）		

二　慈恵大師和讃

天台宗の祖師　比叡山天台宗では先師の中でも、中国隋時代に天台宗を開いた天台大師＝智者大師智顗を高祖と仰ぎ、また日本天台宗を開いた根本大師＝伝教大師最澄を宗祖と崇め、両者を両大師として、それぞれ和讃を作っています。それに続いて十八世天台座主良源を元三大師＝慈恵大師と崇拝して和讃を作りました。

元三大師和讃　元三大師和讃は原題、慈恵大師和讃で二種類が知られています。天台・伝教両大師と元三大師との大きな差異は後者が民間信仰にまで発展している点です。元三大師和讃は二種類があり、一は「慈慧大師和讃」、二は「慈恵大師和讃」と題します。慈慧と慈恵、「慧」と「恵」の違いは繁字と簡体字の差異に見えますが、「慧」は論義を盛んにし学問を奨励した大師の功徳を表し、「恵」は数々の修法に人びと衆生の所願を成就する恵みを与えることを意味します。以下、「慈恵大師和讃」を紹介します。

慈恵大師和讃

帰命頂礼(きみょうちょうらい)慈恵大師　補陀落浄土に在(いま)しては
等覚無垢の月高く　普門示現の影を垂(た)れ
七種の難を除きてぞ　二求(にぐ)の願ひを満(みた)しつつ
有縁(うえん)の衆生に牽(ひか)れては　首楞厳定(しゅりょうごんじょう)　出(いで)たまひ
延喜の御代(みよ)の静かなる　即位の十二に当たる歳(とし)
末の秋なる三つの日に　此の日の本(もと)に降誕す
其の母公(ははぎみ)を尋ぬれば　宇多の帝(みかど)の妃(きさき)にて
夢に日輪口に入り　胎より出(いづ)ると見玉へり
応生薩埵の事迹(じせき)には　難思(なんじ)の因縁在(いんねんまし)まして
身をば王種に受くれども　迹(あと)を田野に晦(くら)まして
母公(ははぎみ)王子ともろともに　近江の県(あがた)に潜(ひそ)まりて
木津の姓(かばね)に棲(す)みければ　郷人崇(さとびとあが)めて撫育せり
群居(むれい)る児(ちご)のその中に　容顔尋常(よのつね)ならずして
雲蓋(うんがい)動地の奇瑞にぞ　見る者聞く者怪しめり
年是(としこれ)十二なりし時　我が立つ杣(そま)に攀(よ)じ登り
理仙阿闍梨に仕へてぞ　学(まなび)の窓に雪を積み
四教五時(しきょうごじ)の廃立(はいりゅう)は　鷲の御山(みやま)の月に光(て)り

三観十乗研き得て　玉の泉の底きよし
生年十七なりし時　出家落彩し玉ひて
尊意和上を拝してぞ　大乗具足の戒を受く
灌頂壇に入りし後　三蜜五相の功を積み
遮那止観の両業を　兼ね得て自他を益しける
已心の微塵を破りてぞ　千経万論通達し
徳風朝野に扇ぎては　多の耆徳の次を越へり
承平五年の頃とかや　維摩の講師に臨みしに
六群我執の鉾をとぎ　五性の激難競うにぞ
忍衣空座に規則して　権実施開の化意を述べ
三草二木も一地ぞと　義泉流れて竭ざれば
随多の冬の氷解け　法の華咲く春に逢ふ
是より名誉弥高く　王侯相将仰ぎける
強軟二賊を防ぐには　安忍三術是の時と
八重立つ雲に身を隠し　横川の奥にぞ住にける
憂を慰む月華に　禅恵の工夫を凝しつつ
三会の値遇を契らんと　四季講堂に籠りける
月の黒白分ちては　両部の密修断間なく

神変加持の清泉は
独鈷の名にぞ流れける
六種の大願起こしては
狂なる論難往復も
菩提の菓を結ばんと
仏の御前に誓ひけり
飯室の谷の幽なる
妙香院の扃にぞ
四十八の法燈を
挑げて観誦を凝しける
高日の山に籠りては
聞持の悉地を得玉ひて
明星天子あま降り
四方の梢を照らしける
三百日の護摩を修し
無上菩提を祈りしに
無漏の行願深ければ
思わず有漏に報てぞ
鳳詔数々賜はれば
禅恵の光を和げて
玉体護持の勅を奉
世栄の塵に示同せり
法臈未だ長ねども
阿闍梨職にぞ補し玉ひ
護持の法験重なれば
十大禅師の宣下あり
宮中五壇の御修法には
瑜伽相応の観に入り
同じく不動に見へければ
帝の叡信弥増せり
応和三年葉月にぞ
南北両寺に勅ありて
法華八座の論講を
清涼殿に修せしめり
性相宗計を異にして
無性不成の疑難をば

南衆巧みに成ずれば　北師口をば噤きける
大師これを見玉ひて　即ち講師に替わりてぞ
一乗開会の旨高く　権門不了の義を折く
南衆疑難の途絶へて　大師の未成を難ずれば
龍女無垢の八相に　身子の疑難を解く如く
紫金の膚を輝かし　凡聖一如を顕せば
一会の驚歎限りなく　王臣弾指し礼しける
康保三年秋の頃　座主の宣下を蒙りてぞ
二十六箇の式を立て　僧衆の風儀を誡めり
黒白十五の布薩には　戒壇院に衆を集め
菩薩の戒本誦しぬれば　戒光口より放ちける
年分四季の八講は　村上帝の御願にて
大師自から講演し　徒衆の学解を策進す
広学竪義を興しては　紫詔の探題濫觴し
九十余算を簡びては　議論の軌則を定めけり
山務に従事し玉ひて　二十年が其の間
虚空蔵の尾の上には　文殊楼をば再建し
久しく失せにし清涼の　土をば尋ね得玉ひて

獅子の足下（そくか）に布（しき）ぬれば　人皆（みな）希有（けう）と歎じける
其の余の頽廃修造して　三塔九院の輪奐（りんかん）を
昔に倍（ま）して輝（かがや）かし　依正（えしょう）を興隆し玉ひき
朝廷尊崇深ければ　僧都僧正程もなく
次第に進階し玉ひて　山家（さんげ）の栄華を開きけり
天元四年の仲の秋　玉体不豫（ふよ）に在（まし）ますに
護持の法力著（ほうりきいちぢ）るく　忽（たちま）ち燕安（えんなん）なりしかば
叡感殊（えいがんこと）に在（まし）まして　輦輿（れんよ）を聴（ゆる）さるのみならず
念珠法服相具（あいそな）へ　度者二人（ふたり）ぞ賜ひける
褒賞猶も飽き足らず　行基菩薩の蹤（あと）追いて
絶えて久しき崇班（そうはん）の　大僧正に補せ給ふ
九条の相公父に継ぎ　二世の芳契（ほうけい）結びてぞ
恵心院を造立し　嘉運の末をぞ祈りける
朝廷寵（めぐみ）の渥（あつ）くして　中堂供養の行幸（みゆき）には
帝も鳳輿（ほうよ）を廻（めぐ）らして　寂定房を訪（と）ひ玉ひ
渓岸巡（めぐ）り見玉ひて　苔の砌（みぎ）りの紅葉（もみじば）に
御製を留（とど）め玉ひてぞ　其の名を今に遺（のこ）しける
感神院を賜ひては　神明随喜に堪（た）へずして

　童子に託宣し玉ひて　　仏法擁護を約しける
本より権化に在ませば　　不思議の化迹を示さんと
　明星水に臨みては　　六観音とぞ現はれり
夜叉の形を現じては　　行疫鬼神を避るとぞ
　三十三身影を分け　　五穀豊饒を護るなり
普現色身定めなき　　那智の御山に在しては
　大龍王と顕われて　　邪慢の行者を降伏し
不思議解脱に住すれば　　魔王の形を現じてぞ
　怠惰の菩薩を怖しつつ　　正法住持を護りける
明普阿闍梨は冥官に　　告を蒙りて蘇がへり
　往生浄土の行業は　　大師の奉仕に如ずとぞ
源信所証を問ひしかば　　品位を宗祖に辞譲して
　言葉顕わに告げねども　　五品の中とぞ知られけり
此の界化縁の尽きぬれば　　非滅の滅を示さんと
　頃は永観三年の　　正月初めの三の日に
生年七十四歳にて　　所作の功徳を廻らして
　安養浄土に往くと宣べ　　三摩地に住して化を示す
其時紫雲の降りては　　遠き高ねにたなびきて

異香(いきょう)薫りて室に満ち　瑞相備(つぶ)さに陳(の)べがたし
徒衆の悲しむのみならず　王臣道俗すべて皆(みな)
　扶桑国中今よりは　法灯滅(きえ)ぬと歎ける
五日(ごみな)は蛻体(ぜいたい)留(とど)めてぞ　遠近来(おちこちきた)りて拝みしに
　容顔変ぜず端座して　厳然生けるが如くなり
大師の遺命(ゆいめい)ありければ　横川の峰の艮(うしとら)に
　人跡絶(たえ)ぬる霊洞に　構(かま)へてをさめ奉る
朝廷追慕の已(やま)ずして　寛和三年仲春に
　紫詔を降(くだ)し玉ひては　慈恵大師とぞ諡(おくりな)す
後宇多の院の法皇は　三段講式御製(ぎょせい)して
　九重(ここのえ)隔てた洞中(どうちゅう)に　毎日(ひごと)に大師を礼しける
凡そ大師の妙用(いう)は　言説(ごんぜつ)思慮も及ばれず
　仰げば徳業山高く　伏して弘誓(ぐぜい)海深し
常住金剛慈恵大師　滅後千歳(ちとせ)に近き世の
　末に生(うま)るる我らをば　捨てず哀愍し玉ひて
折摂二門(しゃくしょうにもん)の利益(りやく)をば　冥顕二つに施(ほどこ)して
　聖応(しょうおう)必ず誤(あやま)たず　機感の所願を満足し
片言一句(へんげんいっく)の讃歎も　随喜(ずいき)無上の縁なれば

三業善根浅くとも　九品に引接なし玉へ

南無慈恵大師常住金剛

南無慈恵大師常住金剛

南無慈恵大師常住金剛

唵リョウゲンソワカ

この元三大師すなわち慈恵大師和讃は、大師八百五十年御遠忌を紀年して、天保四年（一八三三）孟夏四月に比叡山沙門大軌が作り、山門戒光院で開版出版したものです。それを大師九百五十年御遠忌を紀年して昭和九年（一九三四）大阪上福島（大阪市福島区）の光智院小泉中成らが再版三千部を印刷して後世につたえました。さらに拝島大師本覚院では昭和五十八年（一九八三）五月三日に奥の院多宝塔落慶を記念して重版し、ついで平成六年（一九九四）五月三日、新本堂落慶記念として重版二版を出したものです。近代の著作ながら元三大師信仰の要本として不朽の価値を有するものです。何よりも分かり易く、口調の良い和讃になっています。

三　慈恵大師講式

講式　元三大師良源を追慕する法会で使われたものに講式があります。鎌倉時代の初め、建保元年（一二一三）慈円著が、東京大学史料編纂所に所蔵され、最古の写本です。平安末から鎌倉時代に慈恵大師講式が始まったのです。

諸式の講式　三段式（宝地房証真）・三段式（後宇多院）・五段式（覚超）・沓冠式（恵心僧都源信）・咲花式（宝地房証真）さ

らに一段式（恵心僧都源信）と、いろいろな形式が工夫されていますが、五段式の覚超・沓冠式の恵心僧都源信はいずれも後の人の仮託でしょう。咲花式は宝地房証真が天台教学を究めるために慈恵大師宝前にこの講式を読まれた時に、大師が出現して微笑んだことからその名が付いたとされます。これで分かるようにいろいろな形式の講式はいずれも大師に喜んでもらおうという気持ちからせいぜい技巧を凝らしています。

後宇多天皇三段式講式　後宇多天皇（一二六七～一三二四）の三段式は先の慈恵大師和讃に引用されますが、鎌倉時代、文永・弘安のころの後宇多天皇が蒙古襲来に対して敵国降伏を、元三大師・慈恵大師に必死に祈願して筆写したと考えられます。もとになった宝地房証真が作った三段式講式はもっとも早い時期のものです。なお三段式は対句の口調が特に耳によく響きます。

宝地房証真作三段式慈恵大師講式　証真は生没年不詳、鎌倉時代初期の天台宗の学僧、宝地房と号し、天台宗の伝統教学の復興に努め、広学竪義の竪者から探題など要職につき、承元元年（一二〇七）には比叡山の惣学頭に補せられました。当時、天台座主であった慈円と親交があり、また法然上人源空とも知り合ったとされます。証真は著作が特に多く、三十余部余りになりますが、中でも主著の『法華三大部私記』三十巻は、永万年中（一一六五～六六）に筆を執り、承元元年秋まで丸四十二年もかけて作成した超大作です。その内、『法華玄義私記』巻七には当時高まった本覚思想に対して伝統的天台教学の立場から批判を加えたということが今日の学界で注目されています。その他、『天台真言二宗同異章』なども重要な論著とされます。いずれにしても証真は、宗祖伝教大師最澄の法華経教学の復興を期し、そのために元三大師・慈恵大師の霊験に祈願したものと思われます。

恵心僧都源信作沓冠式慈恵大師講式　沓冠式慈恵大師講式は恵心僧都源信作と言われますが、確証がありません。明らかに先の後宇多天皇三段講式や宝地房証真作三段式慈恵大師講式より後の作です。作者不詳とした方が良いでしょう。

四　慈恵供・慈恵大師本地供・片供・無言加持・慈恵大師法則

慈恵供・慈恵大師本地供・片供・無言加持・慈恵大師法則　慈恵大師を本尊として、これに供物を捧げる修法に慈恵供・片供・慈恵大師本地供・無言加持などがあり、また慈恵大師の命日や誕生日に行われる追善法要で特に読まれる慈恵大師法則があります。一つずつ簡単に説明します。

1　慈恵供

慈恵大師供の創始　『慈恵大僧正拾遺伝』に、長元元年（一〇二八）、天台座主慶命が慈恵大師供を行った記事があり、大師没後時期から半世紀以上経ったころより、大師を本尊として祀る様々な修法が行われてきました。慈恵供は多く慈恵大師供と称しますが、時に慈恵大僧正供と呼ぶこともあります。平安時代成立の原本には、「山門徒、相論時にこれを記す　御影」と書かれ、比叡山一山で学僧間に論争が起きた時に特に大師の加護を願ったことが分かります。これが鎌倉時代まで続きますが、室町時代や江戸時代には見えなくなります。比叡山における論義の盛衰に関わる興味深い史料となります。

慈恵供は完全な台密、天台密教の秘密の行法で、許可された行者のみに伝言され指導伝授される口伝の法門であることになります。調供物にある供物の一種に紙銭がありますが、これは一文銭を縦に十個並べた形を紙で作り、頭に糸を付けて紙銭掛けに懸かるようにしたものです。慈恵供修法は一千座を単位としますので、満願した時、千枚、一万銭が供物として供えられたことになります。これはお賽銭の原理になるものです。いずれにしても当然行記は門外不出、絶対秘密の聖典です。

2　慈恵大師本地供・片供・無言加持

慈恵大師本地供　慈恵大師本地供は慈恵大師の御本地が如意輪観世音であることで、天台宗では如意輪供を慈恵大師本地供とします。特別な伝法が必要な秘密行法で数多くの定められた修法回数が必要です。

片供　普通修法は護摩供でもその他、慈恵大師供、慈恵大師本地供でも中心の念誦檀供を中心として前半後半に二大分され、前半は火車香炉、金剛盤上鈴・鈷の右側の閼伽・塗香・華鬘・供華・灯明・飯器などの本尊への供奉を行い、後半は左方の同様な供物奉献を行います。片供は右、左それぞれを別のものとして一座に数え、右左行えば二座と数える特別な行法です。肝要は一列十文の紙銭を片方一座ごとに供え、それが一千座で一千枚の紙銭の奉献が実現することになります。この一千座は期日七日と定められ、大師に必死に祈願するところが一大特長です。

無言加持　無言加持は慈恵大師無言加持です。無言加持といっても一切無言で行うのではなく、例によって護身法に始まり、次に九頭龍印・誦、息障印・誦、大剣印・誦と次第し、次に針印の手印を結んで次の偈咒を唱えます。

本体如意輪、出首楞厳定、破生死怨、現作魔王身、

唵大権垂迹慈慧大僧正良源莎訶

観音の垂迹、大権現身しかも魔王身という慈恵大師に必死の祈願を行うものです。

法則は法会で読み上げられる法要目的、御利益などの記述、祈願趣旨、「尊影を戴けば怨霊逼悩の首において、忽ちに降伏退散の効験を得、形姿を安ずれば、悪魔怖畏の門に、まのあたりに攘災招福の勝利を感ず」という文です。

五 慈恵大師護符—慈恵大師御影・角大師・豆大師など—

慈恵大師護符はこれまた個性的で独特な守護札が多いのです。まず元三大師良源の尊容を版木に彫って摺った慈恵大師御影があります。懐中に入る小形が多く、この御影は和紙に薄い表紙が掛けてあります(図1)。

次に角(つの)大師(図2)については、江戸時代に慈恵大師に関する記事をまとめた『元三大師利生記』に次の説話が見えます。

永観二年(九八四)のころのある夜、良源のもとに百鬼夜行の首魁がやってきて、良源が厄年なので尊体を冒しに来たという。試みに左の小指を差し出し、移させると苦痛が全身に走り、あわてて円融三諦を観じ指を弾くと、疫神を弾き飛ばされ、腰を折り、退散した。良源の苦痛は消えた。良源いわく、「我れ一指のわずかに病めるさへいと苦し。況や凡身を悩まさむにいかに堪え難きからん。さらば此の病を払はんと誓ひて給はく。此影像を置く所には、邪鬼、魑魅魍魎来ることなく、疫災を払う」と。

次に豆大師(魔滅大師)については、慈恵大師の御本地御正体が如意輪観音ということで、『妙法蓮華経』第二十五、観世音菩薩普門品に説かれる観音三十三身の変化に依って、慈恵大師尊像三十三身を版木に彫って摺った御札です

（図3）。起源については種々の説話がありますが、旱魃で遅れた大師信仰の念篤い農民の田植えを、大師が三十三人現れて助けたという話がよく知られています。人手が足りない人を助けてくれるという衆生済度所願成就の元三大師・慈恵大師ならではの護符に注目しましょう。開運のお札です。

なお、豆大師を魔滅大師ということが有ります。種々の三十三の魔を滅してくれる厄除け大師のお札です。

図1　元三大師御影

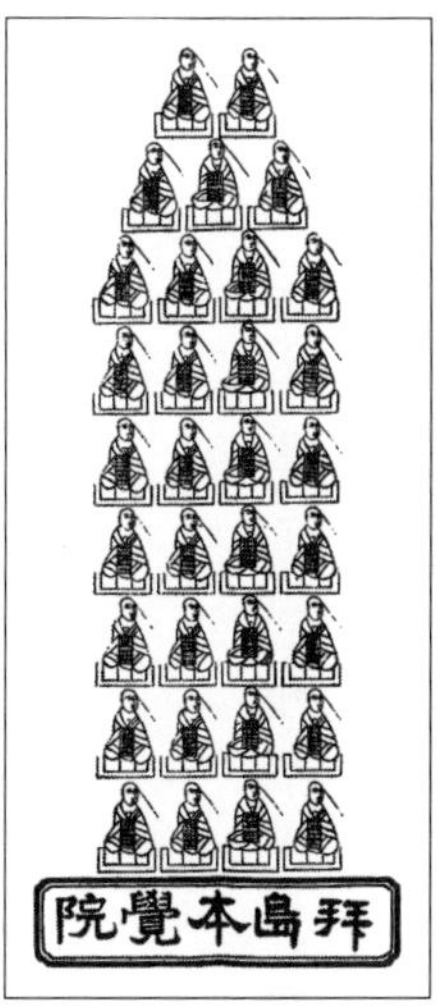

図3　豆大師御札

図2　角大師御札

六　元三大師「観音籤百番」

慈恵大師・元三大師は「おみくじ」を発明したとされ、「観音籤百番」といいます。慈恵大師が観音の生まれかわりということで、妙法蓮華経観世音菩薩普門品に依る「観音籤百番」の吉凶判断なのです。一番から百番まで、百通り、五言四句の籤詩で、その詩の含意を解いて吉兆を判断する。ただ、旅行、結婚、家作り、移転転居、買い物などなど人生の種々の迷いに判断を示すところが中心になっていく過程が重要です。単なる吉か凶かの見分けだけでは不十分です。

七　余話―七猿歌―

元三大師・慈恵大師作七猿歌というものが有ります。

一、独り処して交らざるをまさるとする
　　つらつらと　浮世の中を思うには　まじらざるこそ　まさるなり
二、世に処するに見、聞き且つ言葉なきを得ざるを歎ず
　　見聞かでも　いわでもかなわざるものを　浮世の中にまじるならいは
三、世を厭わざるを悔ゆ

　つれもなく　いとわざるこそうかりけれ　定めなき世を夢と見ながら

四、視ざるをまさるとなす

　何事も　見ればこそげにむつかしや　見ざるにまさることはあらじな

五、聴かざるをまさるとなす

　きけばこそ　望みもおこれはらもたて　聞かざるぞげにまさるなりけれ

六、言わざるをまさるとなす

　こころには　なにわのことを思うとも　人のあしきは　いわざるぞよき

七、思わざるをまさるとなす

　見ず聞かず　言わざる三つのさるよりも　思わざるこそ　まさるなりけれ

見ざる、聞かざる、言わざるの三猿は知っているでしょう。でも思わざるが付いて四猿、さらに七猿だというのです。

結　び

以上から元三大師・慈恵大師信仰が日本独特の本地垂迹信仰の具体であり、大師さまが権者・権現さまであることが了解できたと思われます。

第三章　平安・鎌倉・室町期古典文芸に描かれた元三・慈恵大師良源

はじめに

平安・鎌倉時代の古典文学・文芸に、元三・慈恵大師良源はどのように描かれているでしょうか。この検討も大師信仰の経緯を考える上で重要です。時代を追ってみてみましょう。

一　平安中期、慈恵大師良源同時代の古典文芸

1　歴史物語

歴史物語　『日本書紀』『続日本紀』など六国史に数えられる歴史書はすべて漢文で書かれていますが、平安・鎌倉時代に和文で書かれた歴史叙述的物語を歴史物語といいます。物語とは国文学史上、平安時代から室町時代に書かれた、ある題材、物事を文学作品的に仕上げた日本独特の文学形態のものですが、歌物語・伝奇物語・写実物語・説話物語・軍記物語、そして歴史物語があります。良源同時代の歴史物語には『栄華物語』『大鏡』があります。

『栄華物語』　平安時代の藤原氏による摂関政治の頂点に居るとされる藤原道長の栄華を題材としています。作者は赤染衛門という女性だとする説が有力で、『栄花物語』とも書きます。『栄華物語』の扱う時代は宇多・醍醐・朱雀・村上・冷泉・円融・花山・一条・三条・後一条の諸天皇の時代、物語の冒頭に宇多天皇の名を挙げてはいますが、「そのみかどの……一の御子敦仁の親王とましましけるぞ、位につかせ給けるこそは、醍醐の聖帝」と叙述しているだけです。物語は天皇歴代主体には展開しません。物語の主人公は藤原氏のある一家の家系です。

『栄華物語』の扱う藤原氏の家系　冒頭に登場する藤原氏の名は太政大臣基経、すでに宇多天皇時代に薨去したといいます。基経の父は冬嗣まで遡ります。醍醐天皇の時代に基経の子たちは時平・仲平・兼平・忠平の四兄弟、長男時平は彼の菅原道真と権勢を争い、道真を九州大宰府に左遷することに成功しますが醍醐天皇は親政を貫き、時平は三十九歳で卒します。氏長者は忠平が継承し、醍醐天皇の次に朱雀天皇が幼少で即位すると、摂政になります。朱雀天皇崩御の後、村上天皇が即位すると、再び親政の時代です。

実頼・師輔兄弟の争い　忠平の子は実頼、師輔、師氏、師尹ら、初め実頼（小野宮）が左大臣として氏長者となりました。やがて師輔（九条）が外戚として頂点をきわめます。この兄弟の争いの歴史を『栄華物語』は詳細に叙述します。しかし、師輔は右大臣のまま五十三歳で没しました。その後師輔外孫が即位して冷泉天皇となりますと、実頼が氏長者として太政大臣ついで摂政となりました。

師輔の子、伊尹・兼通・兼家　師輔の子は数多く、なかでも伊尹（謙徳公）・兼通（堀川殿）・兼家（東三条殿）三兄弟が次々氏長者として摂政関白を勤めました。当時藤原氏以外で権勢を持った左大臣源高明を安和の変（九六九年）で菅原道真と同様に九州に大宰権帥として左遷させた後、実頼は冷泉天皇摂政を辞めます。冷泉天皇が譲位した後、円融天皇が即位しますと、伊尹が左大臣から摂政になりました。

兼通・兼家の争い　やがて摂政太政大臣伊尹が病気で薨ずると、弟兼通が摂政（実は関白）となりました、貞元二年（九七七）ころより兼通・兼家兄弟の争いは頂点に達し、太政大臣から関白となった兼通は病になり薨去します。従兄弟の小野宮実頼の子、頼忠が天元元年十月、関白太政大臣になりました。

円融天皇譲位、花山天皇即位　永観二年（九八四）円融天皇が譲位し、花山天皇が即位しました。関白は前朝につづいて頼忠でしたが、実権を握ったのは天皇の叔父、伊尹男義懐でした。後宮には頼忠女ら多くの女性が次々入りました。寛和元年七月最愛の弘徽殿女御が懐妊のまま亡くなったので天皇は悲しんでいました。

花山天皇譲位出家　花山天皇は蔵人道兼（兼家の子）の勧誘で突然花山寺（元慶寺）に出家されました。翌日一条天皇が即位します。幼少の天皇に摂政として兼家（東三条殿）が就任します。

兼家の子、道隆・道兼・道長　兼家の子は数多く、中でも道隆（中関白）・道兼・道長（御堂関白）は氏長者、摂政関白に就任しました。他に『蜻蛉日記』の作者の子道綱らもいました。『栄華物語』の叙述の最後は道長の子頼通（宇治関白）、その子関白師実で終わります。天皇は白河・堀川両帝、すなわち院政期に入っています。天皇の母の外祖父という外戚の権力掌握から、天皇の父、祖父上皇（法皇、院）の権力掌握の時代と歴史の大転換ですが、その前夜まで『栄華物語』は叙述しています。「栄華」は必ず衰亡するの道理を主題にした物語が『栄華物語』であることは自明のようです。

忠平・師輔・兼家、そして道長　『栄華物語』に登場する栄華の主人公は兄弟、一族、あるいは他姓氏の貴族とのライバルに最終的に勝利して時の最高権力者に上った人びとですが、本書第一章「元三大師良源の生涯」で見たように、いずれも比叡山天台座主慈恵大師良源と関係が深かったのです。

御堂関白入道　道長は自ら関白と称し法成寺を建立して御堂関白、受戒して入道となっています。『栄華物語』巻

二十二、鳥の舞の巻にはその建立した御堂に丈六七仏薬師如来、日光・月光両菩薩、天台流六観音をいずれも丈六で造りました。『扶桑略記』は八尺の十二神将付属と書きます。仏・菩薩は金色、神将は彩色という豪華さでした。後一条天皇万寿元年(一〇二四)三月下旬、天台座主院源僧正を導師として入仏開眼供養が厳かに行われました。

天台座主院源　院源は二十六世天台座主で慈恵大僧正良源直弟子でした。治山八年とやや長く、藤原摂関政治最盛期とされる入道前大相国藤原道長が寛仁四年(一〇二〇)登叡し、院源座主によって回心受戒し、その日、七仏薬師法幷に薬師経不断経を修行され、千口の僧侶式衆により薬師経読経を受け、その身体安全が祈願され、二十日すなわち七日の御修法結願の日には千口の式衆に供物斎食を与えています。正しく主上天皇並みの御修法挙行でした。道長はその後治安二年七月十四日には根本中堂薬師如来に十二神将を奉造しています。この年の十一月二十二日にも道長は登叡し、内論議の法要を受けています。父兼家、祖父師輔、曽祖父忠平以来の比叡山元三大師良源とその法流への外護であることに注目する必要があります。道長は京都市中に法成寺を建造し良源法流へ寄進しています。摂関家本流の外護を受け、比叡山天台宗は比類なき大発展を遂げました。

京祇陀林舎利会　『栄華物語』巻二十二、鳥の舞の巻は、院源天台座主の京祇陀林舎利会を詳しく書きます。

四月になれば、賀茂の祭りとて世騒ぎたるに、又山の座主院源、山の舎利を女のえ拝み給はぬ事いといと口惜しとて、舎利会せんとて、舎利はまづくだし奉り給へれば、世中の人びと参り拝み奉る。祭はてゝ、四月廿日余りに、舎利会せさせ給。法興院(もと藤原兼家邸宅)より祇陀林(中御門・京極の東にあった寺。もと左大臣藤原顕光邸宅)といふ寺に渡し奉り給程の有様を、日頃いみじうとゝのへのゝしりて、小一条院(藤原師尹)・入道殿(藤原道長)などの御桟敷をはじめ、さるべき殿ばらの御桟敷ども、いといみじく造りのゝしりたり。まづその御桟敷の有様ぞいみじき見物なる。その日になりぬれば、三百余人の僧の、梵音・錫杖の音など、様々いみじくめでたく装束とゝのへて、御輿二つをさきにたて奉りて、定者（善財童子）二人左右よりいみじくおかしげにて歩み続きたるに、御輿につきたる物ども、頭には兜といふものをして、いろいろのおどろおどろしういみじき唐錦どもを着て、持ち奉れり。楽人・舞人、えもいはぬ菩薩の顔すがたにて、左右にわかれたる僧達に続きたり。御輿のおはします法興院より祇陀林までの道の程、いみじき宝の植木どもをおほし竝めたるに、空より色々の花降り紛ひたるに、銀・黄金の香炉に、さまざまの香をたきて薫じ合せたる程、えもいはずめでたし。祇陀林におはしまして、御前の庭を、たゞかの極楽浄土の如くにみがき、玉を敷けりと見ゆるに、こゝらの菩薩舞人どもに、例の童べのえもいはずさまざま装束たる、舞ひたり。この楽の菩薩達の金・銀・瑠璃の笙や、琵琶や、簫の笛、篳篥など吹き合せたるは、この世の事とゆめに覚えず、たゞ浄土と思なされて、えもいはずあはれに尊くかなし。事ども果てぬる際に、被物、入道殿御桟敷より様々残なくせさせ給へるに、山の座主の御心掟も、様々めでたくいろいろにせさせ給へり。この堂こそは御覧ぜずなりぬれば、後に仏舎利ばかりぞ、内にも宮にも率て奉りける。先年に山の座主慈恵僧正、母の御ためにとて、吉田といふ所にてぞ、同じ事し給ける。その時はいみじう世に珍しき事にぞ思て、今の世語にしけるを、これはかれにいふべき事にもあらず、その折りの事・今の世の事と、同じ口にいふべきならねば、これはかりめでたきことなくなん。

ここは御堂関白入道道長時代、第二十六世天台座主院源僧正が京都市中で行った舎利会の盛儀が縷々述べられ、その末尾に先年比叡山天台座主慈恵大僧正が母のために京都吉田辺で挙行した舎利会が参考として引いており、慈恵僧正良源のことが引かれていることには注目しておく必要があります。

『栄華物語』と**『大鏡』**　『栄華物語』巻一、月の宴に、師輔には多くの女性との中に男十一人（正しくは十二人）、女六人（同、七人）と数多い子女をもうけましたが、その中には法師になった御子のことは出てきません。『栄華物語』

にやや遅れて作られた『大鏡』は、今鏡・水鏡・増鏡とともに四鏡と称される歴史物語ですが、その第三巻、師輔の条には男十一人について次のように記述しています。

男君達は、十一人の御なかに、五人は太政大臣にならせたまへり。それあさましうおどろおどろしき御さいはひなりかし。その御ほかは、右兵衛督忠君、又北野三位遠度、大蔵卿遠量、多武峰の入道少将高光なり。又、法師にては飯室権僧正慈忍、いまの禅林寺僧正深覚などにこそおはしますめれ。法師といへども、世中の一の験者にて、ほとけのごとくにおほやけ・わたくしたのみあふぎ申さぬ人なし。

師輔の子の中に五人は太政大臣になったのはあきれるほど御幸運であったといいますが、その他は右兵衛督忠君、北野三位遠度・大蔵卿遠量・多武峰入道少将高光といずれも中堅官僚どまりです。多武峰入道少将高光については後に述べましょう。高光の弟に、法師にては飯室権僧正慈忍、いまの禅林寺僧正深覚などがいますが、世中の一の験者にて、ほとけのごとくにおほやけ・わたくし頼み仰ぎ申さぬ人はなしという高僧でした。

慈忍和尚尋禅　師輔の子の尋禅が比叡山入山出家して十八世天台座主良源に師事しました。『大鏡』第五巻、藤氏物語には次の記事があります。

又、九条殿師輔の飯室の事などは、いかにぞ。横川の大僧正慈恵良源御房にのぼらせたまひし御供には、しげきまいりてはべりき。

ここに師輔の子の尋禅が比叡山入山出家して、十八世天台座主良源に師事したことが明記されています。さらに、『大鏡』裏書によれば権律師から天延二年(九七四)十二月二十七日権少僧都、天元二年(九七九)十二月二十一日少僧都となり、同四年八月権僧正に任ぜられ、大僧都を経ずして僧正になったとして異例とされました。大師良源後継者の位置を不動のものとし、その滅後の永観三年(九八五)二月二十八日に十九世天台座主に就任し、永祚元年(九八九)座主を辞任しました。『天台座主記』は治山五年といいます。『大鏡』裏書はさらに同二年(九九〇)二月十七日入滅、年四十八。寛弘四年(一〇〇七)甥の内覧藤原道長により一条天皇から慈忍の諡号を贈られています。比叡山では横川南谷飯室に住房を構えたので飯室の僧正と呼ばれました。

禅林寺僧正深覚　禅林寺僧正深覚は、同じく『大鏡』裏書によれば尋禅異母弟で真言宗に出家し、長徳四年(九九八)十月二十四日権律師、長保四年(一〇〇二)七月権少僧都、同五年八月七日東寺別当に任ぜられ、寛弘八年(一〇一一)権大僧都、寛仁元年(一〇一七)大僧都・法務に補せられ、同三年権僧正、同四年僧正、治安三年(一〇二三)大僧正、東寺長者に補せられ、その後、封戸七十五、牛車を聴さるなど真言宗最高僧として、ほぼ先の慈恵大師天台座主良源の特典に匹敵します。長久四年(一〇四三)九月二十五日八十九歳という当時として超高齢で入滅しています。

多武峰の少将高光　尋禅の同母兄に多武峰の少将高光が居ます。『大鏡』前掲引用文の続きは特筆します。

多武峰の少将高光出家したまへりほどは、いかにあはれにもやさしくもさまざまなる事どもの侍しかは。……はじめは横河におはして、のちに多武峰にはすまさえ給しぞかし。いといみじう侍しことぞかし。

多武峰の少将のことは当時有名になり、『多武峰少将物語』が作られました。応和元年(九六一)に比叡山横川に出家した高光が多武峰に移り草庵を結ぶまでの物語です。同三年には当時慈恵大師良源に師事して万縁を杜絶して顕密の教えを学んでいた増賀に多武峰に移ることを勧め、ともに終生の地と決めました。

2　平安中古文学における慈恵大師良源

『蜻蛉日記』『蜻蛉日記』の作者は右大将藤原道綱母という女性です。夫は兼家、その父右大臣師輔ともに慈恵大師良源の大檀越で、比叡山に登山し横川の慈恵大師良源に会いました。『蜻蛉日記』上、天暦八年(九五四)十二月に次の記事があります。

しはすになりぬ。横川にものすることありて、のぼりぬる人、「雪にふりこめられて、いとあはれに恋ひしきことおほくなん」とあるにつけて、

こほるらん横川の水にふる雪もわがこと消えてものはおもはじ

などいひて、その年はかなく暮れぬ。

横川にものするとは、この年十二月五日父師輔に従って比叡山延暦寺の法華八講に参加した後、横川に参籠したことです。暮れの師走十二月比叡山上は寒冷で水は凍り、雪に閉じ込められてはかない気持ちになったと言います。

師輔・兼家横川参籠の日数　先の第一章では『慈慧大僧正伝』によって、天暦八年十月十六日子の刻(午前零時)、右大臣師輔は長子伊尹を伴い比叡山に登りました。自分の孫が皇太子に冊立された返礼として寄進した法華三昧院の火入れ式に立ち会うためでした。京都から逢坂関を越え、近江(滋賀県)側の坂本から、比叡山東塔に登り、大講堂に到着して、ここで大納言源高明が山城(京都府)雲母坂を登ってきたのと合流したということです。十月十六日の登叡の時は師輔は長子伊尹を伴いとありました。兼家については書かれていませんでした。

清少納言と紫式部　清少納言と紫式部は慈恵大師良源在世時期より一世代後の人びとです。清少納言『枕草子』には大師良源のことも、また比叡山天台宗のことも直接には全く書かれていません。ただ、法華八講のことなど天台宗関係の法会の記述が見られるだけです。それに対して紫式部は違います。

『源氏物語』　紫式部『源氏物語』宇治十帖の「てならひ」の巻に、

その頃、横川に「なにがしの僧都」とかいひて、〔効験の〕いと、尊き人、住みけり。八十あまりの母、五十ばかりの妹ありけり。〔母と妹は〕ふるき願ありて、初瀬にまうでたりけり。〔僧都が〕睦しう、やむごとなく思ふ、弟

子の阿闍梨を、そへて、仏・経、供養ずること、行ひけり。事ども多くして、帰る道に、奈良坂といふ山〔を〕、越えける程より、この母の尼君、心地、あしうしければ、妹尼「〔母尼が〕かくては、いかでか」。供人「残りの通をも、〔小野迄〕おはし着かむ」と、〔皆が〕もて騒ぎて、宇治のわたりに、〔前より〕知りたりける人の家ありけるに、とゞめて、今日ばかり〔は〕、休みたてまつるに、〔休めても〕なほ、いたう患へば〔其由を〕、横川に消息したり。〔僧都は〕山ごもりの本意深くて、「今年は、〔山を〕出でじ」と、思ひけれど、「〔命の〕限りのさまなる親の、道の空にて、〔今〕、亡くやならむ」と、〔危篤の報に〕おどろきて、〔弟子達と〕いそぎ、〔宇治に〕ものし給へり。

ここに出てくる横川の僧都とは古来恵心僧都源信をモデルにした話とされます。源信は慈恵大師良源の弟子ですが、慈恵大師良源自身には全く言及していません。

二　平安後期・鎌倉期、慈恵大師良源信仰確立期の古典文芸

1　院政期の文芸における慈恵大師良源

『今昔物語集』　院政期平安後期、白河法皇嘉祥年間（一一〇六～〇八）以後まもないころの成立とされる説話集に『今昔物語集』があります。天竺（インド）・震旦（中国）・本朝の三部に分け、千二百余の説話を収めています。

比叡山舎利会を行える事　『今昔物語集』巻第十二、比叡山行舎利会語第九に次の説話が載ります。口語訳にします。

今では昔のことですが、慈覚大師（円仁）さまが、震旦（中国）唐より多数の仏舎利を持渡られ、貞観二年（八六〇）という年に、（比叡山東塔）惣持院を建て、舎利会を始めて行って、永くこの比叡山に伝え置きました。多くの

僧を請き音楽を調えて一日の法会を行いました。満山の僧、この事を営んで今に絶えません。但し日を定める事は無く、ただ比叡山に花の盛りなる時を契りました。

しかる間、山の座主慈恵大僧正（第十八代天台座主良源大僧正）、この法会を母に礼拝させようと、天元四年（九八一）四月二十日（『慈慧大僧正伝』）、舎利を比叡山から下されて京・吉田という所にて舎利会を行いました。多くの僧を請き音楽を調えて一日の法会を行いました。そのときには、微妙（めでた）き事にさせられたことでした。

その後、山の座主院源僧正（第二十六代天台座主院源僧正『栄華物語』鳥の舞）は、「この舎利会を、京中の上中下の女に礼拝させぬ事、極めてくやしい事だ」として、先ず舎利を京二条の北、京極東の法興院（もと藤原兼家邸宅）に下しなされたので、京中の上中下の道俗・男女、参りて礼拝しさわぐ事限りなしでした。治安四年（一〇二四）（『扶桑略記』『天台座主記』『栄華物語』）の事ですが、遂に四月二十一日に、京、中御門京極東祇陀林寺（もと藤原顕光邸宅）にして舎利会を行いました。舎利を法興院より祇陀林へ渡しなさる間、ほかには類例がないほどめでたかったのです。二百余人の請僧、四色の法服を着して、柄香炉を持った定者二人を先頭として二行に列をつくります。唐・高麗の舞人・楽人、菩薩の舞・鳥（迦楼賓）の舞、蝶（胡蝶楽）の舞の童、左右に整列しています、音楽の音はめでたいものです。舎利の輿を持奉せる者、頭には甲を着けて、身には錦を着しています。朱雀大路を北へ上り、行列の儀式のありさまは実に貴いものです。大路の左右には狭敷（桟敷）が隙間無く続きます。小一条の院（藤原師尹）・入道殿（藤原道長）の御狭敷を始めて自余は思い遣ることができましょう。道の中程には宝の樹どもが数多植えられ、空よりは色々の花を降らせます。僧の香炉どもには種々の香を焼いて薫じたる事微妙（めでた）いものです。舎利を祇陀林に安置しなさると、法会の儀式・舞楽、終日有って極めて有り難く感動するものです。本より祇陀林を荘厳せる事は極楽の如くです。その後、舎利を内裏にも各宮家にも渡御されてから比叡山には返し送りなさるのだと語り伝えているとのことのようです。

これは先の1「歴史物語」の項に引用した『栄華物語』巻二十二、鳥の舞の巻に見える院源天台座主による京祇陀林舎利会のこととほぼ同じ記述ですが、その違いは『今昔物語集』ではまず、慈覚大師円仁が唐から将来した舎利を貞観二年（八六〇）、比叡山東塔惣持院において舎利会を始めて行ったことから書き始めます。次に約百年後の貞元二年（九七七）四月七日、十八世天台座主良源、往日の宿念を遂ぐとして舎利会の事をおこない、七宝造りの塔二基並びに同じく輿などを営造し、八部衆の装束三十余襲・堂荘厳の具を新調し、色衆三百五十人、公家は度者を賜り、法会の当日以前に比叡社頭に試楽を行い、地主三聖を荘厳し日本国の万民を利益するとしました。次に四月二十日、京都神楽岳西の吉田社北（今日の京都大学構内）重閣の講堂を建立、数宇の雑舎を結構し、会前の習礼（予行練習）を行い、尽く比叡山の儀式のごとくに行いました。女人禁制で登叡不可の女人たちに如来の舎利を礼拝し仏縁を結ばせるためであるというのが大師良源のお考えでした。しかも大師良源は天禄元年（九七〇）七月十六日、天台座主に就任して一宗の綱紀粛正を計るべく定めた二十六カ条制式の冒頭箇条で舎利会の諸注意を指示しています。

『今昔物語集』巻第十二、比叡山行舎利会語第九は、大師良源弟子の二十六世天台座主院源が御堂関白入道藤原道長時代に京都市内で行った豪華な舎利の描写になりますが、その克明さは『栄華物語』を上回るものです。大師良源二十六カ条制式の舎利会諸注意が念頭に置かれているのでしょう。

震旦の天狗智羅永寿、日本に渡れる事　『今昔物語集』巻第二十、震旦天狗智羅永寿、渡此朝語第二に、次の説話が載ります。口語訳にしてみます。

今では昔のことですが、震旦（中国）にいた強い天狗が日本に渡って来て我が朝の天狗に言うには、「震旦にはお偉い悪僧どもが沢山いるが、すべて我らの思うが儘じゃ。この国（日本）に修験の僧どもがあると聞いて力競べにやって来た」と。日本の天狗嬉しがり、「我が朝の徳行の僧どもも我らの自由ですが、近頃やっつけたい者どもがおります。御案内しましょう」と、比叡山は大嶽に飛んで行きました。

日本の天狗は顔を見知られているからと谷の藪に隠れ、震旦の天狗は老法師の姿で石の卒都婆の傍に身をかがめていました。程なく山の上から余慶律師が輿に乗り京へ下って来ました。日本の天狗、あの偉い人が痛い目に遭うぞと、わくわくして石の方を見ると老法師の姿はなく、律師の行列は何事もなく通り過ぎました。どうしたのかと尋ねまわってやっと南の谷に尻だけ出して隠れているのを見付け、「近頃尊い験者と評判の余慶律師が山の千寿(手)院より御所へ御修法で出かれるので、恥をかかせるいい機会だったのに、何てことを」と言うと、震旦の天狗、「それよ。いかにも尊とそうに見えたもんで、いざと出たところが僧の姿は見えず、輿の上に高々と火が燃えとって、焼かれてはと思い、これだけは見過そうと隠れとった」と言う。我が朝の天狗あざ笑い、「はるばる来て、これ程の者さえやっつけられんようでは心もとない。こんどこそはやらなきゃ」「まことにその通りです。見てて下さい」と、また初めの如く石の傍で待ちました。

間もなく、飯室の尋禅権僧正が下って来ましたが、輿の前一町の先を童子が杖を振り先払いしており、老法師も頭をかかえて追い散らされました。我が朝の天狗、またもや震旦の天狗が隠れている所に行き恥づかしめると、「御無理ですよ。あの先払いの童子に頭でも割られんように逃げるのが精一杯で」「もう一回だけ。せっかく日本まで来たんだから、震旦の面目にかけてやらなきゃ」と言い含めました。

しばらくして山の下より大勢の人が登って来ました。赤い袈裟の僧が先払いをし、若い僧が衣裳筥を持ち、次の輿には山の座主横川の慈恵大僧正が乗っておられました。あれにこそ取りつくぞと、我が朝の天狗が見ると、髪を結った童子が二、三十人ほど座主の左右に立っており、老法師の姿は見えません。不審な者は居らぬかと、勇み立った童子が追いかけてくるので、谷の藪深く隠れているうち、南の谷の方で、「怪しい老法師がいるぞ。逃がすな」という声が上がり、藪の中から恐る恐るのぞくと、十人ほどの童子が老法師を卒都婆の傍に引きづり出し、散々に打擲し何者ぞと責めています。「私は震旦から参った天狗ですが、お山の方にお目見えしようとしましたら、初めの余慶律師は火界の呪を誦され、輿の上に火が燃え上がりましたので、焼かれては大変と逃げました。次の飯室の尋禅僧正は不動の真言を読んでおられ、制多迦童子に鉄の杖で追い散らされました。今度のお座主さまは前のお二方のように霊験あらたかな真言もお唱えになっておらず、ただ『摩訶止観』の文を心に案じておられるだけだったので、恐れるに足らずと深く隠れませんでしたら、捕らえられ、悲しい目にあったのです」と言うので、童子たちは「重罪人でもなさそうだ。逃がしてやろう」と言い、一足ごとに老法師の腰を踏み通りましたので、その腰は散々な目にあいました。お座主の行列が通り過ぎて後、震旦の天狗が腰を踏み折られて臥せる所に近付くと、「いやはや。散々ですよ。あなた方を頼りにはるばる渡って来ましたのに、たやすい連中でなく、あんな生仏のような人たちに会わせて年老いた腰を踏み折られました」と泣きます。我が朝の天狗、「ごもっともですが、大国の天狗であられるから、小国の人なぞ誰でも心のままだと思ったのですよ。こんなに腰を折られて可哀想に」と言って北山の鵜の原という所につれて行き、湯治させた後に震旦に帰したそうです。

天狗どもが北山で湯治している時、京に住む木こりが、北山で木を伐って帰る途中、鵜の原を通ると、湯屋に煙りが立っているので、「湯が涌いている。寄って入ろう」と思い、湯屋に入ってみれば老いたる法師二人おり、一人は腰に湯をざあざあかけていました。湯屋の中が異常に臭く、薄気味悪く頭が痛くなったので、木こりは湯に入らず帰りました。後になって老法師の湯浴は震旦の天狗と日本の天狗の語だと木こりは知らされました。

この『今昔物語集』の話は、震旦の天狗が日本に来て、余慶律師・尋禅僧正・山の座主横川の慈恵大僧正の三人の権者と対峙して逆に散々な目に遭わされる顚末を語る説話です。実は慈恵大僧正が十八世天台座主、尋禅僧正が十九世、余慶律師が二十世のいずれも天台座主を勤めています。余慶律師は三井寺智証大師円珍法流で山上を守る良源弟子の結束は固く、山上で寺務も取れないまま、三カ月で余慶は座主を辞任せざるを得ませんでした。そこで余慶ら智証大師円珍門徒は三井寺園城寺によります。これを契機として天台宗は比叡山延暦寺の山門派と三井寺の寺門派に完全に分裂したのです。山門・寺門の争いは永く続き朝廷も困り、院政期には両者の調停が企てられたようです。右の『今昔物語』で余慶・尋禅・良源三人が中国の天狗相手に権者の法力を等しく見せたというのも注目してよいでしょう。末尾近く、山の座主横川の慈恵大僧正の童子数名に踏みつけられた大国震旦の天狗が小国日本の人なぞ誰でも心のままとたかをくくったから失敗したと日本の天狗が慰めるのはこの説話の成立時期を考えるヒントになります。

皇円　生没年不詳。皇円は関白藤原道兼四世の孫、三河権守重兼の子、比叡山に登り椙生流皇覚に就いて出家しました。顕密の学を修め、長兄資隆が肥後守であることから、肥後阿闍梨と称されました。東塔西谷の功徳院に住し、学徒のために講筵を開いたので功徳院阿闍梨とも呼ばれました。久安三年(一一四七)法然は戒壇院受戒後で皇円に師事して天台三大部を究めたと法然上人伝にあります。同伝によると嘉応元年(一一六九)六月弥勒下生に遭って得道しようと願い、大蛇の身を受け遠江国(静岡県)笠原荘の桜ノ池に入ったと言われます。皇円は歴史に造詣深く、神武天皇より院政期堀河天皇嘉保元年(一〇九四)までの編年体の史書『扶桑略記』三十巻を編纂しました。

『扶桑略記』　院政期の人皇円『扶桑略記』には、慈恵大師良源がどのように記述されているでしょうか。年次を追って抜き書きします。原漢文ですが読み下し文にします。また〔　〕内は皇円が注記する出典です。

①朱雀天皇承平五年乙未(九三五)十月、興福寺維摩会講師天台基増。その時良源大法師講師匠を訪ね為られ、奈良京に向くを得る。時に勅使左中弁藤原在衡僉議に云う、良源、これ台山の龍鳳なり。義昭また南都の鷲子なり。

弁論の道、古今類希し、第一番たり。互いに雌雄を決す。是において、良源言泉浪涌し、懸河の弁を流し、南北の英才ともにその徳に帰せり。その後嘉声播揚し、天下を鼓動す。〔已上、慈恵大僧正伝文〕

②村上天皇天暦八年甲寅(九五四)十二月五日、天台宗良源大法師、元興寺三論宗義昭大徳を請い、延暦寺に於いて、四箇日法花八講を修す。問者は十五人、或いは云う、廿人と。九条右丞相師輔八講を聞くため登山し、曹局に居る。〔已上、慈恵大僧正伝文〕

③同、応和元年辛酉(九六一)閏三月十七日、今日より始め、冷泉院東対にて、権僧正寛空をして廿口伴僧を率いて孔雀経法を修せしむ。又叡山大日院において、五壇法を修せしむ。権律師喜慶は番僧十口を率いて不動法を修し、内供奉十禅師賀静は降三世法を修し、内供奉十禅師尋真は軍陀利法を修し、阿闍梨行誉は大威徳法を修し、阿闍梨長勇は金剛薬叉法を修し、各々伴僧六人を率う。但し大威徳法、阿闍梨良源忽ち故障を申し、仍て改請す。

④同、応和三年癸亥(九六三)秋八月二十一日、勅有り。天台・南京各十人名徳を清涼殿に撰請し、五箇日間、法華経を講じせしめ、奥義を決択せしむ。時に天台宗良源大法師、法相宗法蔵大法師、一切衆生皆仏と成る理を決択す。良源の詞林花鮮か、義の域は月のごとく朗らかなり。ここに法蔵言う、源公の宏弁を見て、富楼那(釈尊十大弟子の一、弁舌第一)も反って唖羊がごとし。重ねて疑関を叩かん。時の人何をか謂わん。ここに因り、帝王公卿、殿上階下、悉く一乗の奥旨を仰ぎ、天台の幽致を称美せり。〔已上、慈恵大僧正伝文〕

⑤同、康保三年丙寅(九六六)秋八月二十八日、権律師良源天台座主に任ず五十五。法性寺座主律師賀静を超え、補せらるところなり。

⑥同、同年十月二十八日、延暦寺講堂、鐘楼、文殊楼、常行堂、法華堂、四王院、延命院、并故座主喜慶等七人房舎、合三十一宇、地を払いて焼亡す。二十九日、講堂草創以後、百八十二年を歴て、始めてこの災有り。その後

文殊楼虚空蔵峯に移建す。

⑦冷泉天皇康保五年戊辰（九六八）六月、延暦寺広学竪義を始め、竪者覚円、博士禅芸、律師立つ所は三観義・因明四相違。

⑧円融天皇天禄元年庚午（九七〇）五月二十日夜、延暦寺惣持院焼亡す。一に云う、四月二十日焼亡すと。

⑨同、天元三年庚辰（九八〇）九月卅（三）日、延暦寺座主僧正良源根本中堂を供養す。請僧百五十人、或いは薜衲を衣て嶺を出で、秋霧肩に繞い、或いは松扃薜を排して錫を振り、暁雲眉を封ず。釈子雲集し、讃唄の唱え風に任す。伶人影従し、絃管の音浪を沸くものなり〔天元三年中堂供養記〕

⑩同、天元四年辛巳（九八一）十二月、権大僧都余慶法性寺座主に任ず。于時慈覚大師円仁門徒云う、法性寺座主なる者は、建立太政大臣忠平貞信公慈覚大師門人を以てこれを補任す。仍りて長者四代の間、座主九人を奏任し、他門交じらわず、しかして第五の長者、当時太政大臣頼忠誤って旧蹤に違い、智証大師門徒余慶を以て第十座主に奏任す。仍りて慈覚大師門徒僧綱・阿闍梨等二十二人、諸院諸寺従（供）僧百六十余人を引率し、関白太政大臣里第に参向し、僧徒礼を失い、濫吹の事有り。これに因り供奉の僧綱ら綱所に召し仰せ、公請を停めらる。その後幾ばくも日を経ず、権大僧都余慶は法性寺座主を辞せり。

⑪同、天元五年壬午（九八二）正月九日、蔵人掃部助平恒昌勅有りて延暦寺に登る。夜に入り、千手院中に留宿す。十日早朝、三綱を召し仰せて云う、奉じたる綸命に称すらく、伝え聞く、千手院は一人の住僧無く、智証大師の経蔵法文紛失の疑い有り、宜しく三綱に仰せ、これを守護せしむべき者なりと。三綱ら勅命を恐るが為に、近辺の住僧をしてこれを守護せしむべくの状、申し文を進むのみ。仍て二十一人一番となし、各々五箇日夜を守り、守護すべきの状、彼の蔵近辺住僧百二十六人に帖示し畢んぬ。勅使蔵人帰洛已了。又綸旨に称す、座主良源の所

行、千手院経蔵幷に観音院一乗寺を焼亡すべきの事、余慶・穆筭ら五人を殺害すべくの事、已にその聞有り、極めて以て善からざる者なりと。

座主大僧正良源奏を献請して云へらく、伏して内外の典を尋ぬるに、放火殺害は、これ罪中の大罪、仏の教えの誡むる所、身壊れ命終わり、必ず地獄に堕ち、多劫に苦を受け、設し死門に入りても、悪逆の罪を犯すべからず。況や法性寺の事に至るや、門徒愁申の旨、各身の利益名聞に為ならず、ただ一門の旧跡を墜さざらしむ為なり。望むらくは天裁を請い、早く奏聞の人を召問せられ、慥かに故に虚偽の旨を弁申せんや。

⑫華山院永観三年乙酉(九八五)正月三日、座主大僧正良源遷化。年七十四。諡して慈恵と号く。近江国浅井郡人なり。

⑬同、同年二月二十五(七)日、権僧正尋禅天台座主に任ず。右大臣師輔十男なり。

⑭同、同年寛和元年四月、天台沙門源信往生要集撰し、天下に流布す。

⑮一条天皇(外祖父藤原兼家、太政大臣頼忠関白を罷められ、蟄居。寛和二年六月二十二日即位)、寛和三年(九八七)二月十六日、勅す。故大僧正良源阿闍梨、跡を浮生に垂れ、心を常楽に棲み、智恵の水澄み、邪見の煙斂め、久しく台嶽の貫首に居り、深く法蔵を唯心に貯う。況や朕誕育の始めより、その護持の慈厚く、而して忍辱の衣永く隔て、攀恋の襟忘れ難きをや。その人ここに在り、その懐酬いべし。宜しく褒崇を加え、諡して慈恵と曰ふべし。

縦え金縄の風楽うと雖も、請うらく紫泥の露を軽んずる莫かれ。

ここ『扶桑略記』に記述される天台座主良源晩年の行業は智証大師円珍門徒、すなわち三井寺勢力を排除する山門延暦寺勢力の責任者として厳しく歴史的批判の対象にしている点が注目されます。これは中世期に大師良源が平清盛に再誕したとか、魔界の棟梁(大天狗)になった説話に繋がります。

2　源平期・中世鎌倉期の文芸における慈恵大師良源

後白河法皇『梁塵秘抄』　十二世紀後半、源平時代の歌謡「今様」を後白河法皇が編纂した『梁塵秘抄』巻第二、僧歌十三首の一に次があります。

○大師の住所は何処何処ぞ、伝教・慈覚は比叡の山、横河の御廟とか、智証大師は三井寺にな、弘法大師は高野の御山にまだおはします

ここの横河の御廟は慈恵大僧正良源の横川の廟所をいいます。慈恵僧正は伝教大師最澄・慈覚大師円仁・智証大師円珍の比叡山三大師及び高野山弘法大師空海と並んで大師のひとりに数えられていることに注目しましょう。これは慈恵大師良源が院政後期の源平時代にその信仰が急速に高まっていることを示すものです。

慈円　慈円（一一五五～一二二五）、父は御堂関白入道藤原道長の六世の子孫関白藤原忠通、母は藤原仲光の女加賀。同母兄に兼実らがいます。九条家の出です。早く母、父に死に別れ、永万元年（一一六五）十一歳で青蓮院門跡第二世門主覚快法親王に侍し、仁安二年（一一六七）十三歳で出家、名を道快と名乗り、嘉応二年（一一七〇）十六歳の若さで師覚快法親王の推薦により一身阿闍梨に補せられ、ついで法眼に任ぜられます。比叡山延暦寺南麓無動寺、その所領の西山善峰寺などで修行を積み、平清盛全盛時代の治承二年（一一七八）には法性寺座主に任ぜられました。

源平合戦と慈円の動向　清盛薨去の養和元年（一一八一）法印に叙せられ、名を慈円と改めています。このころ師覚快法親王の入滅に遭いましたが、三昧院・法興院・常寿院・極楽院ら天台系の京市中の大寺院の検校や別当を兼ね、翌寿永元年（一一八二）無動寺検校に補せられ、無動寺法印と呼ばれました。同年十二月、全玄に従って灌頂を受け台密三昧流の法灯を継ぎました。翌寿永二年木曽義仲が礪波山（倶利伽羅峠）の戦いに平家軍を破り、そのまま敗走する平

家を追って入京します。義仲は後白河法皇の御所を襲ったりしたので、法皇は関東の源頼朝に義仲追討を命じます、さらに翌寿永三年（一一八四）義仲は頼朝の派遣した範頼・義経の軍に破れ粟津に敗死します。源範頼・義経は西へ向かった平家を一の谷の戦いで破るや、翌文治元年（一一八五）四国屋島、長門壇ノ浦の合戦で平家を全滅させます。安徳天皇は入水しました。

後白河法皇・九条兼実・源頼朝・慈円　後白河法皇は後鳥羽天皇を即位させました。鎌倉に拠った源頼朝は平家を討って都に凱旋した弟源義経が勢力拡大させるのを懼れ、後白河法皇と結び義経追討を図り、諸国に守護・地頭を設置することに成功しました。、翌年近衛基通に替わり慈円の兄九条兼実が摂政となり、慈円は兄兼実の推薦で平等院・法成寺別当を兼ねました。文治五年（一一八九）、義経を衣川に敗死させた奥州藤原泰衡は、頼朝が自ら率いる遠征軍に敗北し、奥州一帯が鎌倉幕府の勢威下に置かれました。翌年頼朝は上洛して法皇に謁見、また兼実と会談しました。兼実は平家に焼かれた東大寺・興福寺ら南都の復興や石山寺・神護寺など京都周辺大寺の再建普請の助力を頼朝に要請しました。頼朝は作事協力を約束しました。翌年頼朝は権大納言に叙せられ、鎌倉に政所を置き政務を執りました。後白河法皇他界の建久三年（一一九二）には頼朝は征夷大将軍に任ぜられ鎌倉に幕府を開きました。後鳥羽天皇の摂政九条兼実が朝幕間をよく調停したのです。

第六十二世天台座主・権僧正慈円　兼実の弟である慈円は同年十一月二十九日第六十二世天台座主・権僧正として後鳥羽天皇の護持僧に就任しました。建久六年（一一九五）頼朝は再び上洛、天皇に従い東大寺再建大仏開眼供養に臨みました。この時慈円は比叡山大乗院に勧学講を開いて叡山の学解の推進、学僧の養成を期したのですが、その費用用途として源頼朝から越前国（福井県）藤島荘園の寄進を受けています。

建久七年の政変と源氏将軍の代替　ところがその翌建久七年（一一九六）、後鳥羽天皇は関白九条兼実を罷免し、近衛基通を関白にしました。同年十一月二十五日慈円は天台座主を辞職したほか、天皇護持僧も退任しました(『天台座主記』)が、その後天皇の懇請により護持僧だけは復しています。六十三世天台座主は後白河法皇皇子無品承仁法親王でした。建久七年の政変で幕府の対朝廷公家策は一頓挫し、その三年後の土御門天皇、後鳥羽上皇正治元年(一一九九)に源頼朝は没しました。数年将軍空位の後の建仁二年(一二〇二)その子頼家が二代将軍になりましたが、北条氏の策謀で伊豆修善寺に幽閉され、殺害されます。わずか一年の将軍でした。建仁三年その弟実朝が三代将軍となりましたが、外祖父北条時政が執権となり、幕府の実権を握ります。二年後、その子北条義時が執権の家職を継承します。

慈円六十五世天台座主再任還補と短期の辞職　その間、建仁元年(一二〇一)二月十八日、慈円は六十五世天台座主に再任還補され、国家朝廷への祈禱の功績により大僧正に任ぜられました。しかし慈円は、翌建仁二年七月七日、突然座主職を辞任しました。狙いは京都市中での祈禱活動に全力を挙げるためと考えられます。元久二年(一二〇五)自坊三条白川房に大懺法院を建て、祈禱の道場としましたが、後鳥羽上皇の命によってこの地を院に進上、祇園の森の東の吉水にこれを移し整備して大成就院としました。これより慈円は吉水僧正とよばれます。承元元年(一二〇七)大坂四天王寺別当に補せられましたが、まもなく辞任します。この間にもしばしば後鳥羽上皇に祈禱を依頼されています。なお、この年兄九条兼実が薨去しており、慈円は京中にあって兄の遺した政治的姿勢である公武調停に尽力します。

慈円六十九世天台座主就任　順徳天皇、後鳥羽上皇、土御門上皇建暦二年(一二一二)正月十六日、慈円は三度目の座主六十九世天台座主に再任還補され、同月廿五日密かに登叡して根本中堂に参り、さらに無動寺不動堂に参詣します。次に大乗院に座主印継承の儀を行い、三月十三日八王子宮の上棟に臨み、四月十八日同宮遷宮を行いました。五月廿五日講堂本尊の修復を行い、十月十日には舎利会を修し、信心する元三大師良源大僧正の定めた比叡山伽藍整備と伝統法会の復興に努めたのです。同十月には叡山東塔南谷中に新青蓮院を建立し、ここを住房としました。しかし、翌建暦三年正月十一日にまた座主職を辞任します。治山一年でした。後は弟子公円が七十世座主になりました。

慈円七十一世天台座主就任　その後建暦三年は建保元年（一二一三）と改元があり、慈円は四天王寺別当になりましたが、天台座主公円が辞職したので、慈円は再び七十一世天台座主になりました。四度の座主は初例です。しかし慈円はこのころ病気がちで、朝廷は祈禱参内に牛車の宣を賜りました。翌建保二年正月十六日、後鳥羽上皇は登叡して根本中堂に参りましたが、慈円は僧綱以下二十口を伴僧として七日間の法華法を修しています。廿四日は結願で上皇から勧賞がありました。その後三月四日、慈円はまたしても天台座主職を辞任し、比叡山を下りて、京吉水の地に籠もりました。

慈円公武調停に奔走　このころ慈円はしばしば、後鳥羽上皇の院との間に政見などをめぐって対立を生じています。比叡山衆徒は日吉山王の御輿を担いで上洛します。同時に南都興福寺衆徒も上洛して騒然としますのでこれは各大寺社共通の課題、つまり各地の荘園が幕府の地頭によって侵略を受けているという経済問題が根底にあるのでしょう。しかし、京都朝廷・院の力ではどうにもなりません。頼朝・その室北条政子と繋がりのある九条兼実や慈円が政治的に動く必要がありました。慈円は公武間課題の調停に奔走しました。しかし、方策をめぐって後鳥羽上皇の院とは意見が合いませんでした。慈円は承久元年（一二一九）、院の前から退いて祈禱を中止しましたが、公武調停をしきりに神仏に祈り、特に元三大師良源大僧正に祈願しました。『愚管抄』の成立もこのころです。

鎌倉幕府の動向　鎌倉幕府では頼朝以来の有力御家人たちが、北条氏のために次々と殺害されています。頼朝が没した翌年正治二年（一二〇〇）梶原景時父子、建仁元年（一二〇一）城長茂、同三年比企能員、元久二年（一二〇五）畠山重忠、建保元年（一二一三）侍所別当和田義盛が挙兵して敗死しました。執権北条義時は侍所別当を兼ね、北条氏の他の有力御家人排斥は完成したようです。そして承久元年、三代将軍源実朝が鶴ヶ岡八幡宮社頭石段横の大銀杏樹に隠れた公暁に暗殺されます。公暁は兄頼家の子で北条氏の策謀に乗ったのです。公暁も殺され、源氏将軍の血筋は絶えました。

承久の乱と慈円　承久三年（一二二一）、将軍実朝暗殺を鎌倉幕府討伐の機と考えた後鳥羽院は京都守護伊賀光秀を殺害します。実朝死後、将軍代理の聴政北条政子は執権義時、その嗣子泰時とともに頼朝以来の恩顧と鎌倉武士に忠勤を促し、院御謀叛と上皇方を武力で制圧すべく、泰時に大軍を率いて上洛させ京都を平定します。後鳥羽院・土御門院・新院（順徳）ら三上皇を隠岐・土佐・佐渡の遠島に流しました。慈円の公武宥和の祈願は失敗です。

慈円の入滅　失意の慈円は盛んに神仏に祈り、後堀河天皇元仁元年（一二二四）十二月二十日十禅師宮に拝礼を行い、嘉禄元年（一二二五）七月二十三日八王子三宮の御神体を造り宝殿に祝坐させています。二カ月後の九月二十五日慈円は東坂本大和庄小嶋房に入滅、年七十一歳でした。四条天皇嘉禎三年（一二三七）諡して慈鎮と称されました。

『愚管抄』良源座主　慈円『愚管抄』巻二、村上天皇二十一年の世の事、山座主の記事に、

権律師良源御廟。法務大僧正。諡号慈恵、康保三年八月廿七日宣命。五十五。治十九年。永観三年正月三日御遷化。七十三。

とあり、権律師良源は康保三年（九六六）天台座主就任、五十五歳。のち大僧正、諡して慈恵と号く。治山十九年に及んだ事、永観三年（九八五）遷化、年七十三歳でした。

慈恵大師・九条殿師輔の師檀ノ契　『愚管抄』巻三に、注目すべき記事が載ります。

コノ貞信公御子ニ小野宮・九条殿トテオハスメリ。……弟ノ九条右丞相、アニノ小野宮殿ニサキダチテ一定ウセナンズトシラセ給テ、「我身コソ短祚ニウケタリトモ、我子孫ニ摂政ヲバ伝ン、又我子孫ヲ帝ノ外戚トハナサン」トチカヒテ、観音ノ化身ノ叡山ノ慈恵大師ト師檀ノ契フカクシテ、横川ノ峯ニ楞厳三昧院ト云寺ヲ立テ、九条殿ノ御存日ニハ法華堂バカリヲマヅツクリテ、ノボリテ大衆ノ中ニテ火ウチノ火ヲウチテ、「我ガ此願成就スベク

バ三度ガ中ニツケ」、トテウタセ給ケルニ、一番ニ火ウチツケテ法華堂ノ常灯ニツケラレタリ。イマニキエズト申伝ヘラル。サレバソノ御女ノ腹ニ、冷泉・円融両帝ヨリハジメテ、御冷泉院マデ、継体守文ノ君摂籙ノ臣アザヤカニサカリナリ。

この記事は藤原斉信撰『慈慧大僧正伝』に見え、先の本書第一章引用記事と全く同じ内容です。参考までに再掲載します。

　この三昧の力によって、まさに我が一家の栄を伝え、国王・国母・太子・皇子・三公九卿の栄華のさかりが、踵を接するように絶ゆることなく、朝家に充満するように、もしこの願が叶うのであれば、この石を三度打つうちに点火するように。

いずれにしても源平時代から鎌倉幕府の成立、北条執権政治への武家政権の深化、承久の乱による京都院政の崩壊といった未曽有の激動期を懸命に生きた慈円がいかに慈恵大師信仰を頼りにしたかが推察できる事績です。なお、以上の九条右丞相師輔が慈恵大僧正と師檀の契りを結んだという事は『平家物語』にも見えます。

山門良真座主、皇子誕生祈願　『平家物語』巻第三、頼豪に白河天皇時代、三十六世天台座主良真が三井寺頼豪と皇子誕生祈願の験を競う話が載り、その一節に次の文があります。

　いつも我山の力にてこそか様の御願は成就する事候へ、九条右丞相、慈恵大僧正に契申させ給しによツてこそ、冷泉院の皇子御誕生は候しか。やすい程の御事候

ところで『平家物語』はいつごろ成立の軍記物語なのでしょうか。

『平家物語』　源平期から余り経過しない慈円晩年期の承久から仁治の間に成立し、その一部は全国流浪の琵琶法師に語られた平曲にも起源があるという『平家物語』は、平家一門の戦勝から朝廷での貴族的栄華とその没落、滅亡を

描いています。その前半には主人公平清盛を中心にした平家一門の戦勝、朝廷での昇進、藤原摂関家同様の外戚として貴族的栄華とその没落、滅亡を描いています。その前半の主人公は平清盛ですが、慈恵大師良源の再誕だとする記述が見られます。

平清盛慈恵僧正再誕説　『平家物語』巻第六、慈心房に次の記事があります。

古ひ人の申されけるは、清盛公は悪人とこそおもへ共、まことは慈恵僧正の再誕也。其故は、摂津国清澄寺といふ山寺あり。彼寺の住僧慈心房尊意と申けるは、本は叡山の学侶、多年法花の持者也。しかるに、道心をおこし離山して、此寺に年月を送りければ、みな人是を帰依しけり。去る承安二年（一一七二）十二月廿二日の夜、脇息によりかゝり、法花経読みたてまつりけるに、丑剋（午前二時）ばかり、夢ともなくうつゝ共、年五十ばかりなる男の、浄衣に立烏帽子きて、わらンづ（草鞋）はゞき（脛巾）したるが、立文をもッて来れり。尊意「あれはいづくよりの人ぞ」と問ひければ、「閻魔王宮よりの御使なり。宣旨候」とて、立文を尊意にわたす。尊意是を披ひてみれば、

屈請、閻浮提大日本国摂津国清澄寺の慈心房尊意、来廿六日閻魔羅城大極殿にして、十万人の持経者をもッて、十万部の法花経を転読せらるべきなり。仍参勤せらるべし。閻王宣によッて、屈請如件。

承安二年十二月廿二日　　閻魔の庁

とぞかゝれたる。尊意いなみ申べき事ならねば、左右なう領状の請文を書ひて奉るとおぼえて覚めにけり。ひとへに死去のおもひをなす。尊意口には弥陀の名号をとなへ、心には引摂の悲願を念ず。やうやう廿五日の夜陰に及で、常住の仏前に至り、例のごとく脇息に寄りかゝッて念仏読経す。子剋に及で眠切なるが故に、住房にかへッてうち臥す。丑剋ばかりに、又先のごとくに浄衣装束なる男二人来て、「はやはやまいらるべし」と勧むる

あいだ、閻王宣を辞せんとすれば甚其恐あり、参詣せんとすれば更に衣鉢なし。此おもひをなす時、法衣自然に身にまとッて肩にかゝり、天より金の鉢くだる。二人の童子、二人の従僧、十人の下僧、七宝の大車、寺坊の前に現ずる。尊意なのめならず悦て、即時に車にのる。従僧等西北の方にむかッて空をかけッて、程なく閻魔王宮にいたりぬ。

王宮の体を見るに、外墎渺々として、其内曠々たり。其内に七宝所成の大極殿あり。高広金色にして、凡夫のほむるところにあらず。其日の法会を終はッて後、請僧みな帰る時、尊意南方の中門に立ッて、はるかに大極殿を見わたせば、冥官冥衆みな閻魔法王の御前にかしこまる。尊意「ありがたき参詣なり。此のついでに後生の事尋申さん」とて、大極殿へまいる。其間に二人の童子蓋をさし、二人の従僧箱をもち、十人の下僧列をひいて、やうやうあゆみちかづく時、閻魔法王、冥官冥衆みなことごとく降りむかふ。多聞・持国二人の童子に現じ、薬王菩薩・勇施菩薩二人の従僧に変ず。十羅刹女十人の下僧に現じて、随逐給仕し給へり。閻王問ての給はく、「余僧みな帰り去んぬ。御房来事いかん」「御生の在所承はらん為なり」。「但往生不往生は、人の信不信にあり」と云々。閻王又冥官に勅ての給はく、「此御房の作善の文箱、南方の宝蔵にあり。とり出して一生の行、化他の碑文見せ奉つれ」。冥官承はッて、南方の宝蔵にゆいて、一の文箱を取ッてまいりたり。やゝ蓋をひらひて是をことごとく読みきかす。尊意悲歎啼涕して、「たゞ願くは我を哀愍して出離生死の方法をおしへ、証大菩提の直道をしめし給へ」。其時閻王哀愍教化して、種々の偈を誦ず。冥官筆を染めて一々に是をかく。

妻子王位財眷属　　死去無一来相親
常随業鬼繋縛我　　受苦叫喚無辺際

（妻子・王位・財産・家来たちの類は、人が死ねば一つとしてついて来るものではない。どこまでもついて来るのは生前に犯した罪業だけで、それが自分の身を束縛して無辺際に苦しませ叫びわめかせる。)

閻王此偈を誦じをはッて、すなはち彼文を尊意に属す。尊意なのめならず悦て、「日本の平大相国(平清盛)と申人、摂津国和多の御崎を点じて、四面十余町に屋を作り、けふ(京)の十万僧会のごとく、持経者をおほく嘱請じて、坊ごとに一面に座につき、説法読経丁寧に勤行をいたされ候」と申ければ、(西行の『山家集』雑に、清盛が和田で万灯会をしたことが見える)閻王随喜感嘆して、「件の入道(清盛)はたゞ人にあらず、慈恵僧正の化身なり。天台の仏法護持のために日本に再誕す。かるがゆへに、われ毎日に三度彼人を礼する文あり。すなはちこの文をもッて彼人にたてまつるべし」とて、

敬礼慈恵大僧正　天台仏法擁護者
示現最初将軍身　悪業衆生同利益

(敬って慈恵大僧正を礼します、僧正は天台仏法の擁護者であり、まず初めに清盛という将軍の身として現れ、悪業の衆生に慈恵大僧正と同じく滅罪の利益を与えるのです。)

尊意是を給はッて、大極殿の南方の中門を出る時、官士等十人門外に立ッて車にのせ、前後にしたがふ。又空をかけッて帰来る。夢の心ちして生き出にけり。尊意是をもッて西八条(平清盛邸宅)へまいり、入道相国(清盛)にまいらせたりければ、なのめならず悦てやうやうにもてなし、さまざまの引出物共賜うで、その勧賞に律師になされけるとぞ聞えし。さてこそ清盛公をば慈恵僧正の再誕なりと、人知ッてンげれ。

古老の話によると、慈心坊尊意という僧が閻魔王庁から招待されて、一旦死亡して閻魔王の宮殿に至り、そこで死後は自分が生前に犯した罪業だけで地獄に堕ちる運命が定まると聞かされ、清盛は和田御崎で多数の悪業の衆生救済のために十万人の僧による経文読誦、万灯会を行ったと話すと、閻魔王は感動して清盛は慈恵僧正の再誕であると漏

らしたということです。清盛は慈恵僧正の再誕であるというこの話は、『古今著聞集』巻二、『古事談』巻三などにも類似な説話が載りますが、『平家物語』が原型に近いようです。

慈恵僧正受戒の日延引の事　『今昔物語集』に続く鎌倉時代の説話集に『宇治拾遺物語』があります。その一三九慈恵僧正受戒の日延引の事は、次のような不思議な説話です。口語訳にしてみます。

慈恵僧正良源が天台座主の時、受戒を行うべき日を定めましたので、例のように準備をして、一同、座主の出仕を待っていました。ところが、座主は途中から俄に引き返して帰ってしまわれましたので、供の者どもは、これはどうしたことかと不審いたしました。多くの僧や当日の威儀僧達も「これほどの大事な儀式で、しかも日の定まった事なのに、今となってさしたる障もないのに、延引させなさるのはおかしい」と、喧々囂々非難いたしました。諸国から集まって来た沙彌らまで全員参集し、受戒の刻を待ちもうけていた所に、横川の小綱を使として、「今日の受戒は延引になりました。次の招集日に行われます」と通達を下されましたので、「何事があって中止なさるのですか」と尋ねましたところが、「私は全く理由を知りません。お座主は、ただもう早く走って行って、この事を申せとばかりおっしゃいましたので」と言います。集まっていた人々は納得できないままながら、みな退散してしまいました。

ところが、その日の未の時(午前二時ころ)になって大風が吹き、戒壇の南門が俄に倒れました。そこで人々はやっと、「お座主はこのことを予め前に知っていたから、受戒を延引されたのだ」と思い合わせたことでした。もしも受戒が行われていれば、参集の人々は皆、打ち殺されていたろうにと、感激し慈恵僧正良源座主はただ人ではないと大騒ぎしたということです。

慈恵僧正戒壇つきたる事　『宇治拾遺物語』には慈恵僧正についてもう一つ説話が載ります。同書六九慈恵僧正戒壇つきたる事です。これも口語訳にします。

慈恵僧正は、近江国浅井郡の人でした。人足を十分集められず、比叡山の戒壇を築きあぐねていたころ、浅井の郡司と親しく、師檀の間柄で、郡司が仏事のために慈恵僧正を請じまして、僧膳の料をお出しするの時、大豆を煎り、それに酢をかけたのを僧正がご覧になり、「なぜ酢をかけるのか」とお尋ねになられましたので、郡司は「煎り豆はあたたかいうちに酢をかけましたら、酢む漬かりといって、皺が寄ってよく挟めるようになります。そうでもしなければ、滑って挟まれません」と申しました。僧正は、「どんなものであろうと、箸で挟めないなんてことがありましょうか。たとえ投げてよこしても、ちゃんと挟んで食べますよ」と言われました、郡司は「そんなことできっこありませんよ」と言い争いになりました。僧正は「もしそれができて私が勝ったら、他のことではだめです。戒壇を築いてください」と言いました。郡司は「お易い御用です」と請け合い、一間（一・八メートル）ほど離れた所から、僧正めがけてつぎつぎ大豆を投げました。僧正は一度も落とさず挟み取られましたので、見物の人々は皆感嘆いたしました。

柚子の実を今絞った汁につけたのを投げた時は、一旦滑りましたが、下に落ちる前に箸でちゃんとつまみました。郡司は一家人数多く財豊かでしたので、比叡山に戒壇を築く人足を多数よこし、日成らずして戒壇は完成しました。

この『宇治拾遺物語』の説話も先の説話同様に慈恵僧正が人並み外れた超能力を持っていたことを示すものです。投げられた大豆を箸で摑む。あなたも試してください。

良源、優鉢羅龍王の所変たる事　建暦二年（一二一二）から建保三年（一二一五）の鎌倉時代初頭、ちょうど慈円の時代に成立した説話集『古事談』に次の説話が載ります。

慈恵僧正が座主であられた時、ある人が夢に、八大龍王が船に乗り大海を渡って行くのを見ました。それぞれ別の船に乗り、一々渡り畢ったところが、最後の船には、乗る者がいません。何故かと尋ねましたところが、「この船の主は、現在比叡山で山務を治めています。だから乗ってないのです」と答えたそうです。そこで、慈恵僧正は優鉢羅龍王の変ずる所と知ったということです。

三　鎌倉後期・南北朝・室町期、慈恵大師良源信仰発展期の古典文芸

『太平記』山徒京都に寄する事　鎌倉幕府の倒幕から室町幕府成立までの戦乱を描いた軍記物語である『太平記』にも慈恵僧正が出てきます。すなわち『太平記』巻第八、山徒京都に寄する事に、次の詞が見えます。

京都ニ合戦始リテ、官軍動スレバ利ヲ失フ由、其聞へ有シカバ、大塔宮（護良親王）ヨリ牒使ヲ立テ被レテ、山門ノ衆徒ヲゾ語ハ被レケル。コレニ依テ三月二十六日ニ一山ノ衆徒大講堂ノ庭ニ会合シテ、「夫レ吾山ハ（山王日吉権現）七社応化之霊地ト為シテ、百王鎮護之藩籬ト作ル、高祖大師（伝教大師最澄）開基ヲ占シ之始、止観ノ窓ノ前ニハ天真独朗之夜ノ月ヲ弄ブト雖モ、慈恵僧正貫頂為ル之後、忍辱ノ衣ノ上ニ忽チニ魔障降伏ノ秋ノ霜ヲ帯ブ、云云」

元弘三年（一三三三）赤松則村が京都に入り合戦が始まりました。前年同二年、先の元弘元年の元弘の変で破れて隠岐島に流された後醍醐天皇は配所を脱出した後、伯耆国（鳥取県）船上山に拠ります。先に嘉暦三年（一三二八）十二月に百十六世、さらに元徳元年（一三二九）十二月に百十八世の二度の天台座主尊雲法親王となっていた大塔宮護良親王は挙兵し、叡山僧兵に出陣の檄文の手紙を寄こしました。その檄文に慈恵僧正が天台座主の時、忍辱の法衣の上に魔

障降伏の秋霜、すなわち利剣を帯びたというのです。これは俗に云う慈恵僧正北嶺叡山僧兵説に関係しそうですが、この説は誤りで、逆に良源座主は懸命になって僧兵らを取り締まったことは座主良源自筆二十六カ条制式に明らかです。ただ、鎌倉幕府倒幕に関係した大塔宮護良親王の叡山僧兵動員は別です。なお、他に天台寺門宗の三井寺園城寺、南都興福寺、吉野金峰山寺などの僧兵が天皇・大塔宮方に加担したのです。

慈慧魔王同じく『太平記』巻第二十七、雲景未来記事には、入滅後魔界の棟梁になったというのが注目されます。衆生済度のためでしょう。厄除大師の本質と考えられます。

結び

本章では天台座主に四度就任した慈円を少し詳しく扱いました。源平騒乱の時代、日本中世形成期の激動は慈円は兄九条兼実とともに朝廷だけでなく新興の源頼朝や鎌倉幕府勢力と結ぶことがどうしても必要でした。高雄神護寺による文覚、さらに専修念仏の法然も強敵です。そこで元三大師の力を拠り所としました。鎌倉末期には蒙古襲来、元寇の際に、元三大師良源木像を三十三体彫刻して、外敵調伏、国難退散を祈願した比叡山の僧侶の事も想い起こされます。

第四章　拝島大師創建の歴史

はじめに

拝島大師に祀る大師さまは、元三大師、正式には慈恵大師で、第十八天台座主良源大僧正のことです。その生涯は先の第一章で述べました。比叡山の高僧がなぜ信仰の対象にまでなったか。これまで元三大師信仰の歴史文化でその秘密の扉を開けてみました。元三大師信仰の歴史文化は比叡山や京都市内だけを考えてもその十分な説明はできません。ここに戦国の世以来の伝統を有する拝島大師の歴史を考察する意義があります。今日、拝島大師本覚院と称しますが、元三大師・慈恵大師尊像が戦国時代に比叡山より到来するより先に本覚院は創建されています。本覚院には南北朝時代の北朝年号文和二年（一三五三）十一月、室町時代応永二十五年（一四一八）、文安二年（一四四五）、各年紀年の板碑が境内・墓地に現存しますが、他の大日堂関係寺院に存在しないことが注目されます。

一　拝島本覚院の創建

拝島本覚院の創建　拝島本覚院は平安時代前期の村上天皇天暦六年（九五二）、比叡山西塔の僧の創建と伝えられます。西隣りに大日堂があり、いくつかの房舎があったようですが詳しいことは不明です。本覚院と大日堂の関係を比叡山西塔についての確実な史料で考えてみます。本覚院は村上天皇時代には、比叡山西塔の中心的存在で若き大師良源の住坊でした。他方、比叡山西塔大日院は村上天皇の天暦二年(九四八)、第十五世天台座主延昌によって建立されました(『天台座主記』)。さらに青蓮院本『天台座主記』によれば、村上天皇天徳四年(九六〇)正月六日、始めて天台大日院において熾盛光法と不動法の両壇の法を修したとあります。それから毎年のように熾盛光法を修して天変地異の災厄除去を祈願したのです。承平天慶の関東の平将門反乱後の鎮定に本覚院と大日院が拝島に創建されたのは十分に考えられます。ただ、平安末から鎌倉・室町両時代の拝島本覚院については全く史料が無く、詳しいことは分かりません。なお、拝島山の山号が何時から使用されたかも分かりません。また本覚院の寺号はありません。さらに大日院が単に大日尊だけの堂舎か、院号を持つものかも不明です。これを密厳浄土寺というともありますが、このころ寺額はなく、当然後世に作られた伝承です。本覚院の西に建つ堂舎だったことは明らかです。

西塔本覚院　比叡山西塔の東塔根本中堂に当たる本堂は釈迦堂です。根本中堂に薬師如来を祀るのに対して、西塔には釈迦如来を祀ります。その山門に当たる位置に法華堂・常行堂の担い堂があり、その西側に西塔相輪樘が建ち、担い堂を東方へ下ったところに本覚院があります。当然宗祖最澄時代に作られた西塔の別当政所的機能を持った重要な院坊です。十八世天台座主良源はここを西塔の拠点とします。良源入滅後は尋禅和尚が引き継ぎますが、本覚院の基盤を固めるために彼を初代とする本覚院門跡が成立します。鎌倉から室町時代まで続きました。

二　拝島本覚院に元三大師・慈恵大師尊像来る

拝島本覚院木造慈恵大師坐像　拝島本覚院木造慈恵大師尊像は寺伝によると大師御自刀御自作の尊像とされ、長らく比叡山横川に在ったということです。比叡山横川の本堂は聖観音菩薩を祀る横川中堂で慈覚大師円仁の時に創建されましたが、十八世天台座主良源時代に整備され、僧侶二百口を数える大規模になりました。大師良源の住坊は定心房と称され、ここで四季折々の法会に論義が盛んに修されましたので四季講堂と呼ばれます。大師良源滅後には画像の慈恵大師尊像が掛けられ本尊とされました。横川元三大師堂と呼ばれます。

織田信長の比叡山焼き討ち　元亀二年(一五七一)九月十二日、織田信長は軍勢を率いて比叡山延暦寺根本中堂以下、東塔・西塔・横川、そして無動寺、及び坂本日吉山王二十一社など三塔伽藍一切を焼き払いました。これより先、信長は永禄十一年(一五六八)九月、将軍足利義昭を奉じて入京以来、伊勢・近江・畿内をほぼ平定し、元亀元年六月、姉川の合戦で浅井・朝倉両氏を破ると、翌七月岐阜城に帰還しました。しかし、信長に京都から追放されていた三好三人衆らは、信長の留守に乗じて摂津野田・同福島(現在大阪市内)の砦によって挙兵します。これを討つべく信長が、翌八月摂津へ向かうと、本拠地石山の保持に危機を感じた本願寺顕如は、九月三好方に与して挙兵しました。これに浅井長政・朝倉義景両氏が南近江に出兵して、信長の近江宇佐山城を陥落させ城主森可成らは戦死しました。摂津野田・福島に出陣していた信長は急遽軍を返して近江坂本に到り、浅井・朝倉両氏と対峙したところ、両氏の一部が比叡山に拠ろうとします。信長は比叡山延暦寺に対して浅井・朝倉両氏に与しないよう、少なくとも中立の立場を堅持するよう、もし敵対すると全山焼き打ちすると書簡を出しました。延暦寺衆徒は寺領の押収を信長が行って係争中でもあったので返答しませんでした。形勢不利を感じた信長は将軍義昭に比叡山との関係の円満解決の調停を依頼し、かつ浅井・朝倉両氏と講話しました。ここで信長は入京して天下統一を図るにはどうしても比叡山一掃が必要と感じ、元亀二年八月、近江小谷城に浅井長政を破ると、九月十二日、一気に比叡山を焼き討ちする挙にでました。

敬謙大僧都　この時、比叡山横川に居た敬謙大僧都は木造慈恵大師尊像を背負い、数名の僧俗とともに比叡山から脱出しました。そして七年余の歳月をかけて関東、多摩の拝島の里に来るのですが、その経路を具体的に示す資料は残っていません。ただ、比叡山から琵琶湖南岸の地さらに東海道を東国に向かうことは、信長占領地を通る路で可能性はありません。そこで雄琴から琵琶湖西岸を高島郡に向かい、木之本から北国へ、まず、目指すは越前国(福井県)の朝倉義景の居城一乗ヶ谷城です。越前朝倉氏は応仁の乱当時の朝倉隆景が戦功と戦国分国法「朝倉孝景十七箇条」による領内統制の力で勢力優勢となり、朝倉義景の時、当時天下有数の戦国大名城下町一乗ヶ谷城を築き、本願寺真宗門徒勢力とも結び、また将軍足利義昭を保護して上洛を狙っていました。ところが義昭は朝倉義景の敵対勢力織田信長に与したため形勢が怪しくなります。敬謙大僧都が一乗ヶ谷城に着いた時は朝倉義景は信長軍の侵入を防ぐ準備で大わらわです。敬謙大僧都は次の安居の地を求めて諸国行脚の旅を続けます。

加賀国(石川県)、能登国(石川県)、越中(富山県)、この一体の北陸の地はかつては山門領多く、比叡山延暦寺と天台宗の牙城でしたが、十四世紀末に富山井波別院の本願寺綽如の時に教勢を急進させ、十五世紀半ば蓮如の時、加賀吉崎御坊によって一向一揆を指揮して守護大名富樫氏を敗北させ、本願寺王国を北陸一帯に築きました。この地も敬謙大僧都を受け入れません。越中富山から親不知子不知の難所を経て、糸魚川から直江津に至りました。ここは戦国の雄上杉謙信の土地です。

敬謙大僧都は上杉謙信を頼れず　織田信長が焼き討ちした比叡山横川から脱出した敬謙大僧都は、越前・加賀・越中を経て、元亀三年(一五七二)ごろには越後に入っていました。越後の戦国大名上杉輝虎(謙信)は、その前年に武田信玄が小田原北条氏と復交して、上杉輝虎を越中富山の一向一揆に忙殺させ、その隙に上洛して信長を排除しようと軍を動かしました。危機を感じた上杉輝虎は織田信長と同盟し、越中富山城に入りました。これでは敬謙大僧都は上杉謙信を頼れません。関東に入りました。この間、どれほどの年月がかかったかは不明です。

小田原北条氏政と滝山北条氏照　小田原北条氏康は永禄二年（一五五九）末には子氏政に家督を譲り、元亀二年（一五七一）に没しています。氏康の三男氏照は由井源三と称し、天文の末年の一五五〇年前後に武蔵国多摩郡西部多摩川南の丘陵に大永元年（一五二一）完成した滝山城大石定久の家督を継ぐ形で、永禄二年に武蔵滝山城主となり、「如意成就」の方形朱印を使用して領内支配を進めました。永禄十一年下総国栗橋城を接収して古河公方の抵抗を抑え、天正三年（一五七五）には北関東下野国（栃木県）の古代以来の源氏系武将の小山氏を駆逐し、拠点を栗橋城に移して、北武蔵国から下総北部、下野南部の経営に勢力を注ぎます。

敬諶大僧都、拝島本覚院に大師堂建立　滝山城主北条氏照による関東各地での戦功によって小田原北条氏の勢力が北上して、武蔵国西南部は比較的平和になった時代、敬諶大僧都は比叡山から救出した木造慈恵大師坐像を拝島本覚院に御堂を建立して安置しました。天正六年（一五七八）のことと伝えられます。信長の比叡山焼き討ちから丸七年、諸国行脚の旅の末で、戦国の世の終り近く、今から四百四十有余年前のことでした。

滝山城廃城、八王子城移転　その後十有余年、西から天下統一を目指して、小田原北条氏を討伐しようとする豊臣秀吉軍の一部の甲州路からの襲来に備えるため、北条氏照は滝山城から神護寺村の八王子城に移りました。ただし移転時期は確定しておらず、天正六年から天正十六年の間と推定されます。氏照は武蔵から上野国北部に勢力を伸ばす活躍を見せますが、上野国沼田の真田信幸の領地に対する紛争に対し、前年の天正十五年、太政大臣関白となり豊臣の姓を賜った秀吉の裁定を受けたのですが、北条氏側がこれを無視したため、小田原北条氏政・八王子城氏照は公儀の「誅罰」を受けることになりました。北条氏の側も秀吉軍との戦争は避けられないと思いました。それで天正十六年に滝山城から八王子城へ移転したという説が一時有力ですが、最近の八王子城の発掘調査によると、先に述べた上杉輝虎(謙信)が上杉憲政のために造営した「御館」の発掘で出土した明の青磁や染付、日本の古瀬戸など豪華な品多数を含め遺品が発見され、築城技術や規模から見て、滝山城を上回るものであり、かつ滝山城では未確認の城下町も整備されていたことが分かり、その築造に相当の期間が必要であったと考えられます。天正十六年ではわずか二、三年でとても無理です。なお、俗伝の一説に元亀三年(一五七二)に北条氏照は西から来る武田信玄の侵入に備えるため、城を八王子へ移したというものがありますが、これは氏康と信玄の和睦なって信玄は上洛に全力を挙げて準備している時期で、北条氏側もそれを知っていますから成り立たない説です。

秀吉の小田原城攻め　その二年後、天正十八年(一五九〇)七月、豊臣秀吉は大軍を率い、東海道駿河国と甲州路甲斐国の両手に分かれて進軍してきました。城主北条氏照は八王子城の守を部下に任せて、小田原城にかけつけ、兄氏政と秀吉軍と戦うことになります。しかし北条一族側は秀吉軍との戦い方の評議に手間取り、小田原評定を重ねましたので、各地で秀吉の侵入に敗戦し、結局小田原城籠城となり、遂に落城して捕虜になりました。秀吉は北条氏政・氏照の罪を問い、兄弟揃って切腹を命じました。なお、小田原城攻めより先の天正十五年に九州島津氏も帰順させ西国一帯を平定して居ました。小田原城攻めで東北仙台の伊達政宗が秀吉に帰順して軍を率いて参戦しましたので、小田原落城と同時に秀吉は関東・東北まで含む全国統一を成し遂げました。八月には秀吉軍は会津城に入り関東・奥羽の大名領知を確定しています。

三　江戸近世初頭の拝島大師

徳川家康　秀吉の小田原城攻めに徳川家康も従っていました。家康は秀吉と同じ三河国(愛知県)の出で、岡崎城を居城としましたが、東に駿河・遠江領国(静岡県)の大名今川氏が居り、上洛し天下を狙って居ます。家康は幼少の時、今川氏の駿府(静岡市)に人質として預けられた経験があります。織田信長が永禄三年(一五六〇)桶狭間に上洛途上の今川義元を討ち死にさせてから、家康は信長に帰順します。天正十年(一五八二)信長が本能寺の変で明智光秀に急襲されて自害した後、信長の命令で中国路の毛利氏攻めに出陣していた羽柴(豊臣)秀吉は軍を返して、山崎の合戦に明智光秀を破り、光秀は逃亡中に落武者狩りの農民に殺害されます。天正十一年同じ信長家臣の有力者柴田勝家を賤ヶ岳の戦いで破り、勝家を越前北の庄に自害させました。この年、信長勢力をほぼ継承した秀吉は石山本願寺跡に大坂城を築城しました。秀吉の天下統一の拠点です。ここで家康を帰順させようとしますが家康は従いません。天正十二年、両者は現在の名古屋市付近の小牧長久手で合戦となります。ここで家康は絶妙な戦術で秀吉軍を翻弄、戦いは勝負が付きません。家康は有利な条件で秀吉に帰順することになります。以後、秀吉は家康に一目置き、無視することはできません。家康はそれまでの岡崎城から駿府城に本拠を移し、三河・遠江・駿河・甲斐・信濃五カ国を支配することとなります。

徳川家康関東移封　天正十八年(一五九〇)七月、小田原城攻略後、秀吉は旧北条氏の旧領の伊豆・相模・武蔵、上野・上総・下総六カ国の広大な支配領域の統治のために、徳川家康を関東に移封することにしました。家康は江戸城に入り、ここを関東支配の拠点にしようとしました。この年の支配地を確認しますと、関東八ヶ国で、常陸国(茨木県)に佐竹義宣、同国結城に結城秀康、下野国(栃木県)過半に蒲生秀行、上野国(群馬県)北部に真田信幸にと、それぞれ秀吉腹心が居るほか、安房国(千葉県南部)は戦国以来の里見氏です。そのかわり伊豆国は家康の支配でした。ただ、隣接する駿河国に秀吉腹心の能吏中村一氏、甲斐国に浅野幸長が配置されて家康を牽制します。

家康の江戸城入府　家康の江戸城入府は実際には天正十八年八月朔日で、以後江戸時代を通じて八朔の祝いという記念日になりました。季節は秋なのでその祝いには白装束を着ます。関東入府前夜より家康は源氏の家系と幕府の開設を思い立ったのでしょう、先祖が下野国足利尊氏と覇権を争った上野国新田郡の新田義貞との意識を持ちます。源氏の白旗もまた八朔白装束の祝いの意味に繋がるのでしょう。

天海僧正　天海僧正は陸奥国高田(福島郡大沼郡会津美里町高田)、龍興寺で出家して随風と称し、十四歳の時、下野国(栃木県)宇都宮粉河寺皇舜に師事して天台を学び、後に比叡山や三井寺で顕密の天台教学を、南都興福寺・東大寺で法相・華厳・三論各宗学を修めたとされます。元亀二年(一五七一)信長の比叡山焼討ち後には、東国へ移り甲斐国武田氏により、ここに集った天台僧と論義をしたとされます。これは同じく信長の比叡山焼き討ちから木造慈恵大師尊像を救出し、北陸路経由で諸国行脚の末、拝島本覚院へ来った敬諶大僧都と共通した動きです。さらに、また浅草浅草寺資料では、天正十八年(一五九〇)秀吉の小田原北条攻めの時、天海僧正は浅草寺住職忠豪とともに徳川家康の陣中に居たとされます。その翌年の天正十九年に江戸崎(茨城県稲敷市江戸崎)不動院に住した後、慶長四年(一五九九)河越仙波(埼玉県川越市小仙波町)無量寿寺北院に移りました。

徳川家康と天海僧正　慶長五年(一六〇〇)九月、家康は東軍を率い、西軍石田三成と関ヶ原に戦い、大勝利した後、慶長八年征夷大将軍になり、同年八月朔日(八朔)江戸城に入り、江戸幕府を開きました。天海僧正はさっそく家康側近になりました。天台宗教学や南都諸宗の学に詳しい天海僧正は家康の朝廷・寺社政策立案の参謀になり、家康の命で慶長十二年比叡山執行に任ぜられ、南光坊に住して比叡山再興に着手しました。慶長十四年(一六〇九)後陽成天皇の朝廷は天海に権僧正を贈り、翌同十五年には探題職に補しています。なおこの頃、豊臣家滅亡の因を作った「国家安康」の方広寺鐘銘事件に深く関わったとされます。

東叡山の創建　天海僧正は家康の政策立案の相談に乗るため、本拠を再び関東に移し、慶長十七年(一六一二)河越仙波の無量寿寺北院の寺号を東叡山喜多院と改め、関東天台の本拠にしました。翌十八年には日光山入りしています。元和二年（一六一六）、前年大坂夏の陣で豊臣家を滅亡させ、日本の天下人となった家康は駿府城（静岡県静岡市）で急病となり俄に危篤となり死亡します。

東照大権現　後事を託された天海僧正は翌元和三年に天台宗の顕密一致、本地垂迹説の山王一実神道の立場から、「東照大権現位」の神号を発議し、金地院崇伝は吉田神道の立場から逆垂迹説の明神号を主張しましたが、天海主張の「東照大権現位」が朝廷の勅許を得ました。本地垂迹説の東照大権現位とはいかなる意味でしょうか。本地の薬師如来という仏が衆生救済のために東照大権現という神として垂迹されたということです。薬師如来は東方薬師瑠璃光浄土の仏さまです。日本をこの薬師瑠璃光照らす浄土の地と見、平和と幸福をもたらす仏が徳川家康として出現し、その死後は東照大権現という神として祭祀されるとともに、日本国を永遠に守護するという意味になります。

日光廟東照宮・日光山輪王寺造営　静岡県久能山に仮埋葬された家康の遺骸は日光に移され、直ちに東照大権現霊廟（東照宮）とそれを祭祀する宗教的管理機構として日光山輪王寺が造営されます。因みに朝鮮半島から軍を引き揚げ、半島に平和をもたらし、善隣友好を国是とした家康は朝鮮の人々も崇拝するところで、江戸時代定期的に江戸上りする朝鮮通信使は日光廟東照宮に必ず参拝しました。これも天海僧正の構想だったと言えるでしょう。天海僧正は崇伝（金地院）とともに宗教教学・外交などの顧問として二代将軍秀忠の帰依を受け、秀忠に円頓戒を授けています。

上野東叡山寛永寺造営　三代将軍家光の代となると、江戸城の鬼門に当たるという上野忍岡に、丁度比叡山延暦寺が京都御所の鬼門に当たる関係に準じて、寛永二年（一六二五）寛永寺を造り川越喜多院の東叡山の山号を寛永寺に移し、喜多院山号を星野山に替えました。寛永寺は東叡山として天海僧正が貫首となり、それまでの徳川家（岡崎松平氏子孫）の菩提寺である芝増上寺の上寺である将軍家廟墓地菩提寺となりました。なお、天海僧正は後水尾天皇第三皇子守澄法親王を後継とし、日光山とともに輪王寺の寺号も併せ用い、門跡寺院の格式の下に東叡山・日光山・比叡山三山管領せしめる天台宗寺院体制を作りました。

天海僧正墓所と大師号　天海僧正は寛永二十年(一六四三)十月二日、享年百八(百二・百三十二・百三十四・百三十五歳の諸説あり)で家康の眠る日光山に示寂しました。没後五年後の慶安元年(一六四八)朝廷より慈眼大師の大師号が追贈されました。なお、この年、天海僧正が生前発願企画した木彫り活字版大蔵経六千三百二十三巻(天海版大蔵経)が完成しました。まさに大師の名に相応しい仏教事業でした。天海廟墓地はまず日光山に五輪石塔が造られ、その拝殿として木造慈眼堂が建築されました。その他、川越喜多院、また比叡山歴代座主墓所に隣接して木造慈眼堂が建築されました。

両大師　天海僧正は生前元三大師・慈恵大師への崇拝の念厚く、『天台座主記』に依れば、元和四年(一六一八)、家康神号東照大権現位成立の翌年、正月三日江戸城内紅葉山御仏殿に元三会を執行し豊臣方有力大名毛利中納言元就入道を勤仕させています。さらに同七年正月三日には同じく元三会を執行し島津公を勤仕させています。なお、三代将軍家光は天海僧正が元三大師・慈恵大師に祈禱して設けた男子でした。江戸城内紅葉山御仏殿はやがて寛永二年の寛永寺造営に連なります。寛永寺には木造慈眼堂は建築されませんでしたが、寛永寺根本中堂(現在東京国立博物館)横に慈恵大師像と慈眼大師像を併せ祀る両大師堂が建立されました。

結び

敬謀大僧都の後の本覚院住職の名が確認されるのは元和五年(一六一九)二月二十八日寂の要勝権大僧都で本覚院歴

代住職墓地に墓石が残ります。拝島大師本覚院の近世初頭の大激動がようやく安定に向かう時代でした。

近世から拝島大師の通称で親しまれていますが、両大師の称も江戸時代に懸けられた扁額に存在しますので上野寛永寺両大師の影響が想定されます。ただし、拝島本覚院に天海僧正が直接関係したという証拠はありません。ただ、拝島大師の初縁日に「だるま市」が近世後期に加わり、その縁日が正月二・三日であるのは天海僧正の寂日二日と元三大師・慈恵大師の命日正月三日の両大師命日を縁日としたものと考えられます。

拝島大師本覚院の大師堂紋章は、⊜（輪の中に二つの線を引いた紋、丸二の紋）でありますが、その由来を述べましょう。『太平記』巻第十四、新田足利確執奏状事に、元弘の初、新田義貞が鎌倉攻めに成功した時、足利尊氏次男千寿王（後の義詮）と衝突し、足利方に居た鎌倉若宮八幡宮を調べたのですが、その文中に次の語句が見えます。

義貞若宮ノ拝殿ニ坐シテ、頸共実検シ、御池ニテ太刀・長刀ヲ洗ヒ、結句神殿ヲ打破リテ、重宝共ヲ披見シ給ニ、錦ノ袋ニ入タル二引両ノ旗アリ。「是ハ曩祖八幡殿（八幡太郎源義家）、後三年ノ軍ノ時、願書ヲ添テ籠ラレシ御旗也。奇特ノ重宝ト云ナガラ、中黒ノ旌ニアラザレバ、当家ノ用ニ詮無シ」

とあります。ここに二引両ノ旗とは足利氏の旗印、中黒ノ旌とは新田氏の旗印と区別されています。なお、北関東における足利氏と新田氏の所領など勢力圏の地域分けは、足利氏が下野国（栃木県）足利郡、新田氏が上野国（群馬県）新田郡となります。拝島大師のお大師さまが足利氏の二引両の紋を用いたのは、比叡山から拝島に来る途中、足利氏の勢力圏である下野国（栃木県）足利郡に恩顧が深い関係があったか、さもなければ同じく下野国に足跡が多い天海僧正と関係があったかとも考えられます。徳川家康の先祖は新田氏とされ、上野国世良多長楽寺が江戸時代祖先の地とされたことを考えると、拝島大師の創建が近世徳川時代以前であることが明らかとなります。

第五章　江戸近世の拝島大師

はじめに

拝島大師に祀る大師さまは元三大師、正式には慈恵大師、第十八世天台座主良源大僧正です。その生涯の略歴は第一章の元三大師良源の生涯で述べました。比叡山の高僧がなぜ信仰の対象にまでなったか。これは本書前編各章で考察した通りです。元三大師信仰の歴史文化の展開は、戦国の世以来の拝島大師の歴史を考察してさらに深化します。

一　江戸近世、多摩地区と拝島

家康と家臣団の関東支配　関東入国後、家康は自身が武蔵国主要部分の二百五十六万石を統治したほか、ほぼ国ごとに家臣たちに支配させました。小田原城に大久保忠世を置き相模・伊豆両国五万石を統治させ、武蔵国忍城（埼玉県行田市）に松平忠吉を置き十万石、上総国大多喜城に本多忠勝十万石、上野国館林に榊原康政十万石、同高崎に井伊直政十二万石などを置きました。

家康直轄領の代官支配　徳川家康二百五十六万石の支配のため、大久保長安・伊奈忠治という能吏型の代官に支配をさせ、信長・秀吉が用いた楽市楽座による商工業の振興や刀狩り兵農分離、さらに検地一地一作人制という改革で中世支配を終わらせます。各地に残存した荘園や寺社領を奪い、在地の土豪的武装兵力を一掃しました。駿府時代より、駿河遠江の今川氏、甲斐の武田氏、そして小田原城陥落以降の関東入府に伴う後北条氏と、有力・巨大な戦国大名の家臣の処分に辣腕を発揮させます。一例を挙げれば、北条氏照の滝山―八王子衆はほとんど武装解除させて帰農させ、八王子城城下町の人びとは、そこから十数キロメートル東方の浅川が作る盆地状の土地に八王子町を移動させました。現在の八王子市内です。その後、幕府開府後には八王子の西部に武田氏の残党を千人同心とし、後北条の残党を監視させせました。二百五十六万石という最大の領地は多く開墾農地で、帰農した武士たちによって開発されたものです。

八王子石灰　大久保長安や伊奈忠治の代官支配には、現在の東京都奥多摩山地の武州多摩郡の上成木村・北小曽木村（現在東京都青梅市）、同高麗郡上直竹村（現在埼玉県飯能市）の三カ村の八王子石灰焼があります。生産主である竃主たちはいずれも八王子城主北条氏照家臣が帰農したと言います。大久保長安は八王子石灰を江戸城建設に使用するため青梅街道を造営して江戸に運び、途中農村を造成するため武蔵野原野に新田開発を行ったのです。

青梅街道八王子石灰伝馬継　青梅街道の交通は、詳細にみると、多摩郡上成木村・北小曽木村から石灰は馬の背で黒沢村から南・北曽木村、吹上村・藤橋村などを経て青梅街道に入り、箱根ヶ崎・小川新田・野中新田・田無村・中野村から内藤新宿、ここで甲州街道と合流、四ッ谷御門に至ります。輸送労力に大久保長安は伝馬継を利用しました。途中農村を造成するため武蔵野原野に新田を作ったのが小川・野中の両新田で現在東京都小平市にあります。

多摩産材木の搬出　徳川家康以降、秀忠・家光となり、江戸城が巨大な規模となって、諸藩大名の家屋敷と各大名の各宗派菩提寺が建立されるようになると、その建築用材は厖大な量にのぼりました。江戸城及び城下町建設に多摩川・秋川上流の杉・檜の天然林材木が両河川により江戸に筏流しで運ばれ、拝島は、上流の青梅・五日市とともに、重要な集散地となりました。多摩川・秋川は全国でも有数の急流です。特に多摩川は海辺河口から百キロメートル上流が源泉です。その標高は二千メートルです。二千メートルの高さを百キロメートルの距離で下るというのは、日本どころか世界でも稀な急流です。ですからゴツゴツした大きな岩が急流を下っているうちに角が消されて丸い石、玉石にされたのです。玉石多い、それで多摩川といい、地方を多摩地方と古来、万葉時代から呼ばれてきました。筏で下った人びとは多摩川辺を徒歩で歩いて帰ります。しかし、多摩川・秋川流域の材木はその資源量に限りがあり、埼玉県山地の荒川、群馬県・栃木県の利根川などの自然河川が利用されたほか、静岡県から南アルプス山地の材木や名古屋港から木曽川・長良川水運による木曽・飛騨・美濃山地の材木も海運で、やがては紀州材木も江戸へ運ばれます。

近世拝島村　多摩川・秋川を下る筏運の拠点である拝島は、筏で下った人びとが宿泊を重ねて山村に帰る途中の宿が有りました。拝島から北方約八キロメートル、徒歩で約二時間の至近の距離には青梅街道の箱根ヶ崎、そこから先に中世以来の城下町川越もあります。約一日の行程です。それでも拝島村などから江戸へ向かう交通は道路が主で、甲州道中に繋ぐ道（現、奥多摩街道）でした。以下に紹介する『多摩自慢石川酒造文書』第一巻、一一七頁上、「差上申済口証文之事」天明二寅年七月九日には、多摩郡拝島村隣村の同郡熊川村・小川村らから江戸入口の内藤新宿へ運ぶ物資について次のように説明します。

一、武州多摩郡之内、四拾弐ヶ村惣代伊奈半左衛門御代官所、同州同郡熊川村名主弥八郎・小川村百姓代茂兵衛奉出訴候は、飯塚伊兵衛様御代官所、甲州道中内藤新宿、当九年以前、新規継場ニ被　仰付候以来、百姓稼馬ニ附出し候、四壁竹木・板・貫・小割・下駄・炭・真木・梨子・柿・桃・梅、諸作穀物・諸色荷物ゟ往返共口銭取之

材木は大木ではなく、小規模な材、下駄、炭薪、梨・柿・桃・梅などの果実類、昔も今も変わらぬ多摩地区の農林産物です。これが多摩農村から都市江戸に運ばれ消費されました。

拝島、多摩川の鮎献上　もっと細々とした江戸人の日常物資も重要です。野菜は副食ですが、谷中村の生薑、練馬の大根、多摩地区以外では深谷の葱などは今日でも有名です。目黒のサンマは落語の話ですが、拝島大師の拝島周辺は多摩川の鮎を幕府に献上します。米の少ない多摩川周辺農村には貴重でした。享保期以降には養蚕が盛んになります。

二　拝島大師と東叡山寛永寺両大師堂

江戸時代の拝島大師　近世初期・中期の拝島大師については若干の断片的史料が残るだけです。本覚院歴代住職の口伝によれば二代将軍徳川秀忠の時、元和三年(一六一七)五月二十五日、拝島の大火で大日堂以下ほとんどの堂舎が焼け、拝島大師も大師堂・客殿(本覚院本堂)・庫裡が焼尽に帰し、三代将軍家光の寛永二年(一六二五)二月大師堂・客殿・庫裡を再建しました。八代将軍吉宗の享保時、大日堂再建に続いて、大師堂・客殿は同十七年に大修理、茅葺き屋根替えをしています。しかし十年後の将軍吉宗晩年の寛保二年(一七四二)三月住職章海代に大師堂は焼け、大師尊像は客殿(本覚院本堂)に仮安置され、長年に及びました。この客殿は昭和四十二年(一九六七)時代の新客殿(本覚院本堂)新築まで二百五十年ほど存続しました。

正月三日拝島大師初縁日　拝島大師は正月二・三日が初縁日でだるま市が立ちます。拝島大師に祀る大師元三大師は正月三日に御入滅されたので元三大師と申しますから、正月三日が縁日のはずです。拝島大師でも当初は正月三日が縁日で多くの参拝客があったようです。江戸中期に遡る次のような古老の伝承によるという古記録があります。

毎年一月三日大師ノ縁日ニシテ参詣人及ヒ諸商人諸芸人群集シ実ニ立錐ノ余地ナシ、就中参詣人ニ交リテ裸参リト称シ白ノ単衣ヲ纏、腰間ニ鈴ヲ結ヒ下ゲ境内ヲ往復スルモノ踵ヲ接シ衆人雑踏ノ中ヲ押分ケ一心不乱ニ大師ニ信仰スルノ状況実ニ美麗ニシテ其他商人芸人等ノ呼声鳴物ハ又格別トス。其ノ盛況ハ年一年ヨリ宏大ニ赴ケリ

大師様へ夜参り　拝島村の隣村に熊川村があり、その名主石川弥八郎家文書の『多摩自慢石川酒造文書』第三巻三八一頁上、一二七、「万日記扣帳」天保六未正月二日壬戌（天気、八ツ時ちらちら雪）に、

一、専蔵、明日大師様へ夜参り与して罷出候也

とあり、二日、明日夜参りというのは三日未明の暗いころ大師堂参りしたのです。これは中神村（昭島市中神町）名主中野久次郎文書「諸用日記控」天保三年正月三日に、

○正月三日、夜七ツ時大師参詣ニ内見せ〔店〕者大勢行、帰リ道江戸ニ火事有之趣、

正月三日、夜七ツ時とは正月三日の午前四時ころ、大師参詣に久次郎妻と店の者が大勢出かけたというのです。

『武蔵名勝図絵』の拝島大師　江戸時代後期、文化文政時代の著作に『武蔵名勝図絵』がありますが、その巻五拝島領に次の拝島大師正月初縁日に関する次の記述が見えます。

土人云う、夜明けぬれば大師東叡山へ行きたまふ。

二日から三日になると拝島大師のお大師さまは上野東叡山寛永寺両大師に行かれるから、行かれる前に早朝暗い内に参詣しようと、若者の裸参りが行われたというのです。本覚院第二十七世大塚阿實師の明治三十二年（一八九九）一月三十一日の文書に、正月三日若者の裸参りの風習は明治後期まで続いたという記録があります。

拝島大師の両大師　拝島大師が両大師と称されたことは、江戸時代に懸けられた扁額に存在します。これは前項の

ように上野寛永寺両大師との関係だけでは説明がつきません。ただし、拝島本覚院に天海僧正が直接関係したという証拠はありません。ただ、拝島大師の初縁日「だるま市」が近世後期にはじまり、その縁日は正月三日であったのですが、早朝裸参りが段々早くなり、前日二日の前夜祭になったものと考えられますが、そうなるとそもそも天海僧正慈眼大師の寂日二日と重なり、加えて天海僧正が信仰した元三大師・慈恵大師の命日正月三日と両日が人々に拝島大師を両大師と呼ばせ、幕末には正月二・三日が拝島大師の初縁日で「だるま市」が全国で一番早く立ったのです。

三 『新編武蔵風土記稿』に書かれた拝島大師と大日八坊

『新編武蔵風土記稿』の編纂　『新編武蔵風土記稿』は幕府の儒官林述斎衡(一七六八〜一八四一)の建議により幕府の史官の編纂で、幕府の命で述斎を総裁として昌平坂学問所に局を開き、間宮士信・松崎純庸・三島政行・神谷信順・井上常明らが編纂の責任者となり、ほぼ各郡ごとに一巻一冊の体裁で武蔵全郡の風土記作成でした。八代将軍吉宗が長崎で清国商人から購入した大量の明清時代の地方誌は、実は日本国内各国地方誌＝風土記作成の参考のためと考えられます。奈良時代、天平年間の武蔵風土記(散逸)から数えて実に千八十年ぶりの新編でした。

『新編武蔵風土記稿』の完成　文化七年(一八一〇)初めて久良岐郡に稿を起こし、文政十一年(一八二八)新座郡の重修をもってこれを完成し、次いで浄写にかかり、完成して幕府に献上されたのは天保元年(一八三〇)のことでした。大学頭の建議から四十年、作業二十年余の大事業でした。

多摩郡の編纂　多摩郡は文化中郡人原胤敦氏が別に命を受けて編纂し、文政五年(一八二二)献じたとあります。これについて、『新編武蔵風土記稿』首巻例義の次の説明が注目されます。

一、多摩郡は文化中郡人原胤敦別に命を受て編纂し、文政五年献す、体例自余の記と自異か如きは、一手に出さ
　れはなり、下の高麗・秩父二郡亦然、

多摩郡の編纂が他と自ずと異なるとすることの最大の要因に編纂担当の郡人原胤敦が別に命を受けて編纂したものであり、これは高麗郡、秩父郡も然りとします。多摩郡は文政五年に原胤敦が献じ、秩父郡は文政八年原胤広編し成ったとあります。ただ高麗郡は原胤敦が草を起し、半途にして致仕す、因て男胤広命を受け其業を継ぎ、文政五年成るとあります。要するに多摩郡の『新編武蔵風土記稿』は文化中に郡人原胤敦が編纂し、文政五年献じたものですが文化末年か文政元、二年までごろには完成していたと考えられます。

『新編武蔵風土記稿』本覚院・元三大師　『新編武蔵風土記稿』巻之百十九、多摩郡之三十一、拝島領、拝島村、寺院の項に、本覚院・元三大師の記事が並んで記してあります。

　本覚院（大日堂の東の方にあり、拝嶋山と号す、天台宗同末寺なり、文化の初回禄せし故開山詳ならず、客殿南向にて、今仮に設る所四間に八間、本尊弥陀を安す、大日領の内一石を配当せり）

　元三大師（堂焼失後いまだ再造に及ばず、客殿に安す、木の坐像にて長さ二尺三寸、毎年正月三日近里より参詣群集をなせり、）

　諏訪社（客殿の西の方にあり、小祠にして、神体は白幣也、）

大師堂は寛保二年（一七四二）三月住職章海代に焼け、大師尊像は客殿（本覚院本堂）に仮安置して五十年以上が経過しました。

文化初回禄　右の本覚院の条に文化の初回禄とあり正式な住職は居なかったようで、智海尼が檀家の葬祭を代行していました。なお智海尼の名は現在奥の院多宝塔本尊に祀る元三慈恵大師御本地如意輪観音を施入したことが同観音に墨書されていることから確認でき、無住状況であったわけではありません。文化年間における中興義順住職の大師堂再建については節を改めて述べましょう。

大日八坊とは　本覚院らは戦国の世より大日八坊の一であったとよく謂われます。『新編武蔵風土記稿』巻之百十九、多摩郡之三十一、本覚院の注記に、「大日領の内一石を配当せり」とありました。本覚院の直前には別当普明寺が挙げられ、「大日領十石の内五石を配当す」とあり、本覚院の直後には円福寺があり、「大日領一石の配当、此余廃寺の連住院の寺務を摂行し、都合二石」とあり、知満寺は大日堂の西南の寺（現在廃寺）で「大日領一石の配当、その余廃寺龍泉寺のことを兼帯し、併せて二石をおさむ」とあり、以上大日堂下の四カ寺朱印石数は丁度十石となります。なお、この文化文政期に既に廃寺になったのは、享保期廃寺の密乗坊、宝暦期廃寺の龍泉寺、寛政期廃寺の連住院でした。また明王院がかなり古い時期に廃寺となりましたが、今遺跡も明確ではないと書かれています。廃寺四カ寺、これを先の四カ寺に併せれば八カ寺となります。ただ以上八カ寺については考証が必要です。

『新編武蔵風土記稿』大日堂の記事　『新編武蔵風土記稿』巻之百十九、多摩郡之三十一、大日堂の注記は、文化中郡人原胤敦氏が現地を調査して現に見聞した記事と、著者・年代不明の「大日縁起」による記事、及び開基者関連人と大日堂再建以後の事情についての伝承伝聞記事、の三部構成です。三部にA・B・Cを付け、まず全体を引用しましょう。そして以下でA・B・C各部について考証検討し、明白な誤りや疑問となるような個所を挙げましょう。

大日堂〈【A】宿の東端にあり、北の方へ入ること二十間許にして仁王門あり、夫より石階二十級を登りて南向八間四面の堂なり、向拝に大日堂の三大字を扁す、三井親和が篆書なり、堂内の宮殿二間に二間半、本尊大日、左右は弥陀・釈迦共に木の坐像三軀を安す、大日は長一丈二尺、恵心の作なりと、この胎内は秘仏とする処の大日一軀を蔵せり、木の坐像長二寸八分にて、行基の作なるよし、左右の二像は共に長一丈許、その作知れず、天正中堂領十石の御朱印を賜はれり、その宛名浄土寺とあれど、今此寺号なし、殊に鐘銘にも拝嶋山浄土寺観音院と見えたれば、時の別当たることは論なし、ことさら往古は一山八坊ありしと云へば、此寺故ありて廃寺せしなるべし、今現存する処は、普明寺・本覚院・円福寺・

知満寺の四カ寺にて、この余瀧泉寺・蓮住院・密乗坊・明王院は廃寺にて、以上八カ寺なり、普明寺は今の別当たり、往古堂領十石坊中配当の次第、別当二石外に学頭領一石にて、残り七坊は一石宛なりしと、今は廃寺を兼てその配当も少く異なり。【B】大日縁起を閲するに、拝島山大日堂は開基北条氏直の臣、石川土佐守なり、この人の娘七歳の時、眼病を患ひて医療すれども効なし、因て此村なる辻堂の大日に祈誓して扁眼をぞ助かりけるより、信心いよいよ厚く、今の堂を創建せりと云、此石川は拝島・羽村・久保・雨間・高月の五村を領せしよし、一門には三田弾正・羽村兵衛太夫・三沢兵庫介・乙畑孫三郎・有山内記などいへる者を始めとし、大檀那十六人にて、後世修補の為に、本尊の下の地を穿つこと一丈二尺、永楽銭千貫を収置と、棟札に載せてありと。【C】されど棟札は屋棟に収め置よしなればみる事あたはず、かの石川が建立せし堂は、今の堂地より一階卑き所にて、東南の方に在りしを、別当の僧栄海が時に、今の所に引移して修理を加ふと云、按するに其年代は詳ならねども、顧ふに享保の比なるべし〉

仁王門〈南向二間半に四間、表の方左輔右弼長置八尺許、鎌倉仏師運慶の作なりと云、密厳浄土寺の額字を扁す、筆者詳ならず〉

まず最初の【A】について検討します。大日は長一丈二尺、恵心の作について、恵心の作はひとまず措きますが、長一丈二尺は仏像の高さとしたら誤りです。一丈二尺は床からの高さとして高過ぎますが、その半分内外、五、六尺は須弥壇の高さ、その上に異常に高い台座が乗ります。その高さ三尺以上、ですから木像大日尊坐像は高さ三尺内外です。他の弥陀・釈迦二尊も同様です。胎内仏はすでに有りません。次に問題となるのは大日堂ほか八カ寺についてです。その寺名が浄土寺とされるのは仁王門に懸る扁額に密厳浄土寺とあれば、密厳は密教のという冠称で浄土寺が寺号と言えます。鐘銘にも拝嶋山浄土寺観音院と見えるのですが、「時の別当寺」と言いますので、以下に後に「普明寺は今の別当」とあるのと対応させると、大日八坊往古の天正中、堂領十石の御朱印を賜り、その宛名浄土寺が当初の大日八坊の別当寺号です。その時には八坊名称はすべて院か坊の付く寺号でした。分かり易く言えば密厳浄土寺本覚院は正しく存在したのですが、密厳浄土寺・密厳浄土寺円福寺は寺名が二つになり、こうした存在は本来は無かったのです。これはどうしてか、当初大日八坊は本覚院・蓮住院・密乗坊・明王院の四カ寺と院名不明の廃寺四カ寺の八カ寺で拝島山一山を作っていたのです。普明寺・円福寺は後世、江戸後期に大日八坊に入って来たと考えられます。

次に第二項の【B】大日縁起の引用ですが、まず、拝島山大日堂は開基北条氏直の臣、石川土佐守なりとあります。ここは北条氏直ではなく、滝山・八王子城主氏照ですが、単純な誤りではありません。前章に述べた豊臣秀吉の小田原攻めに際し、氏直の父氏政、その弟氏照は主戦派として切腹を命じられ、氏直は降伏して一命を許され、追放されて高野山に向かった後、許されて一万石の知行を与えられました。家名は続いたのです。明らかに氏照の名を避けて氏直としたのです。さて滝山城主は氏直ではなく氏照ですが、氏照の臣の石川土佐守は実在が確認できません。この石川は拝島・羽村・久保・雨間・高月の五村を領せしとありますが、久保村は不明、あるいは程久保村（日野市）や芋久保村（東大和市）がありますが、そうなると五村は地続きではありません。続く三田弾正・羽村兵衛太夫・三沢兵庫介・乙畑孫三郎・有山内記を検討してみましょう。まず大田南畝（蜀山人）『玉川披砂』に大日堂再建記事があり、その再建に加わった者として三田弾正少弼義宗、其弟羽村兵衛太夫義尚の名が見え、羽村村の領主のようです。乙畑孫三郎は乙畑氏が戦国期より拝島村の領主で、寛永元年（一六二四）七月二代将軍秀忠が乙畑氏に宛てた黒印状に、乙畑勘次郎・秋山求之助両人が慶長十八年（一六一三）から元和八年（一六二二）まで「武蔵国山根之内拝島筋」の代官であったことが記されています。三沢兵庫・有山内記は不明です。

それより問題なのは、石川土佐守の領地支配は北条氏照らの関係文書に一切出てきません。それに石川姓は滝山・

八王子城主氏照家臣、すくなくとも重臣中には全く存在しません。小田原北条氏家臣にも石川姓は見当りません。また北条氏照も後に八王子に移ってから陸奥守を称していますが、滝山時代から八王子城時代にかけては由井源三だけで、主君が称しない国守の称を家臣が持つことは考えられません。これで「石川土佐守」は、後に誰かが作為した虚構の説だと分かります。これを突き止める作業は後に述べます。それに大日縁起にいう石川土佐守の娘七歳の時、眼病を患ひて医療すれども効なし、因て此村なる辻堂の大日に祈誓して、扁眼をぞ助かりけるより、信心いよいよ厚く、今の堂を創建せりと云うも信用が置けない虚構です。なお、ここには石川土佐守の娘おねいは書かれていません。

三項目の【C】ですが、ここはさすがに現地で調査して確認した事実のようです。棟札は屋棟に収め置よしなればみる事あたはずといいますが、近時の平成の解体大修理で確認されました。その解体大修理工事報告書によれば、享保十七年（一七三二）四月二十三日上棟、そして同年十月落慶しています。八代将軍吉宗の時代です。また、かの石川が建立せし堂は、今の堂地より一階卑き所は、現在確認できます。拝島元三大師本覚院と並んで立っていました。

石川土佐守は大神村石川氏の先祖か？　石川土佐守について『新編武蔵風土記稿』多摩郡の記事で吃驚する記事があります。すなわち、『新編武蔵風土記稿』巻之百十九、多摩郡之三十一、拝島領の拝島村の記事の下文に記す大神村の褒善の項に、次のように書かれています。

百姓八郎右衛門〈名主役を勤めけるに、天明四年凶作のおりから、隣里までも己が貯へ粟を施し、或は村内にて火災に遭たるものへ家作し与へ、又は村にたくはふ穀蔵、修理のため己か金を貸し出し積金とし、その息をもて費用の資となせりとぞ、八郎右衛門死後その子八郎右衛門と号し、家跡相続せし処に、文化元年四月御勘定役廻村の時、父八郎右衛門が奇特の始末を褒称せりといふ、当村の旧家にて石川を氏とす、先祖は拝島村太日の縁起にみえたる、石川土佐守が氏族の者と云伝たれど、祖先のこと伝へたる証左なし〉

大神村の百姓（石川）八郎右衛門は天明四年（一七八四）の凶作飢饉に際し、粟の施しをするなど地域に慈善活動を行ったことが幕府に認められ、文化元年（一八〇四）褒美表彰を受けたといいます。この石川は先祖が大日堂縁起に書かれる石川土佐守だと言いますが、その証左はないと新編武蔵風土記稿多摩郡編纂者の原胤敦に断定されました。なお、前同大神村の水利には次の記事が見えます。

用水〈熊川村より多摩川を引、村内の灌漑をなして、宮沢村に達す、又別に拝島村より来る小渠あり、村民八郎右衛門この渠に水碓をも設けて生産とす、この水宮沢村に至て諸村の用水となる〉

大神村石川八郎右衛門は拝島大日堂辺りから流れて大神村に来る小渠に水車をかけ生産業務に携わっていたといいます。なお、大神石川氏居宅辺りにその昔大日如来を祀る浄土寺という寺があり、これを拝島村へ移したというのが現在の大日堂だと言う巷の俗説が流布していますが、もちろん論拠はありません。因みにここに古墳が発見され、浄土古墳と名付けられて話が複雑になりました。

江戸幕府勘定奉行石川氏　ところが調べて見るとびっくりする史実があります。先に記したように大神村百姓（石川）八郎右衛門が天明四年飢饉時の善行で文化元年（一八〇四）褒美表彰を受けたのですが、その時の勘定奉行は柳生主膳正久通（天明八年九月十日～文化十四年二月二十六日在任）、中川飛騨守忠英（寛政九年二月十二日～文化三年正月三十日在任）、石川左近将監忠房（寛政九年八月二十七日～文化三年十二月十五日在任）、小笠原三九郎（和泉守・伊勢守）長行（寛政十二年九月十五日～文化六年九月三日在任）、松平淡路守（兵庫守）信行（享和二年六月二十一日～文化九年十一月二十四日）、の五名でした。石川左近将監忠房は、伊丹勝興の次男で幕臣石川氏の養子となりました。根室に来た露使者ラックスマン応接に松前に出張、長崎入港の信牌を与え処置して手腕を認められ、勘定奉行となっては道中奉行を兼ねて駅制度を改革して江戸庶民、人びとに慕われ生神様と呼ばれたとも言われています。文化三年（一八〇六）十二月、西ノ丸留守居、同五年小普請支配に移り、文化三年三月四日の江戸大火後の復興再建工事にその手腕が存分に発揮されました。文政二年（一八一九）勘定奉行に再任、道中奉行を兼ねています。

石川氏の先祖　徳川家康の三河以来の老臣に石川日向守家成が居ます。三河国西野（愛知県豊田市松平）の生まれで家康に従い軍功を挙げ、遠州（静岡県）掛川城番から美濃国（岐阜県）大垣城主になっています、その一門は各地の大名になりましたが、幕臣として仕えた者もおり、江戸後期には勘定奉行石川土佐守政平（天保十四年閏九月二十日～安政二年八月九日在任）が居ます。なお、江戸町奉行としては石川土佐守政朝（元文三年二月十五日～延享元年六月一日在任）、その子の石川土佐守政民（天明七年六月一日～天明七年九月）ら石川氏に土佐守を称す者が多かったのです。石川土佐守の名は江戸時代の幕府領の昭島市拝島では誰でもよく知っている幕臣でした。

大日八坊実在の可能性　大日堂は寺号密厳浄土寺また浄土寺と称されたという記録があります。これに八坊があり、普明寺・本覚院・円福寺・知満寺・瀧泉寺・蓮住院・密乗坊・明王院といいますが、まず大日堂の寺号を密厳浄土寺とすると、その塔頭八坊に普明寺・円福寺・知満寺・瀧泉寺という寺号寺院の所属は絶対にあり得ません。天台宗総本山比叡山延暦寺は現在滋賀院門跡以下、東塔四十八カ寺、西塔十九カ寺、横川十六カ寺が所属しますが、東塔南山坊・南光坊・実蔵坊・総持坊・行光坊・円頓坊、西塔観泉坊・正教坊、横川南楽坊の八坊と泰門庵を除けば、すべて○○院という院号名の寺院です。東京上野寛永寺も現在二十カ寺が所属しますが、すべて○○院という院号名の寺院です。ただ門跡として輪王寺が由緒を保つのが例外です。日光も同様で輪王寺以下に十五の一山寺院があり、すべて○○院という院号名の寺院です。また元天台宗の浅草浅草寺には二十四カ寺、大阪四天王寺にも十カ寺以上の○○院という院号名の寺院があります。これらを一山寺院とか山内と呼びます。

これらは由緒も明確な本山クラスの大寺院なのですが、大日八坊は室町幕府足利氏縁の足利鑁阿寺の東光院・普賢院・不動院・六字院・浄土院・宝珠院・威徳院・延命院・千手院・金剛乗院・龍福院・安養院の十二院に準ずる寺格で、近隣多摩地区では国立谷保天満宮の別当寺安楽寺には六坊があり、その一の滝本坊(滝ノ院)のみが現存します。以上から平安中期の村上天皇の時代の創建とする大日八坊はすべて院ないし坊を寺号とする八カ寺の寺院であったのですが、本覚院ら院号名の寺院四カ寺のみその名が伝わっていると解釈できるのです。

金剛界大日如来は実は一字金輪仏頂　大日堂の本尊大日如来は平安の村上天皇の時代に誰のために祀られたのでしょう。中世後期滝山城の武士の持仏だとも言われます。ただ、その大日如来は金剛界大日如来で智拳の印を結んでいます。これを天台宗系寺院の本尊とするのは珍しいのです。通常は定印を結ぶ胎蔵界大日如来が天台系大日如来の本尊です。ところが金剛界大日如来によく似た一字金輪仏尊を持仏にした事例が天台宗東北本山中尊寺に見られ、平安後期院政期に藤原秀衡が持仏にしたと伝えられ、国宝に指定されています。実はこの中尊寺の一字金輪仏尊と拝島大日堂の大日如来は大きさも、容貌、姿もよく似ています。持仏と伝えられるところも共通します。関連があるかもしれません。

四　江戸近世、拝島周縁村落旧家文書に書かれた拝島大師

拝島周縁村落と各村旧家に見える拝島大師の記事　先の一「江戸近世、多摩地区と拝島」で見たように拝島大師の所在する昭島市拝島地区は多摩川沿いに位置する宿村でした。したがって多摩川沿いに集落が続きますが、拝島村以外の各村の旧家に伝わる文書には拝島大師の記録が残ります。上川原村(昭島市)指田家文書、熊川村(福生市)多摩自慢石川家文書、柴崎村(立川市)鈴木平九郎公私日記などです。適宜引用しましょう。

多摩自慢石川酒造文書　拝島村の多摩川上流の隣村に熊川村があり、そこに幕末文久三年（一八六三）以来、銘柄「多満（摩）自慢」で知られる醸造業を営む石川家があります。古くから代々弥八郎を名乗っていたようです。当家文書は近世初期からほぼ江戸時代全体を取り扱う多摩地区有数の農村文書です。以下に多仁照広編『多摩自慢石川酒造文書』第一巻（霞出版社、昭和六十年十月）から引用します。『多摩自慢石川酒造文書』第一巻一二三頁上、三二一、「公私附込之日記」天明四甲辰歳（一七八四）正月十六日寅（晴和）に次の拝島大師関係記事が見えます。

一　今日、拝しま大□（師）参詣、倅・お鹿つき参る、銭持参不致ニ付、弐百文臼井店ニ而借用、早速返却可申也

天明飢饉当時の天明四甲辰歳正月十六日に熊川村名主弥八郎は倅・娘お鹿と拝島大師へ参詣したという記事です。銭を持参しなかったから、二百文を拝島の臼井店にて借用したとあります。用途は不明です。なお、当時拝島大師は寛保二年（一七四二）の火災で大師堂は焼失、大師尊像は本覚院客殿に仮安置中でした。さらに、同書一二六頁上、同日記、正月二十七日丑（曇）に、

一　今日、妻・おにはと大師参詣致ス

これは弥八郎の妻が娘おにはと大師に参詣したという記事です。次いで同書一五七頁上、三三二、「公私日庸記」天明四甲辰年四月二十日辰（晴）に、

一、今日、大師別当ゟ参呉候様申参る、麦苅故遅ク申候得共、昼頃罷出参リ、終日閑談

今日、大師別当からお参りに来てくれと申してきました。大師別当は本覚院住職です。麦苅中なので遅くなるからと言っても、昼ごろには出発し、終日閑談しました。熊川村弥八郎宅から拝島大師まで徒歩約一時間です。この記事は弥八郎と拝島大師本覚院主が昵懇の関係にあることを示します。次いで同書二一八頁上、三八、「日記」天明五巳年（一七八五）正月三日丑に、

一、今日、元三大師参詣ニ罷越、拝じま心安キ衆中へ年礼ヲ申入、吉右衛門殿へ参リ、寛々饗応ニ預リ、夜ニ入帰
　宿、送リ源八

天明五年正月三日、拝島元三大師縁日に参詣し、序でに拝島村の心安い衆中に新年の挨拶に廻りました。昔も今も変わらない拝島大師と周縁村々の人びとの関係です。

さて、『多摩自慢石川酒造文書』第一巻は天明四・五年(一七八四、五)と両年にわたり年中詳細な日誌が続いた後、文書に散逸が見られ、記事が飛び飛びで、天明八年三月・八月、寛政元年(一七八九)三月、同五年十二月、翌六年六月、同十年二月、翌十一年五月、翌十二年正月、文化四年(一八〇七)七月などそれぞれ年一件の御触れ、村内規定か文化七年二月の借金証文など熊川村のみに関係した記事だけです。その他、文化八年八月の一件は拝島村も関係する九カ村用水の内済証文、同十五年三月の熊川・二宮・平沢・下草花・小川五カ村の組合用水議定書、文政元年(一八一八)五月の羽村御出役荷物継立場請書といったいずれも水利関係文書が各年一件のみです。次に『多摩自慢石川酒造文書』第一巻で日誌記事が記されるのは、同書二六七頁以下の文政元年九月以降の記事となります。

『多摩自慢石川酒造文書』第一巻三〇一頁下、五七、「日記扣之帳」文政二年(一八一九)八月七日丙申(天気)に、

一、小川商内一件ニ付、拝島へ御鬮戴ニ多郎吉遣ス、
一、小川へ参リ彼是懸合候へ共、取極メ兼候也、夜ニ入帰る

ここに出てくる小川商内一件で拝島へ御鬮(籤)戴きとは何でしょう。第二項に小川へ参りかれこれ懸け合い候とあるので何か小川村との商いのこと或いはもめ事が発生しましたが、取り極めかね、決着が長引き夜になって帰宅したとあります。熊川村から小川村は多摩川を挟んで隣村で、川越し一時間です。ここで御籤については、これが何かは若干の考証が必要です。この時期に「くじ」と言えば無尽講のくじが、『多摩自慢石川酒造文書』第一巻二七二頁下

などの見えます。ただ御鬮とは無尽の「くじ」ではなく、特別な籤を意味するようです。事態が小川村との懸合いの成否を占うので、拝島大師の元三大師観音籤が想定されます。そこで御鬮(籤)戴きとは拝島大師の元三大師御籤を受けたと考えられます。小川での懸合成就のために拝島で元三大師御籤を引いたのです。

さらに『多摩自慢石川酒造文書』第二巻五九頁下、七一、「万日記扣帳」文政五年(一八二二)十月十一日壬子(天気)の条に、

一、今日、柴崎へ普請一件聞合并ニ貯穀一件□□□□熊次郎同道ニ而参る、梨子少々持参ニ候也、然処、同人谷保へ御出ニ□□□□ゟ同所へ参り候処、□□□柴崎へ参り御同人へ懸合いたし、酒御出シ被成候ニ付給へ、同様示談□□□同所□□前出立□□□(拝)嶋大師様へ参詣イタシ、御鬮取候処、□□□□極宜候故、直右　衛門を□候而示談いたす

ここでも熊川村名主弥八郎は柴崎村普請一件聞合ならびに貯穀一件などにつき懸合いとなり、結果示談にして和解すべきか否か拝島大師の御籤を引き、争事勝也などが出たので示談が宜しいと判断したという話です。いずれも判断に迷った時、元三大師の観音籤を引いて判断の決め手としているのです。

次に数年後ですが、『多摩自慢石川酒造文書』第二巻五六五頁上、一〇〇、「万日記扣帳」文政十二丑年(一八二九)二月七日辛未(天気)には、

一、子供を以、大師様ニ而久蔵身分之義御鬮取候処、殊外不宜敷候ニ付、当年差置候義相断リ申候也、与兵衛へ右申渡ス

熊川村弥八郎は子供を大師様に遣わし、久蔵の身分の義、雇用するか否かについて御鬮を取ったところ、宜しくないと出たので、当年は雇用しないことにしたといいます。さらに、同頁上下の翌日二月八日壬申(天気)には、

一、平七・市左衛門。久蔵差置候候様申入り候得共、御鬮不宜敷候ニ付、右之段申聞断リいたし遣す

平七・市左衛門が保証人となって久蔵の雇用を頼みに来ましたが、拝島大師様の御籤により不採用と断りました。

さらに翌年の記事ですが、『多摩自慢石川酒造文書』第三巻四三頁下、一〇五、「万日記扣帳」文政十三寅年（一八三〇）六月十八日甲辰（天気）には、

一、廿月方へ久々故酒壱升持参いたし候処、留守故、大師様へ参り御鬮頂き、粂二方へ茂酒壱升也持参、智万（満）寺等与給居候処へ、廿月与茂被参候而給合候而大酔也、其上帰りを角屋ニ而給候故、益々酔々也、旁ニ而今日弐朱也出シ相洩候

とありますが、これは何のために御籤を引いたかよく分かりません。以上から、熊川村名主弥八郎は公私にわたり何か判断に迷う時、いつも拝島大師へ参り、御籤を引いて判断していたことが分かります。

結び

近世の拝島大師本覚院住職は敬諶大僧都の後を継いだ要勝権大僧都が元和五年（一六一九）二月二十八日寂、次いで要円権大僧都は延宝六年（一六七八）五月七日寂、明海権大僧都は元禄十年（一六九七）二月二十九日寂、海仙権少僧都は享保二年（一七一七）十月八日寂、章海は寛延二年（一七四九）五月三日寂、次に要海は寂年不明、以上は世代順不明です。十六世英信は寛政元年（一七八九）六月二十五日寂、十七世大阿闍梨義雲は寛政十二年（一八〇〇）五月二十八日寂、十八世義淳は文化四年（一八〇六）寂、十九世幸順は文政二年（一八一九）寂。

拝島のお大師様は「拝島大師」の通称で近世から親しまれています。多摩地区というより西関東における大師信仰

として拝島大師がいかに庶民信仰の中核であったか、具体的な史料によって確認されたと思います。家内安全や厄除、病気平癒、そしてお籤、人びとは何か困ったことが起きるとお大師様に参詣しました。近世後期には特に女性の参詣が目立ちます。相島大師の信仰はどうして広範な地域の各階層の人びとに受け入れられたのでしょう。その原因のひとつに文政期、中興義順住職による大師堂再建と元三大師御開帳がありました。これについては特に一章を設けて次章で述べることにします。

第六章　文政期、中興義順住職による大師堂再建と元三大師御開帳

はじめに

拝島大師は多摩地区というより西関東におけるお大師様信仰として庶民信仰の中核でした。広大な地域の実に各界各層の人びとに拝島大師信仰は広まりました。その契機になる要因のひとつに文政期、中興義順住職による大師堂再建と元三大師御開帳があります。

一　文政期、中興義順住職による大師堂再建

寛保二年大師堂焼失　江戸後期における拝島大師は寛保二年(一七四二)の火災で大師堂は焼失しました。『新編武蔵風土記稿』第六冊、第百十九、多摩郡拝島領、寺院の項、本覚院の記述には、

大日堂の東の方にあり、拝島山と号す、文化の初回禄せし故開山詳ならず、客殿南向にて、今仮に設ける所四間に八間、本尊弥陀を安す、大日堂の内一石を配当せり

とあり、これに続いて元三大師の説明記事を載せます。

堂焼失後いまだ再造に及ばず、客殿に安す、木の坐像にて長二尺三寸（六九センチメートル）、毎年正月三日　近里より参詣群集をなせり

とあります。文化の初に大師堂は焼失していて大師尊像は本覚院客殿に仮安置していましたが、それでも正月三日には近隣から参詣者が群集したといいます。半世紀ほど経ち、文化年中（一八〇四〜一八一八）ころより中興義順住職により再建されました。

義順　江戸の人、どこかの御家中の武家でしたが、剣法の練習中誤って相手をケガさせたので、謝罪の形として武士を捨て出家して諸国行脚の旅に出て拝島に来たとされます。本覚院に到来した義順は事情を聞き、大師堂建設を申し出ました。義順和尚が大師堂勧募のため足跡を残した土地は、武州多摩郡全域から北は武州（現埼玉県）高麗郡・比企郡一帯の小川町・都幾川村など、西は奥多摩を超えて大菩薩峠下の集落甲州（山梨県）小菅村など、南は八王子から片倉・鑓水村、さらに橋本から現相模原市一帯の相模国、東は江戸の多くの知己有縁の人びとの土地に行脚勧進しました。その及んだ土地が現在でも拝島大師初縁日「だるま市」に参詣に来ています。

寺伝による大師堂再建と入仏供養　拝島大師本堂は文化年間に十年余の歳月で再建しました。文政二年（一八一九）八月三日大師本尊の入仏供養が行われ、それから拝島大師の初縁日は空前の賑わいを見せたと、本覚院に伝わる諸文書記録に書かれています。中興義順阿闍梨の墓地は大師堂裏手高台の本覚院歴代墓地にあり、肖像画が伝わりました。

『多摩自慢石川酒造文書』に見える大師堂再建と入仏供養　さて前節で引用した『多摩自慢石川酒造文書』第一巻四一一頁下、六四、「日記扣」文政四年（一八二一）七月晦日三十日戊寅（天気）には、

一、今七ツ時過ゟ高月三人、福生幷ニ柴崎元右衛門殿同伴ニ而大師様御遷座参詣ニ参リ、然処、休なしニ而、扨々柴崎・拙者ハ草臥候也

とあり、右の石川酒造文書では文政四年七月晦日三十日に大師様御遷座、すなわち本覚院客殿から新元三大師堂にお大師様尊像を遷座したということです。熊川村石川弥八郎は高月村三人、福生村・柴崎村元右衛門とともに参詣に行ったというのです。なお、柴崎村元右衛門とは立川柴崎村板屋元右衛門です(柴崎村鈴木平九郎『公私日記』)。弥八郎は日頃親しくしている拝島周縁の人びとと、拝島大師入仏御遷座・新本堂落慶供養に参詣しました。この文政四年七月三十日の記事は極めて具体的な記事であることから確実な史実と言えるでしょう。

本堂再建後の初縁日初詣　さらに『多摩自慢石川酒造文書』第二巻一頁下、七〇、「日記扣」文政五年年(一八二二)正月三日己酉(天気・風有)に、

一、熊次郎、大師様へ遣す

とあって、入仏供養なって初めての正月三日大師初縁日に手代熊次郎を石川弥八郎は初詣参詣に遣わしています。前年文政四年七月三十日の大師遷座・新本堂入仏供養の史実が証明できるのです。

次に、石川酒造文書第二巻、七七頁上、七一、「万日記扣」文政六未年(一八二三)正月三日癸酉(天気)に、

一、熊次郎は、今朝大師様へ参詣いたす

とあって、前年同様に正月三日大師初縁日に手代熊次郎は初詣参詣しています。今朝と断っているところが裸参りの様子を伝えています。次年についても『多摩自慢石川酒造文書』第二巻一五〇頁上、七六、「万日記扣帳」文政七申年(一八二四)正月三日丁卯(くもる)に、

一、熊次郎、大師様へ遣す

と前年同様の記事で、正月三日大師初縁日に手代熊次郎を初詣参詣に遣わしています。ここまで三年連続で熊川村弥八郎は正月三日の拝島元三大師縁日に代理のものを参詣させているのです。

二　文政期、中興義順住職による拝島・元三大師御開帳

大師様勧化　文政七申年の大師参詣の記事の次の大師関連の記事は『多摩自慢石川酒造文書』第二巻三二四頁上下、八六、「万日記扣帳」文政九戌年（一八二六）三月十五日丙申（天気）の記事です。

一、今朝、大師様勧化取しらへいたし候処、左之通ニ御座候

三百文	弥八郎	百文	忠右衛門
弐百文	定五郎	百文	常右衛門
弐百文	忠八	百文	幾八
弐百文	庄左衛門	百文	岩次郎
弐百文	寅次郎	百文	清八
百文	又右衛門	五十文	市左衛門
百文	吉左衛門	五十文	政五郎
百文	仁右衛門	五十文	庄次郎
百文	平七	五十文	与兵衛
百文	宗右衛門	五十文	馬之助
百文	留五郎	五十文	重兵衛
百文	庄兵衛	五十文	おりん

百文　次平
三十弐文　おりよ
〆　弐貫七百八十文

そして、同書三二五頁上、同年三月十七日戊戌（天気）に、

一、拝島へ月代ニ参る、幷ニ大師様へ勧化持参致ス

とあります。大師様勧化の勧化とは前田勇編『江戸語の辞典』（講談社学術文庫）によれば、「衆人に勧めて仏法僧に浄財を寄附させること」とあり、新村出『広辞苑』（岩波書店）でも「①仏の教えをすすめること、②仏寺の建立・修復などのために人々に勧めて寄付をつのること」とあります。拝島大師は中興義順住職の代の文政二年（一八一九）に懸案の大師堂を再建、同四年七月二十九日に本尊遷座入仏供養が行われたことは前に述べました。それから五年目に見える熊川村石川弥八郎家文書の大量の勧化の記事ですが、以下に挙げる大師本尊御開帳の寄付と考えられます。それにしても弥八郎以下二十六名、締めて弐貫七百八十文という大規模な寄付です。因みに当時の物価の参考数字を挙げますと、前年暮の十二月十六日の石川酒造文書には煙草二十四文、筆五十文、かうやく十六文、蠟燭三百文、漬け物二百三十文、味醂百文、手拭い五つ四百五十文、海苔百五十文、餅百五十文、按摩五十文、甘酒二十八文などが見えます。また同月二十四日には、餅四十八文、羽子板三十二文、足袋三百六十四文、ざる五十六文、行灯三百文、ごま百十六文、子魸三十二文、生薑と葱二十八文などですが、数量がまちまちなので単価は不明なものがあります。でも大体の見当はつきます。

大師様御開帳　大師様へ勧化持参した文政九戌年十七日の翌々日から四日間、『多摩自慢石川酒造文書』第二巻三二六頁上下、八六、「万日記扣帳」の記事、文政九戌年（一八二六）の三月十九日庚子（天気）、三月二十日（天気）、三月二十一日（天気）、三月二十二日（天気）に次のような記事が続きます。

一、内之者幷さき・堀口等、一同開帳へ参リ候也（三月十九日）
一、大師様開帳参リ之由ニ而、小川後家殿被立寄候、今晩持参ニ候也（三月二十日）
一、今日、人別帳しらへいたし候也、
一、夫ゟ拝島へ参る、大師様へ開帳参リ也（三月二十一日）
一、小川斎助殿被参候也、大師様参リ帰リニ候、依而碁いたし候也、六ばんニ而打分ニ候也（三月二十二日）
一、草花おはま殿、大師参リ懸ニ而立被寄也、酒茶くわし（菓子）等出す（三月二十二日）

拝島大師の御開帳は六十年に一度開かれたと古来から言われています。元三大師本堂再建成って七年目の文政九戌年（一八二六）しばらくぶりに開催されました。三月十九日には弥八郎（亀三郎）妻せいと娘さき及び堀口、同二十日は小川村村長森田氏後家、同二十一日は弥八郎自身、同二十二日は草花おはま殿、各地から参詣者が多かったのですが、女性の参加が目立ちます。大師尊像を拝めるのは誰でも初めてのことです。

大師様御開帳は一年間？　また、『多摩自慢石川酒造文書』第二巻四〇一頁下・四〇二頁上、九〇、「万日記扣帳」文政十亥年（一八二七）三月十六日辛卯（天気）、大地震也の記事には、

一、拝島大師様開帳幷ニ入仏ニ付、上下ニ而立会呉候様兼而申来リ候ニ付、直右衛門殿同道ニ而参リ、無滞相仕舞、
　七ツ時帰宅也、奉納三人ニ而一片ニ候也
一、今朝ゟ鹿蔵参る、熊次郎は拝島へ同道いたし候也

とあり、さらに同書四〇三頁上、同日記、三月廿日乙未（朝之内くもる、四ツ時大雨也）に、

一、斎助殿被参候、大師様参リ帰リ之由、夕方迄碁致ス

とあるなど、拝島大師御開帳は前年文政九年三月から、翌年、同十年三月十六日の入仏まで一年間御開帳が続いたよ

うにも書かれています。どうしてそんなに長期になったのでしょう。考えられることは、大師堂建立寄進地が広範囲にわたり、各地から大師様開帳と聞いてやって来る人びとが毎日続き、大師様を収める宮殿の扉を閉めることができなかったのです。

正月二日大師様回行之御礼　『多摩自慢石川酒造文書』第二巻四七八頁上、九六、「万日記扣帳」文政十一子年（一八二八）正月二日壬寅（天気）の記事に、

一、七右衛門へ大師様回行之御礼料百文、相渡シ候也

とありますが、回行の御礼とは恐らくはそれ以前に拝島大師本覚院義順住職が本堂落慶や開帳参加外護の御礼挨拶回りしたことに感謝する礼料百文を、石川弥八郎が手代七右衛門に持たせて拝島大師様へ参詣させたものと考えられます。或いはこの時期に拝島大師初縁日は正月三日だけでなく、正月二・三日両日となっていたことを示す史料でしょう。

女性達の大師様詣　これまでも女性達が拝島大師によく参詣した記事がありましたが、『多摩自慢石川酒造文書』第二巻六〇九頁上、一〇二、「万日記扣帳」文政十二丑年（一八二九）九月二日癸巳（くもる）の記事に、

一、青梅・西分等客人同道ニ而、内之者拝島之大師様へ参り候也

とありますが、熊川村名主弥八郎の内室は青梅村・西分村などの客人と拝島の大師様に参詣に行きました。恐らくは女性どうしの拝島大師参詣でしょう。次に『多摩自慢石川酒造文書』第三巻一〇〇頁下、一〇七、「万日記扣帳」天保二卯年（一八三一）二月二十三日丙午（天気）には、

一、内之者、大師様へ参る、何歟心願之よしニ候也

とあり、弥八郎妻が何か心願があって拝島の大師様へ参詣したというのです。大師様は女性達の信心が厚かったこと

が分かります。拝島大師は文化文政年間の広域な勧進活動による本堂再建、及び久々の、しかも一年間という長期間の御開帳によって信仰の層が各段に厚くなったと言えましょう。翌天保三年の記事では、同書第三巻一八九頁下、一一三、「万日記扣帳」天保三辰年（一八三二）三月十三日庚申（天気、少雨有）に、

一、母拝しま大師様へ参り候由ニ付、庄左衛門母頼ミ遣ス、昼頃帰り候也

とあり、さらに同書第三巻四四五頁上、一二九、「万日記扣帳」天保七申年三月五日戊子（天気）の記事に、

一、内の者、大師様へミくじ戴きニ参り候也

熊川村名主弥八郎の内室は拝島大師様へ御みくじを戴きに参ったというのです。

中神村（昭島市中神町）名主中野久次郎文書「諸用日記控」天保三年正月に、

○正月三日、夜七ツ時大師参詣ニ内・見せ〔店〕者大勢行、帰リ道江戸ニ火事有之趣、

とあり、正月三日の七ツ時（午前四時ころ）、大師参詣に久次郎妻と店の者が大勢出かけたというのです。その帰り道、江戸に火事が有ったという情報が入りました。さらに天保五年正月でも、

○正月三日、家内之者大師参りニ行、

とあります。ただ、家内は妻ではなく、中野家に居る者の意味かもしれません。中神村から拝島大師はほぼ平坦な陸路約一時間、女性達に格好の参詣所でした。

家内安全・所願成就　さらに熊川村名主石川弥八郎自身が大師様参りをして家内和合の礼をしています。『多摩自慢石川酒造文書』第三巻四九八頁上、一三七、「万日記扣帳　酉之壱」天保八酉年（一八三七）正月十七日乙未（天気）の記事に、

一、大師様江立寄り、家内和合の祈念御願申上候而、御布施与して弐朱也奉納いたし候也

とあります。さらに、同書五九〇頁下、一四三、天保九年（一八三九）閏四月十八日丑（天気）には、

一、拝島大師様へ参詣いたし、かど屋・桶屋等へ立寄り、七ツ時（午後四時ころ）帰宅いたし、夫ゟ桑もぎなといたし候也

とあり、熊川村名主石川弥八郎は何かあると拝島大師様へ参詣し悩みを相談し指示を仰いでいました。

三　天保期、拝島大師堂向拝建立

拝島大師堂御拝建立　『多摩自慢石川酒造文書』第三巻一一八頁上下、一一〇、「万日記扣帳」天保二卯年（一八三一）七月五日乙卯（くもる、時々雨）の記事に、

一、拝島大師堂御拝建立無尽取立ニ付参る、然処くじ数不足故、彼是示談いたし、月懸之積リニ取定メ、壱分懸三拾両也手取拵へ候、下咄半口加入いたし候

とあるように、拝島大師堂御拝（向拝）建立のため無尽取立、すなわち有志が金銭を持ち寄って資金集めをしようとしましたが、くじ数、つまり資金提供の有志人数が不足したので一人当たりの金額が多くなり、かれこれ示談の上、月掛けの積み立てに取り定め、基本貨金一分掛け三十両と規定しました。下話では石川弥八郎は半口、毎月金一分の半分金二朱、合計金十五両の負担としました。

月懸金弐朱　『多摩自慢石川酒造文書』第三巻一三四頁上、一一一、「万日記扣帳」天保二卯年（一八三一）八月二日辛巳（天気）の記事に、

一、拝島大師堂月懸弐会目弐朱也相渡ス

とあって、拝島大師堂向拝建立資金無尽積み立て月懸け二回目として今月八月分二朱を渡しました。ということは七月五日の下話で決めた月掛け金二朱の寄付は先月七月に第一回が始まっていたのです。さて、次の月懸記事は『多摩自慢石川酒造文書』第三巻一四八頁上、一一一、「万日記扣帳」天保二卯年十月二日庚辰（くもる）の記事ですが、

一、拝じま大師堂月懸半口弐朱也相渡

とあります。前月九月分の記事は「万日記扣帳」に見当りません。或いはこの間散佚なのかも知れません。次月十一月分は、『多摩自慢石川酒造文書』第三巻一五六頁下、一一二、「万日記扣帳」天保二卯年十一月二日庚戌（天気）の記事に、

一、拝じま大師堂向拝建立講会主方へ渡金出来ニ付、出会いたし候而相渡し候也、当月迄ニ而金主ゟ壱両三分也出し過上ニ相成候也、当日手前分懸金弐朱也差出し候也、夜ニ入候而帰宅いたし候也

とありますが、拝島大師堂向拝建立講会主方とあって、向拝建立と正しい表記が遣われ、この無尽が講会として正規に発足していることが分かります。五カ月経ち経過報告の会があったのです。次の月分は、『多摩自慢石川酒造文書』第三巻一六四頁上、一一二、「万日記扣帳」天保二卯年十二月二日庚辰（雨）の記事に、

一、拝島大師堂月懸弐朱也、御院主へ渡ス

とあります。ところが年が変わって天保三辰年（一八三二）正月三日の拝島大師初縁日、とんでもない事件が起きました。縁日に商い、多分露店商で出店した福生村利助が何者かに切り付けられ、利助によれば相手は川崎・五ノ神両村の者どもと言います。或いは利助が顔馴染みの露店商仲間かも知れません。拝島村名主から書状が熊川村弥八郎に来ました。弥八郎らは日頃信仰している拝島大師の境内で、しかも年頭初縁日での露店での紛争、お上に事件として処理されるのではなく、自分達で何とか事を示談にて済まし、穏便な処置にしたいと、拝島村名主から書状で連絡を受

けたのです。熊川村名主にして附近四十八カ村惣代を勤める石川弥八郎は、被害者である隣村福生村名主、加害者である川崎・五ノ神両村名主、さらに隣村羽村村名主と連日の懸合い協議により二、三日かけてやっと示談に漕ぎ着けました。一件落着は被害者への手厚い補償、費用の関係各村の公平な負担などを経て、正月十日には福生一件の礼として、福生村から皿十枚並びに酒一升が熊川村名主弥八郎に届き、最終的に一件落着しました。まれに見る関係者同士の協力的円満な解決で一同拝島大師様の御加護と感謝したものと思われます。『多摩自慢石川酒造文書』第三巻一七三頁下、一一二、「万日記扣帳」天保三辰年正月十二日庚申（天気）には、

一、拝じま大師堂の月懸弐朱也遣し候、夫両人分ニ候也

とあり、福生一件を落着させた翌々日の正月十二日、弥八郎は拝島大師に恒例の月懸け正月分を遣わしました。やれやれの心境だったでしょう。翌月は、『多摩自慢石川酒造文書』第三巻一七七頁下、一一二、「万日記扣帳」天保三辰年二月二日庚辰（天気）の記事に、

一、大師堂月懸弐朱也相渡し候也

とあるように、大師堂月懸弐朱を弥八郎自身が大師へ参り納めています。この月から拝島大師へは弥八郎自身が出向いています。次月以降は記事の頁数と「万日記扣帳」の項目番号、月日を挙げます。

一、拝しま大師堂月懸弐朱也遣し候也（一八六頁下、一一三、天保三辰年三月二日己酉（天気））

一、拝じま太郎右衛門、正月迄可受取候寄講懸不参之内、市左衛門を以、今ばん弐朱也受取来り候也（一九四頁下、一一三、同年四月七日甲申（天気））

一、拝島へ参る、太郎右衛門へ月懸滞リ分催促ニ候也、序手ニ月代いたし候也（二〇二頁下、一一三、同年五月十七日癸亥（くもる、夜ニ入雨））

一、拝島へ参り、大師堂へ月懸相渡し、并ニ太郎右衛門方寄講不参之義懸合候也（二一二頁上、一一四、同年七月三日丁未〔天気〕）
一、拝しま大師堂の寄講鬮ニ付参る、当会落くじ円通寺引受、上野妙教院与上川原之甚右衛門・七郎右衛門・金右衛門組へ落候也、半口は上川原ニ而取候筈也、半口は円通寺取候筈也、彼是いたし、夜ニ入り帰宅いたし候也（二二三頁下、一一四、同年九月二日乙巳〔くもる〕）
一、拝島大師堂月懸分弐朱也、集人へ相渡ス（二二八頁下、一一四、同年十月二日乙亥〔天気〕）
一、大師堂月懸壱分也、先月分共遣し候也（二四二頁下、一一六、同年閏十一月二日甲戌〔くもる〕）
一、大師堂月懸弐朱也相渡し候也（二五七頁上、一一八、天保四巳年（一八三三）二月二日癸卯〔くもる〕）
一、大師堂月懸弐朱也、当月分相渡し候也（二七三頁上、一一九、同年五月二日癸申〔くもる〕）
一、大師堂催会へ参る、然所、拙者落くじ喜悦ニいたす、此時、冨札六匁ニ而買入候也（二七九頁下、一二〇、同年六月二日壬丑〔くもる、朝少し雨〕）
一、拝じま大師堂月懸弐朱也相渡候也（二八五頁上、一二〇、同年七月二日庚午〔くもる〕）
一、拝じま大師堂月懸弐朱也、遣し候也（二九〇頁下、一二〇、同年八月二日庚子〔天気〕）
一、於普明寺ニ大師堂月懸当月分不参故、院主江相渡し候也（二九八頁下、一二一、同年九月七日甲戌〔天気〕）
一、大師堂月懸一朱ト四百十弐文相渡シ候也（三〇三頁上、一二一、同年十月二日己亥〔天気〕）
一、大師堂江月懸会日ニ付参る、弐朱也懸、夕方帰宅候也（三〇九頁上、一二一、同年十一月二日戊辰〔昼ゟ雨也〕）
一、拝しま大師堂月懸昨日分、今日取ニ参る、弐朱也渡す（三一四頁上、一二二、同年十二月三日庚亥〔天気〕）
一、昨日、大師堂月懸弐朱也相渡し候也（三二四頁上、一二三、天保五午年（一八三四）正月十三日己卯〔天気〕）

一、大師堂月懸会日ニ付参り、夕方帰宅いたし候也（三三七頁下、一二三、同年四月二日丁酉〔天気〕）

一、拝しま大師堂月懸弐朱也遣す（三四四頁下、一二五、同年五月二日丙寅〔天気、昼ゟかせ有〕）

一、大師堂月懸弐朱也、使江渡す（三五五頁下、一二五、同年七月二日乙丑〔天気〕）

一、大師堂月懸弐朱也遣し候也（三六〇頁下、一二七、同年八月二日甲午〔くもる〕）

一、拝島の月懸会へ参る、くれ〳〵ニ帰る、懸金弐朱也出す（三六五頁上、一二七、同年九月二日甲子〔天気〕）

一、拝じまへ月代ニ参る、此時大師堂月懸を髪結床ニ而相遣し候なり（三六八頁上、一二七、同年十月二日癸巳〔くもる〕）

一、大師堂月懸弐朱也、例の人江渡す（三六九頁下、一二七、同年十一月二日癸亥〔くもる、夕方雨なり〕）

一、大師堂月懸会、十七日ニ候処、不参故、太郎兵衛殿へ届被呉候様頼ミ者候也（三八三頁下、一二七、天保六未年（一八三五）正月二十日庚辰〔天気〕）

一、直次郎内江かし候金取候分、大師堂月懸ニ遣し候也（三九〇頁上、一二七、同年三月二日辛酉〔天気〕）

一、拝じま大師堂月懸弐朱也、相渡し候也（三九四頁下、一二七、同年四月二日辛卯〔天気、九ツ時小雨〕）

一、拝じま大師堂月懸八百廿四文相渡す（三九九頁上、一二七、同年五月二日庚申〔くもる、昼ゟ天気〕）

一、拝じま大師堂ゟ来月五日会十三日迄日延之旨書状参る（四〇四頁上、一二八、同年五月二十八日丙戌〔天気、朝之内くもる〕）

一、大師堂月懸会延し置、今日ニ候間立集り、夕方ニ相成帰宅いたす、懸金弐朱也（四〇六頁上、一二八、同年六月十三日辛丑〔天気〕）

一、昨日、大師堂江月懸弐朱也遣し候也（四〇八頁下、一二八、同年七月二日庚申〔天気、夜ニ入雨〕）

一、拝じま大師堂江月懸弐朱也相渡す（四一二頁下、一二八、同年八月二日戊午〔天気、四ツ過ゟ雨也〕）
一、拝じま大師堂之月懸会ニ付参る、夕方帰宅いたす（四一八頁下、一二八、同年九月二日戊子〔くもる〕）
一、大師堂江月懸の分弐朱也遣し候也（四二一頁上、一二九、同年十二月二日丙辰〔天気〕）
一、大師堂寄講鬮ニ付参る、直ニ帰る（四三九頁下、一二九、天保七申年（一八三六）二月二日乙卯〔天気〕）
一、大師堂月懸弐朱也、例の集人へ渡す（四五〇頁上、一三〇、同年四月二日甲寅〔雨也〕）
一、大師堂月懸弐朱也、新五郎江相渡す（四五四頁下、一三〇、同年五月二日甲申〔天気〕）
一、拝しま大師堂月懸会日ニ付参る、懸金弐朱遣し候也、かと屋ニて酒被振舞、夜ニ入帰宅（四五九頁上、一三〇、同年六月二日甲寅〔雨天〕）
一、大師堂月懸遣す（四六七頁上、一三一、同年八月二日癸丑〔くもる〕）
一、柿むきいたす、夫ゟ大師堂月懸会江参る（四七七頁上、一三一、同年拾月二日壬子〔天気〕）
一、大師堂月懸弐朱也遣す（四八一頁下、一三一、同年十一月二日辛巳〔天気〕）
一、拝じま大師堂江月懸弐朱也相渡す（四九七頁上、一三七、天保八年酉（一八三七）正月十二日戊寅〔雪也〕）
一、大師堂月懸ニ付参る、懸金弐朱也渡す（五〇〇頁下、一三七、同年二月二日庚戌〔天気〕）
一、大師堂月懸弐朱也渡す、御小僧与若衆江渡す（五〇五頁上、一三七、同年三月二日己卯〔天気〕）
一、大師堂へ月懸遣す（五一〇頁上、一三七、同年四月二日戊酉〔天気〕）
一、大師堂月懸弐朱也、銭ニ而渡す（五一五頁上、一三八、同年五月二日戊寅〔くもる〕）
一、大師堂月懸会ニ付参る、懸金弐朱也出す、行懸角屋ニ而酒被振舞候也、彼是いたし、夜ニ入帰宅致ス（五一九頁下、一三八、同年六月二日戊申〔天気〕）

一、大師堂月懸弐朱也、同寺小僧へ渡ス（五一三頁下、一一三八、同年七月二日丁丑（昼迄天気、昼後雨也））
一、大師堂月懸弐朱也渡ス（五二八頁上、一一三八、同年八月二日丁未（天気））
一、大師堂月懸弐朱也、御小僧与若衆江渡ス（五三三頁下、一一三九、同年九月二日丁丑（天気））
一、昨日、拝じま大師堂の月懸弐朱也、御小僧与若衆江渡す、幷ニ今日同寺ゟ外の小僧与田中新五兵衛、年玉持参被参候、半紙弐、扇子弐振ニ候也（五六〇頁上、一一四一、天保九戊年（一八三八）正月十三日丙戌（天気））
一、拝じま大師堂くじニ付参る、懸金弐朱也出し候也、落鬮源八・平の七郎兵衛ニ候也（五六四頁上、一一四一、同年二月二日甲辰（天気、夜ニ入雨翌朝迄））
一、和吉、今日はまゆ買ニ参り候由ニ而出懸候、依之上川原へたけのこ遣す、幷ニ大師堂へ二日分月懸壱朱也、遣す（五九四頁上、一一四三、同年五月六日丙午（天気））
一、大師堂月懸弐朱也を小僧与若衆江渡し候也（六〇〇頁上、一一四七、同年六月二日丁未（朝雨））
一、拝じま大師堂月懸分弐朱也、相渡す（六一一頁上、一一四七、同年八月二日丙未（天気））
一、大師堂寄講へ参る、懸金弐朱也出す、当会拙者落くじニ候、十五日ニ金子請取ニ参り候筈取定候也（六一九頁上、一一四七、同年九月二日庚子（雨也））
一、七ツ時ゟ拝島へ参り候而、大師堂無尽金落鬮ニ付、受取ニ参る、依之酒を調へ、林右衛門殿方へ持参致シ、金子受取、帰宅いたす（六二一頁下、一一四八、同年九月十五日癸丑（くもる、時々雨））
一、拝じま大師堂へ月懸三朱也相渡す（六二七頁下、一一四八、同年十月二日庚午（天気））

以上で拝島大師堂月懸記事は終わりです。もっともこの時期の石川弥八郎、すなわち亀三郎（玉石亭梅里）は天保十年（一八三九）八月二十八日に逝去し、同人の「万日記扣帳」は天保九年十月十五日癸未（天気）の記事で終わっています。

石川弥八郎拝島大師堂月懸記事から分かること　まず、天保八年三月二日の記事に、

一、大師堂月懸弐朱也渡す、御小僧与若衆江渡す（五〇五頁上、一三七、同年三月二日己卯（天気））

とあり、大師堂月懸弐朱を拝島大師本覚院御小僧と若衆へ渡すとあることです。以後、同様な記事が何回か見られます。なお、天保九年正月十三日の記事には、

一、昨日、拝じま大師堂の月懸弐朱也、御小僧与若衆江渡す、幷ニ今日同寺ゟ外の小僧与田中新五兵衛、年玉持参被参候、半紙弐、扇子弐振ニ候也

とあって、拝島大師には少なくとも二名の御小僧が居たようですが、月懸金の受領とか、年頭の年始挨拶回りとか、重要な寺務を代行しているのが注目されます。月懸金の受領に廻った御小僧は或いは中興義順の後に拝島大師本覚院住職となった義歓さんかも知れません。次に天保三年九月二日に、

一、拝しま大師堂の寄講鬮ニ付参る、当会落くじ円通寺引受、上野妙教院与上川原之甚右衛門・七郎右衛門・金右衛門組へ落候也、半口は上川原ニ而取候筈也、半口は円通寺取候筈也、彼是いたし、夜ニ入り帰宅いたし候也

とあり、天保三年九月分の大師堂月懸無尽講のくじは、円通寺が引き受け、上野妙教院と上川原の甚右衛門・七郎右衛門・金右衛門組へ落しました。半口は上川原にて取るはず、半口は円通寺取るはずで、かれこれ揉めたといいます。ここに上野妙教院とあるのは東叡山一山の子院で大師堂月懸無尽講に加わっています。同様に円通寺は本覚院の本寺です。なお、上川原村（昭島市上川原）名主甚右衛門らが大師堂月懸無尽講の一員であったことも注目されます。というのはその三年後、天保六年（一八三五）に石川弥八郎は上川原村名主甚右衛門の子和吉を養子としています。和吉は

天保十年八月弥八郎が他界した後、名主弥八郎を継いでいます。

石川弥八郎の拝島大師堂月懸記事の性格　「万日記扣帳」の天保二卯年(一八三一)七月五日乙卯の記事以来、同九年十月二日庚午まで必ずしも毎月ではなく、記事の無い月もあります。石川弥八郎家は七十五カ月の月懸とありましたから、六年三カ月の月懸けです。連続ならば天保八年十年が最終回でした。となると、上記の月懸け記事は実勢を表しているようです。年度毎に計算してみますと、天保二年―五回、天保三年―九回、天保四年―九回、天保五年―八回、天保六年―九回、天保七年―七回、天保八年―九回、天保九年―七回、計六十三回となり、残り十二回です。全体として驚くほど克明に毎月記事を遺しています。弥八郎一家の拝島大師様信仰の念の厚いことを示しています。

四　天保期、拝島大師本覚院定例蚕祭百味講など

柴崎村鈴木平九郎拝島大師講元　柴崎村(立川市柴崎町)年番名主鈴木平九郎の「公私日記」にも拝島大師のことが書かれています。鈴木平九郎「公私日記」(改訂版、立川市教育委員会)第二巻一五頁、天保十二年(一八四一)二月十四日に、

〇拝島本覚院定例蚕祭百味講配帳頼来ル

とあり、拝島本覚院定例蚕祭百味講の講員募集の帳面依頼が来たというのです。柴崎村名主鈴木平九郎は講元を勤めたのでした。さらに同書同巻三六頁には、

〇拝島本覚院十会講帳面参加入相頼来ル

とあり、同年六月には別の講員募集の帳面依頼が来ています。記事はそれだけで詳細は不明ですが、拝島大師で定例

蚕祭が始まっていたことは特に注目されます。

結　び

拝島大師堂無尽講月懸の顚末　天保期における拝島大師堂月懸はその後どうなったのでしょう。日記記録などが無いので判断しようがありませんが、無尽講月懸の目的である拝島大師堂向拝建立は後に述べるように天保九年(一八三八)から二十五年後の文久三年(一八六三)のことです。何か事情があったのでしょう。

中興義順大阿闍梨　義順和尚は天保十三年(一八四二)十二月六日に入滅しております。大師堂を半世紀ぶりに再興し、六十年一度の御開帳を一年間の長期にわたり遂行し、文政・天保の二十五年間の拝島大師の隆盛を実現させた義順和尚は多くの弟子たちと地域の篤信の檀信徒に見守られながら、その波乱に満ちた生涯を閉じました。法名は中興義順大阿闍梨、文字通り中興激務の半生と言えるでしょう。

義順・義歓両阿闍梨　拝島大師・本覚院裏の歴代墓地に本覚院二十世義順・同二十一世義歓両阿闍梨が眠っています。中興義順阿闍梨の大師堂再建、六十年ぶりの大師様御開帳という大事業を支えたのは義歓阿闍梨です。義順阿闍梨が天保十三年十二月六日に入滅した後を継いで義歓阿闍梨は本覚院住職になりました。しかし、それ以前の労苦のため病気がちで、弘化四年(一八四七)二月十八日寂です。住職足かけ六年間でした。

第七章　安政年間、拝島大師本覚院『大般若波羅蜜多経』六百巻納経墨書銘記

はじめに

幕末期の拝島大師については、拝島在村・周辺各村の人びとの記録について、拝島大師自身に注目すべき歴史史料が多く残存しています。まずは「大般若経奉納者名簿」の検討をしましょう。

一　拝島大師本覚院『大般若波羅蜜多経』六百巻納経者

幕末嘉永・安政間納経寄進『大般若波羅蜜多経』六百巻　拝島大師本覚院には幕末、安政五年(一八五八)三月三日澄俊代の箱書き墨書納経年『大般若波羅蜜多経』六百巻があります。その奥付には寛文十庚戌年(一六七〇)仲冬十一月、始めて経版を開く、旧版は高麗蔵本で対校。版を重ねて寛政十年戊午(一七九八)季冬十二月再版を文化五年戊辰(一八〇八)初冬十月に出版し、柳馬場通三条下町、平安(京都)御経所般若堂が発売元です。

納経者芳名　最後の六百巻分の後十巻分経包裏書きに「拝島山元三大師宝殿　常什物　別当本覚院」とあります。この『大般若波羅蜜多経』六百巻は今日でも正月成人の日の拝島大師山門文殊楼上で厳修される大般若経転読会に使

用していますが、本来は大師堂での大般若経転読に用いました。同経巻末には、納経年月日（追善霊位命日）、追善供養菩提戒名、施主村落名、同施主氏名の記事が墨書されます。ここに見える村名や町名、宿駅名は当所拝島下宿・中宿・上宿の三宿周縁の武州多摩郡・高麗郡・入間郡・比企郡、甲州都留郡、それに江戸各町のほか、近江国村々です。

その分布は下の地図のようになります（なお、一七八頁の表も参考にします）。北は比企郡長井・中山・畠ヶ仲、高麗郡下直竹（飯能市）、入間郡扇町屋（入間市）、東北は勝楽寺（所沢市）・久米川（東村山市）、東は野中新田・鈴木新田（小平市）、貫井新田（小金井市）、南は程久保（日野市）、鑓水（八王子市）、西は青梅・五日市、さらに遠く甲州都留郡に及びます。

青梅・五日市、飯能・扇町屋・所沢・府中、そして日野・八王子という武州西部各郡の経済

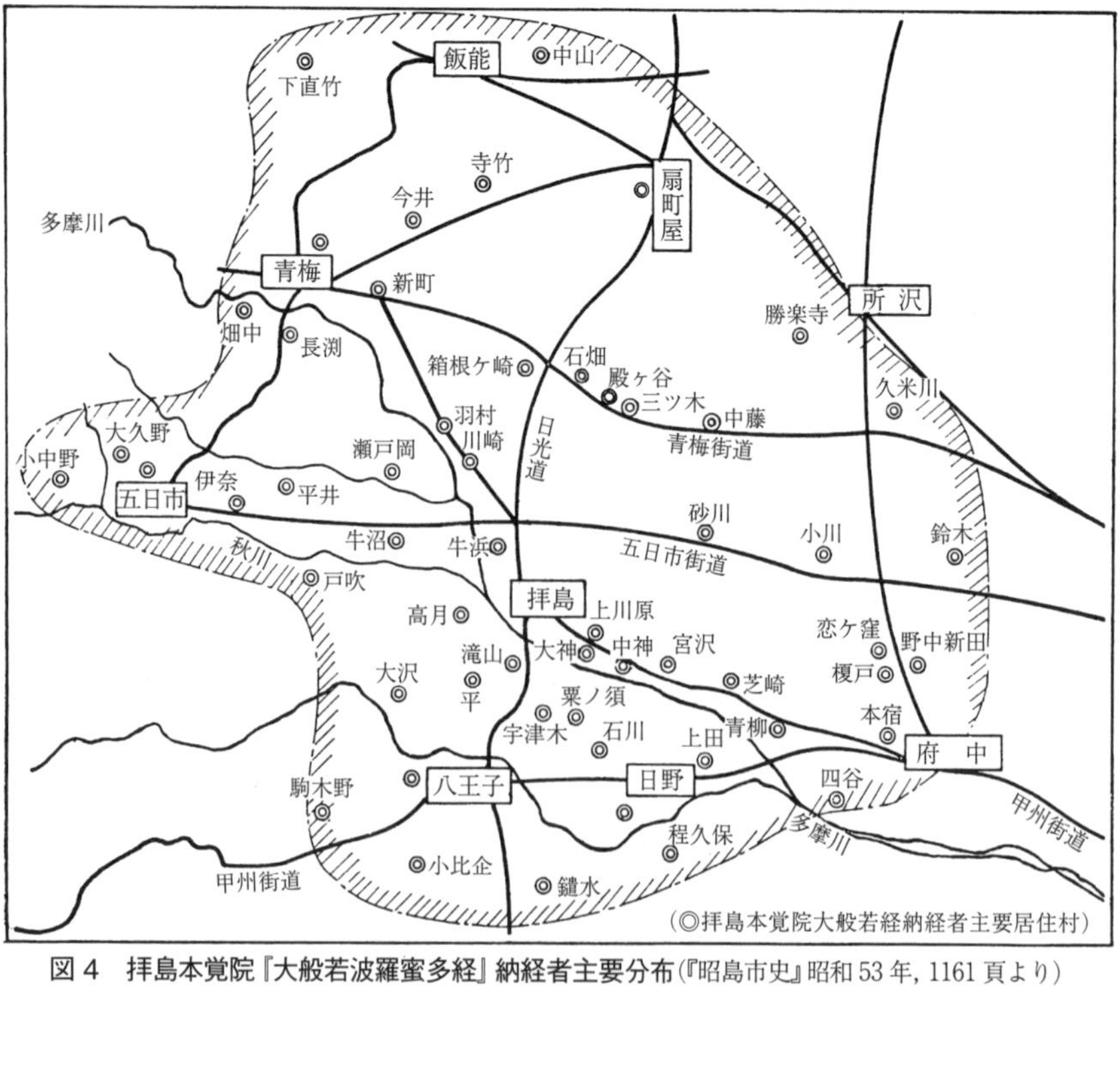

図４　拝島本覚院『大般若波羅蜜多経』納経者主要分布（『昭島市史』昭和 53 年，1161 頁より）

的・文化的核になる主要地域を全部含んでいます。文化文政期に義順和尚が本堂建立の勧進に歩いた地の中核で、拝島大師の正月二・三日の初縁日「だるま市」に参詣する地域です。

二　拝島大師本覚院『大般若波羅蜜多経』六百巻納経者の町・宿・村々と人々

『大般若波羅蜜多経』六百巻納経者を具体的に検討して、幕末期における拝島大師に関わる村々と人々についてその実像を紹介しましょう。詳しくは一七八頁以下の「拝島大師本覚院『大般若波羅蜜多経』六百巻納経者」をご覧下さい。

勝楽寺村　冒頭十巻納経者は勝楽寺村人です。現在埼玉県所沢市の西部の地、村名は勝楽寺（新義真言宗）の寺名に由来します。同寺の梵鐘に「武州高麗郡勝楽寺村、延久三年（一〇七一）開闢」とあり、元は高麗郡に属し、後三条天皇の時期に開基した寺（多分当時は天台宗）といいます。現在は全域が山口貯水池（狭山湖）に水没しました。地内北東高地に戦国土豪山口氏の居城根小屋城跡があります。

勝楽寺村名主粕谷長兵衛の納経（図5）　第一巻は院号居士の名主粕谷長兵衛、先祖は滝山北条氏照家臣と言われます。長兵衛女子・同母と三名の納経者です。粕谷長兵衛と同女子との間に野村吉五郎、粕谷長兵衛女子と同母との間に野村藤左衛門、いずれも野村氏で或いは長兵衛女子の嫁ぎ先かも知れません。また、粕谷長兵衛母の次は粕谷伊左衛門、同じく院号の家で分家と思われます。最後の沙弥某が合掌と記すなど大師信仰の厚いことが窺えます。勝楽寺村の山越北辺が三ヶ島で、この地から多摩だるま製造が砂川村・多摩川小川村に伝来しました。

小川新田・小川村・小川久保　次の二十巻分は久米川村（東村山市）と江戸浅草花川戸の二巻を含んで小川新田（小平

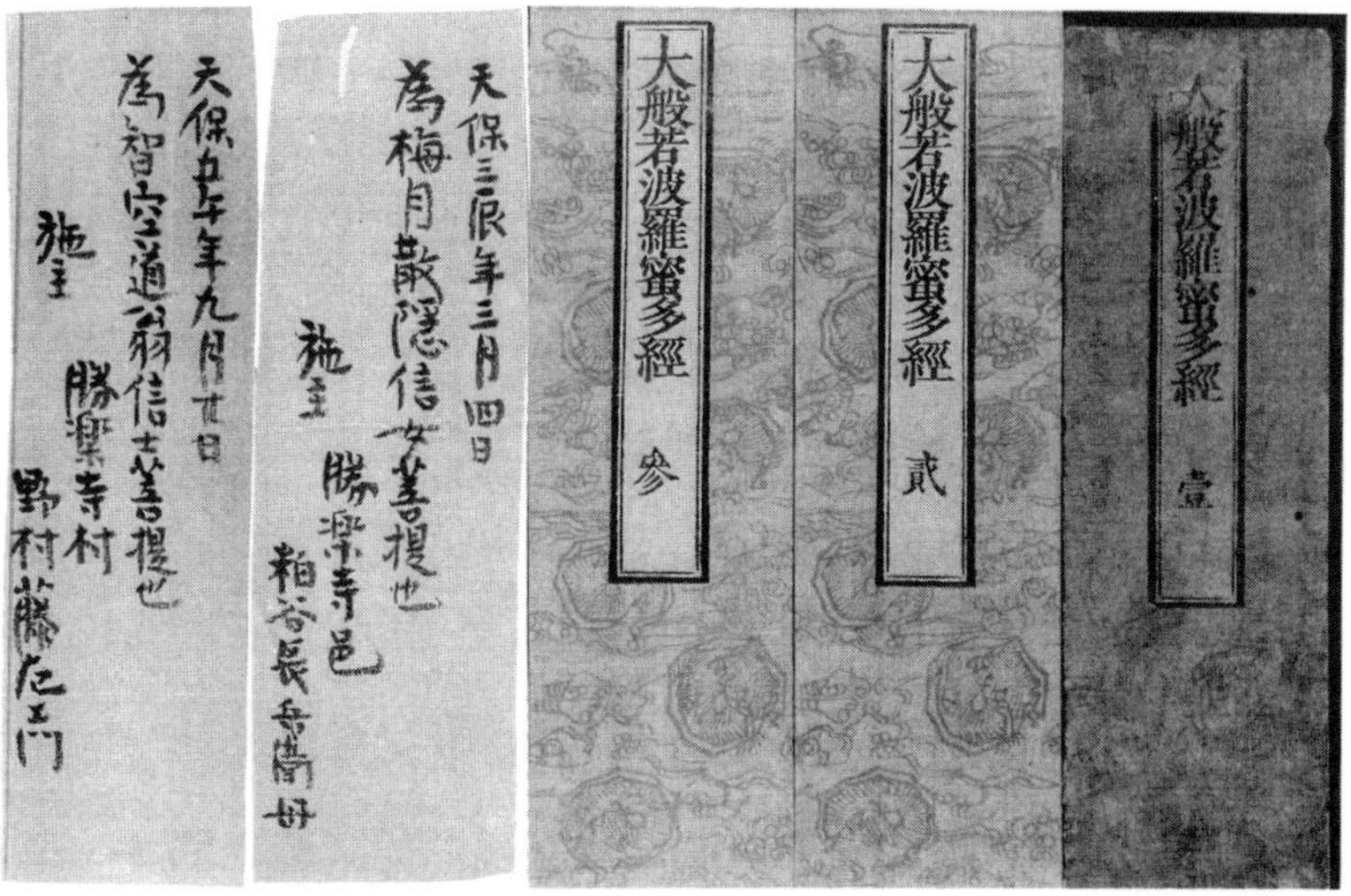

図５　大般若波羅蜜多経と納経墨書

市)です。後の巻に小川村・小川久保があります。現在東京都小平市西部の地です。地内中央を青梅街道が東西に走りますが、近世初頭徳川家康の江戸築城に使用された石灰が、青梅市から飯能市に跨る上成木村・北小曽木村の多摩郡、上直竹村の高麗郡三カ村で焼き出され、江戸へ陸送する路として青梅街道ができました。途中伝馬継ぎが村々に当てられました。ところが箱根ヶ崎村・石畑・殿ヶ谷(現在瑞穂町)、三ツ木・岸(現在武蔵村山市)、中藤・芋窪(現在東大和市)各村から田無村の間は立村がない武蔵野原野で、往来は難儀でした。そこで明暦二年(一六五六)岸村の小川九郎兵衛が新田を開発しました。古代の東山道・中世の鎌倉街道と青梅街道の交叉する辺りは窪地で小川久保と呼び、ここを中宿、それより西を上宿、東を下宿と言いました。その後八代将軍吉宗の享保年間(十八世紀前葉)にさらに東方(現在の学園町辺)に新田が拡張され、旧小川新田を小川村、東方を小川新田村としました。いずれにしても石灰の伝馬継ぎの有力拠点が成立したのです。

小川新田村名主小川弥一郎らの納経　初め第十一巻から第四十巻までの二十七巻分か二十八巻分(一部欠)、次に八十六巻から一百巻までの十二巻分、飛んで第三百三十四巻の一巻分、合計四十巻か四十一巻となります。清水忠次郎・吉田弥平次が各六巻分。小野治兵衛・青柳儀右衛門・小川弥一郎が各二巻分と数多い納経が注目されますが、追善供養戒名からみて、小川弥一郎は院号居士の格式を有し、第九十四巻と三百三十四巻と時期を置いて二度納経し、それぞれ他の納経者を誘っていることも考えられます。なお▲印の江戸浅草花川戸武蔵屋幸次郎も二回出てきますが、同じく小川新田村との関係と考えられます。久米川村一名も同様でしょう。小川村には第三百三十三巻の若林八重女が院殿居士の戒名を有しますが、名主は小川氏の世襲でしたので、或いは小川家に嫁いだ妻女かもしれません。なお、小川村や小川新田村と拝島大師の拝島村とは古来姻戚関係が多かったようです。なお、小川村の人びとに混じって第三百三十八巻谷原村横山市五郎が居ますが谷原村は江戸近郊の現在練馬区に所在し、小川村から青梅街道を田無に出て、そこから別道で行く個所です。やはり小川村の人びととの繋がりでしょう。

南野中新田・恋ヶ窪村・野中新田・鈴木新田・大沼田新田　南野中新田・恋ヶ窪村は現在東京都国分寺市、野中新田・鈴木新田・大沼田新田は同小平市、いずれも前掲小川村・小川新田の小平市西部地区の東方です。なお、南野中新田は同じ野中新田の名が付きますが、玉川上水南側を南野中といい、恋ヶ窪村とともに現在国分寺市に含まれます。南野中新田・野中新田は起源を同じくする同一経営の新田ですが、将軍吉宗享保改革時期に、甲州街道上谷保村（国立市）農民矢沢藤八は享保七年（一七二二）、黄檗宗円成院（現、西武線花小金井駅前）住職大堅と図り、上谷保村の有力者六名、さらに江戸牛込榎町（新宿区）米屋喜右衛門・佐野屋長右衛門・玄瑞源右衛門・関口大屋六左衛門の四名を出資仲間として幕府代官所に新田開発願いを出しました。しかし冥加金二百五十両の上納ができず、翌八年隣地に鈴木新田の開発に着手していた上総国望陀郡万国村（現、千葉県木更津市）野中屋善左衛門に、新田名を野中新田とすることを条件に出資を依頼し、上納金を幕府に納めて五百十三町歩の新田開発に漕ぎ着けました。野中新田は広大な土地でしたので三部に分け、それぞれ六左衛門・善左衛門・与右衛門を名主とし、それぞれの名を取って、野中新田六左衛門組、野中新田善左衛門組、野中新田与右衛門組と呼びました。その内、野中新田六左衛門組は南野中新田ともよばれました。玉川上水から分水をもらい、元文期には水田三百六石と、三新田中最大の水田面積でした。因みに三組合計の新田面積は同じ元文期には千百四十二石でした。

南野中新田野中六左衛門の納経など　拝島大師本覚院『大般若波羅蜜多経』第四十一巻から第四十五巻の五巻が野中(埜中)六左衛門自身の納経です。堂々たる院号居士の追善菩提戒名が並びます。続く第四十六巻は南野中新田と隣接する恋ヶ窪村鈴木作兵衛、第四十七巻須嵜勘次郎以下第五十巻までの四巻は南野中新田の者です。次に第八十一巻・第八十四巻・第八十五巻は鈴木新田三人、第八十二巻・第八十三巻は野中新田二人です。さらに第四百九十六巻・第四百九十七巻も鈴木新田、そして第三百八十一巻が大沼田新田一人です。野中新田四人、鈴木新田は戒名から見てみな村落中堅者ですが、大沼田新田は院号居士です。大沼田新田は入間郡大岱村(東京都東村山市恩多町)の名主当麻弥左衛門が開発しました。名主は代々当麻弥左衛門です。その名が第三百八十一巻に見えます。

幕末期の野中新田村と拝島大師　嘉永・安政期の新田村は享保・元文期の発足当初こそ玉川上水を引水灌漑して水田経営が可能でしたが、寛政・文化文政以降、江戸人口が急増して上水道需要が急増すると、玉川上水から引水することが不可能となり、畑作転換により陸稲麦作、蔬菜栽培、さらに養蚕に頼ります。幕末期拝島大師初縁日のだるま市の興りが新田村など周辺農村の養蚕業の展開に関連してくる現象の反映であることが、大般若経納経を通じて窺えるのです。

青柳村・柴崎村　先の野中新田は初め甲州街道上谷保村農民矢沢藤八の計画と書きましたが、甲州街道で谷保村の西に青柳村(国立市)は、さらに柴崎村(立川市)と続きます。両村五名ずつ、計十人、柴崎村に板谷氏が三人、名主中島氏に次ぐ村落上層農民です。

当所拝島村　第六十一巻から第七十巻の十巻分は当所拝島村、ただ上中下三宿の区別は記していません。人名から大師様近くの下宿坂下の住民です。小林久左衛門は橘屋の屋号を持つ商店主で、久左衛門の先代は久兵衛、拝島久兵衛として福生市熊川『多摩自慢石川弥八郎家文書』に登場する他村にも知られた有名な商人でした。谷部吉蔵は今日まで問屋の通称で知られた生糸問屋です。高崎兵五郎も子孫が健在です。谷部谷吉・加藤伴次郎・小沢彦七はその子孫の確認できる本覚院檀家です。なお、大工高崎熊次郎が納経していますが、大師堂の造作に何か関係した大工さんかも知れません。拝島村上中下三宿の納経名簿は後に挙げましょう。

小川村・二宮村・雨間村・上平井村など　次の第七十一巻から第七十九巻の九巻分は小川村二巻、二宮村三巻、雨間村三巻があきる野市、上平井村が日の出町です。あきる野市分は以下に第二百四十七巻・第三百五十四巻の二巻分の瀬戸岡村、第一百九十二巻～第一百九十四巻・第一百九十七巻の四巻分の牛沼村、第一百九十八巻の上代継村、第一百四十一巻・第一百四十二巻・第四百一十一巻～第四百一十三巻・第四百一十五巻の六巻分の五日市村、第一百二十三巻・第一百二十四巻・第一百二十六巻・第一百二十九巻・第一百三十巻・第四百六十一巻～第四百六十四巻の九巻分の伊奈村、それに第四百十四巻が小中野村、以上があきる野市です。次に第一百四十五巻が上平井村、第三百八十二巻～第三百八十五巻の四巻分が平井村、それに第一百二十七巻が大久野村で現、日の出町です。雨間村の平野太郎左衛門、牛沼の中村嘉吉、五日市の内野小兵衛、伊南村の田嶋新助、平井村の河野六右衛門、森田七郎右衛門など今日に続く旧家が多いのですが、特に牛沼の山王宮神官中村氏の納経が注目されます。

智海尼　第一百一巻から第一百四巻の四巻分は、当時本覚院の住職留守を守った智海尼です（図6）。各巻の追善戒名者は不明ですが、最後の一巻の父大森源太左衛門は旗本の武士と思われます。注目すべきことは文政二年（一八一九）の大師堂建立以来、大師堂の大師様宮殿の左側、護摩壇本尊不動明王の右隣りに祀っていて、現在奥の院多宝塔

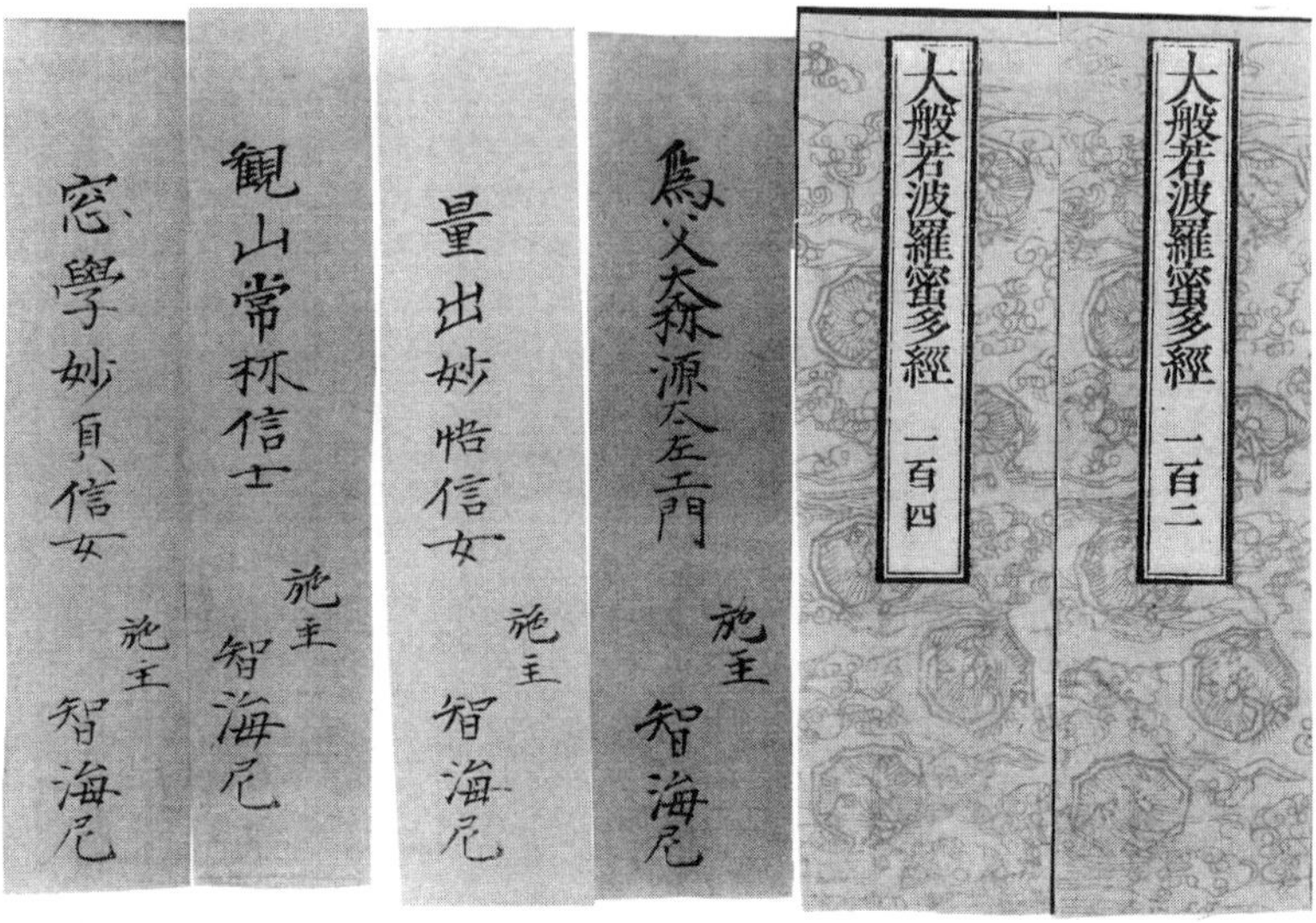

図６　大般若波羅蜜多経と施主智海尼

本尊に祀る如意輪観音木像に智海尼が父母の菩提のために寄進と、墨書してあることです。

江戸御成道萬屋徳兵衛　智海尼に続く第一百五巻から第一百八巻の四巻分は、江戸御成道萬屋徳兵衛及びその妻の納経で最初の一巻は空白、次が童子・童女各一巻、最後が自分と妻の後生菩提で大師様に追善菩提を願う気持ちがよく遺されています。江戸御成道萬屋徳兵衛はどうして拝島大師信仰を持ったのでしょう。萬屋徳兵衛は生糸を扱う商人でしょう。江戸御成道は下谷御成道ともいい、道筋は筋違御門―神保町―下谷広小路―田原町―上野広小路。江戸城中から上野寛永寺、浅草浅草寺への道筋で、将軍などの両寺参詣に用いられました。また芝増上寺方面にも現在御成門の名称が残ります。

他の江戸商人ら　江戸商人らはいずれも▲印を付けました。先に小川新田村の関係者中に第二十一巻の江戸浅草花川戸武蔵屋幸次郎があり、後に第三百三十五巻にも出て二回出てきます。やはり生糸商人問屋でしょう。浅草花川戸は隅田川西岸、浅草寺への年貢米の陸揚げ地、歌舞伎十八番花川戸助六で有名です。本所に渡る大川橋（吾妻橋）は安永三年（一七七四）架橋で、幕末明治にはぞうり・鼻緒・爪掛などの問屋が多かったのです。さらに第四百九十三巻の施主　江戸麹町十三町目　内野屋半次郎とありますが、麹町は半蔵門外の内堀から外堀を挟む四ッ谷、赤坂見附にいたる町で、十三町(丁)目は一番外側で、現在四ッ谷と呼ばれます。それで第五百七十三巻の施主江戸四ッ谷、亀屋平助ですが、四ッ谷は江戸城西之丸西側の四ッ谷御門から内藤新宿に至る地域で、甲州街道・青梅街道で多摩地区から江戸に入る口です。

小林直吉・大沢徳次郎　第一百九巻と第一百十巻の両巻納経者は当所拝島下宿の商人です。多分、江戸御成道萬屋徳兵衛と商売を通じて知り合っていたので、萬屋が拝島大師大般若経納経事業に参加する因を作ったのでしょう。

八王子八日市　第一百一十一巻から第一百一十八巻は八王子八日市の商人で井田門二宮忠次郎・米屋長助・井田林右衛門・天野氏・三原周吉・山田屋惣右衛門で井田林右衛門は後にもあり、二回出て来ます。また林右衛門の追善戒名が院号居士であることから、八日市の頭株の商人でしょう。当所拝島下宿小林直吉にも繋がるのですが、井田林右衛門に続く近江商人がたいへん重要です。

近江商人　第一百一十九巻と第一百二十巻の二巻の納入者は江州神崎郡木流、竹中徳兵衛です。近江商人には◆印を付けました。竹中徳兵衛は以下でも第二百九十八巻と第二百九十九巻の二巻に八王子八日市の商人に挟まれて納経者の名が挙げられています。他では第二百四十巻江州江頭村井植半助が居ますが、八王子商人とは関係しない個所にも近江商人の名が見えます。これは後述しましょう。

八王子各宿　まず、八王子各宿の説明をします。小田原北条氏の一族、北条氏照が拝島大師創建と丁度同じ天正六年(一五七八)ごろ、八王子権現社の近くに居城して甲州路からの敵の進出に備えました。その東部に広がる城下町が現在の八王子市街です。その土地は盆地で、西は川口・恩方・元八王子・舟田の各丘陵、南は多摩・小比企両丘陵、東は日野台地、北は滝山丘陵と多摩川流域に挟まれます。古くは横山と呼ばれ、中央を東流する浅川南岸には江戸時代に甲州街道が通り、横山宿・八日市宿・八幡宿・八木宿・久保宿・嶋之坊宿・横町・本宿・本郷宿・寺町・馬乗宿・小門宿・上野原宿・子安宿・新町の計十五宿が設けられ、これを八王子横山十五宿と呼びました。

八王子八日市宿商人の納経　拝島大師本覚院『大般若波羅蜜多経』六百巻の納経者名には、先に挙げた八日市宿関係者井田門二宮忠次郎・米屋長助・井田林右衛門・天野氏・三原周吉・山田屋惣右衛門に加え、八日市油屋が以下続きます。第二百二十一巻から第二百三十巻の八日市油屋岩崎三右衛門(十巻分)、第二百四十一巻・第二百四十四巻の糸屋源兵衛(二巻分)、第二百四十五巻・第二百四十八巻の福屋又兵衛(二巻分)、そして第二百六十一巻から第二百七十巻の十巻分の井田林右衛門(先の十三巻を合わせて合計二十三巻分)、第二百九十二巻・第二百九十八巻・第三百巻の長瀬新七(三巻分)、第二百九十六巻の亀屋定七郎、さらに飛んで第四百一巻の村田屋民右衛門、第四百二巻の平田屋茂吉、第四百三巻の青梅屋平助、第四百四巻の藤野新七、第四百五巻の恵比須屋又右衛門、第四百一十巻の小西彦兵衛、第四百一十六巻の坂本屋伊之助、第四百八十二巻の加茂屋清兵衛、第四百八十三巻の大平新蔵、第四百八十四巻の亀屋新右衛門、第四百八十五巻の大野氏、第四百八十七巻の山上儀兵衛、第四百八十八巻の日野屋太兵衛、第四百八十九巻の万屋半兵衛と二十六人を数えます。八日市宿は八王子市街の中心であるのでさすがに多いのです。特に小計二十三巻分納経の井田林右衛門と同じく十巻分の油屋岩崎三右衛門は飛び抜けていて、八王子八日市宿の拝島大師世話人でしょう。それに井田林右衛門や長瀬新七に続いて記される江州神崎郡木流の竹中徳兵衛は近江商人で生糸や絹織物を買い付けに来ました。油屋三右衛門は岩崎氏油屋三右衛門、通称油屋岩崎三右衛門と呼ばれる油商人です。

八王子八日市宿以外の商人の納経　次に横山宿では第二百三十九巻の溜屋伊右衛門、第二百四十三巻の粟谷佐七、第三百五十五巻の道川屋勝助、第三百五十九巻の伊勢屋孝右衛門、第三百六十巻の谷合弥七、第四百六巻の足利屋善左衛門、第四百七巻の升屋伊兵衛、第四百八巻の足利屋向店定兵衛、第四百九巻の奥屋平蔵の九名の納経があります。

横山宿の納経者はすべて一巻ずつの納経です。なお横山駅という言い方に注目しましょう。また、溜屋伊右衛門の続きにも江州江頭村井植半助という近江商人の名が見えます。次に寺町では第三百一巻から第三百一十巻まで十巻分を新井伊兵衛が納経したほか、大般若経経調字裏紙に墨書名の記載があります。寺町はほかに第三百五十一巻の立川屋定吉が居ます。本郷宿では第四百五十巻から第四百五十二巻の三巻分を谷歳蔵・東もと女・金丸幸次郎・松本権次郎が納経して居ます。新町では第四百五十八巻の佐藤慶重郎、本宿では第四百九十巻の半澤権右衛門がそれぞれ見えます。

八王子商人以外の商人・近江商人　先の八日市宿商人に繋がる近江商人は江州神崎郡木流の竹中徳兵衛、江州江頭村井植半助でしたが、八王子商人とは関係しない個所にも近江商人の名が見えます。やはり近江商人の◆印を探しましょう。第三百四十六巻から第三百四十八巻の三巻分は江州神崎郡山本村の稲本伝三郎、第三百八十六巻から第三百九十巻の五巻分は同じ江州神崎郡山本村の小泉佐助でいずれも近江商人です。その第三百四十六巻の江州神崎郡山本村稲本伝三郎の前にある第三百四十五巻は施主中野氏とあります。中野氏とは納経者名が前に書かれている第二百三十八巻の中神村（昭島市）中野久次郎（中久）のことです。なお、第二百三十八巻の中神村中野久次郎の次には、第二百三十九巻の八王子横山宿溜屋伊右衛門、その次に第二百四十巻の江州江頭村井植半助が居ます。第三百八十六から第三百九十巻の五巻分は江州神崎郡山本村小泉佐助で、その直後には、大神村（昭島市）田嶋金七、中村半左衛門、石川伊右衛門らが居ます。従って近江商人は、八王子商人その他拝島周辺の人々と繋がって拝島大師大般若経納経に参加したと言えるのです。

近江商人と八王子商人、その他拝島周辺の人々　以上を整理してみましょう。以上に見える江州神崎郡木流竹中徳兵衛、同江頭村井植半助、同神崎郡山本村稲本伝三郎、同州同郡同村小泉佐助はいずれも近江商人です。これまで見たように近江商人の前後の人名には八王子八日市の井田林右衛門・油屋三右衛門・糸屋源兵衛、亀屋定七郎、等の名が見え、さらに鑓水村大塚徳左衛門が続きます。拝島大師が西関東の生糸・絹ネットワーク、生産流通商業圏の核心に位置していたことが知られるのです。

鑓水村大塚徳左衛門　ここで幕末期の拝島大師に極めて重要な信徒と言える大塚徳左衛門に触れましょう。鑓水村納経記名は後半です。第四百三十一巻・第四百三十二巻は八木下要右衛門、第四百三十三巻は平本平兵衛、第四百三十四巻は大塚利兵衛、第四百三十五巻は加藤豊吉妻、第四百三十六巻は大塚五郎衛門、第四百三十七巻・第四百三十九巻は大塚徳左衛門、第四百四十巻は大塚孫左衛門です。八王子より御殿峠を越え、相模原市橋本の手前、武州最南部の養蚕地帯です。特に鑓水村の大塚徳左衛門は日本の絹の道の豪農であり、繭買い付けの大商人です。八王子八日市の商人や江戸絹商人、呉服商との繋がりの他、近江商人との結びつきが強いのです。他の鑓水村近隣の小比企村と上柚木村にも納経者が居ますが、大塚徳左衛門との繋がりが考えられます。小比企村納経者は第一百三十六巻儀間藤太郎、第一百三十八巻中西留右衛門、第一百四十巻中西銀治郎の四巻です。上柚木村は鑓水村納経に挟まれた第四百三十六巻中山孫右衛門が居ます。なお、八王子宿の北方、拝島よりに中野村があり、第四百五十五巻小池林兵衛があります。

近江商人の出身地　さて、ここで近江商人出身の各村について説明します。江州神崎郡と野洲郡です。神崎郡は近江国十二郡の一で、『日本書紀』にも出る古い地名です。すなわち『日本書紀』天智天皇四年二月条に、

　百済国百姓男女四百余人を以て、近江国神前郡に居らしむ。

とあります。天智天皇四年は六六四年です。数年前の六六〇年に百済は唐・新羅に破られ、日本に救援を求めました。斉明天皇は皇太子中大兄皇子とともに百済救援のため渡海しようと、九州筑紫国に赴きましたが、そこで天皇が崩御

されたため、出兵は中止となりました。皇太子は即位して天智天皇となり、六六二年、阿倍比羅夫を百済に派遣し、六六三年唐・新羅の連合軍と白村江に戦いましたが、敗れて百済は滅亡しました。多くの難民が日本に来航しました。各地に移住計画が作られ、翌六六四年に百済人集落が神崎郡にできました。『和名抄』には神崎郡七郷が見えます。中世には高屋・伊庭・建部・因幡・栗見北・栗見南・位田・山前南・山前北・神崎東・神崎西・神崎南・神崎北・今村などの荘園が開けて集落ができました。保名に神崎東・神崎西・山本が見えます。

近世近江商人の成立　近世では郡内に大津代官所、彦根藩・山上藩・西大路藩・山城淀藩・大和郡山藩・武蔵川越藩らの領地や寺社領が混在して、支配が複雑でした。十七世紀前半の正保年間に郡内八〇カ村、村高計四万七一三五石余、これが十七世紀末の元禄期には八三カ村、村高計四万七八七七石余、十九世紀前半の天保年間で八二カ村（無高一九カ村）、村高計四万八三〇三石余であり、あまり変化がありません。つまり農業経営に発展がないことになります。そこで商業流通に全力を挙げる必要が生じ、全国型商人に発展したのです。

拝島大師『大般若経』墨書記名の近江商人出身地の性格　幕末、安政五年（一八五八）三月三日澄俊代に墨書された納経者名中の近江商人は、江州神崎郡木流村竹中徳兵衛、江州江頭村井植半助、江州神崎郡山本村稲本伝三郎、江州神崎郡山本村小泉佐助ですが、以下各村を紹介します。まず、木流（きながせ）村は神崎郡彦根藩領、村高は近世を通じて六四三石余、戸数七〇、人口二九四程度、竹の多い地で藩の元禄年間の竹検地で一七九四本と言います。愛知川の水害多く、農間に麻布を織り、商家では呉服商・蚊帳の行商を営みました。現在の行政は東近江市木流です。

次に同郡山本村は彦根藩領、村高は元禄期で五四一石余、戸数一〇二、人口五七四。当村出身の稲本利右衛門は文化十二年（一八一五）大坂に稲西屋を開き、また小泉新助は麻布を播州などに行商しました。稲本伝三郎と小泉佐助両名はその関係者です。現在の行政は東近江市山本です。江頭村は野洲郡、現在は近江八幡市江頭町となっています。

比企郡・入間郡の納経　第一百二十巻納入者は近江商人の江州神崎郡木流竹中徳兵衛でしたが、その直後に第一百二十一巻武州比企郡郡中山郷(村)平沼□□衛、第一百二十二巻畠ヶ中村久保田治助、第一百二十五巻入間郡寺竹村坂本茂十郎とあります。畠ヶ中村は多摩郡青梅近在の村名ではなく、比企郡の川越近在、中山村隣村の村名です。比企郡・入間郡の納経者を整理しましょう。なお、これら諸郡も幕末には養蚕が盛んな拝島大師参詣地区です。

比企郡長井岡本平兵衛　比企郡の納経者に特に目立つ人物が居ます。第一百六十一巻から第一百七十巻の十巻、及び第一百八十一巻から第一百九十巻の十巻、合計二十巻の納経を一人で行っている比企郡長井の岡本平兵衛です(表中＊)。比企郡長井は鎌倉時代から見える長井荘という荘園名に由来します。長居とも記しました。『平家物語』では長居の斎藤別当実盛の名が見えます。現在埼玉県熊谷市妻沼とされ、利根川右岸、南部の平野部に位置します。武蔵国から利根川を渡って上野国(群馬県)に至る交通の要所です。長井の渡しが有名です。この岡本平兵衛は、源三位頼政の子仲綱を祖先にするとし、その菩提の為に二巻、さらに岡本姓の祖とされる岡本兵庫亮源頼直に二巻、その他祖先同族有縁霊位追善に合計十七巻の納経をして墨書を遺しています。自分の署名に長井の士、長井の濃士(農士か)としているのが注目されます。在村の武士なのでしょう。納経には自分の娘(童女)の追善が二回二巻もあるのも注目されます。第一百八十六巻の院号居士両霊位追善は岡本平兵衛の父母の追善かも知れません。また第一百八十七巻は施主が岡本平兵衛、内、建川清次郎、第一百八十七巻は岡本平兵衛、内、青木長三郎、第一百九十巻は施主が岡本平兵衛、内、佐久間伝次郎とあり、追善霊位が「為主家菩提也」とあって、岡本家従者使用人が主家岡本家の霊位菩提を願っているのも注目されます。いずれにしても群馬県近い埼玉県北部から拝島大師へ「日本の絹の道」を通って参詣に来た人物の存在に驚かされます。第一百八十四巻が為本覚真随禅定門、江州神崎木流村産とあり、岡本平兵衛が志主となっているのは、この比企郡長井に近江商人が来ており、そこで客死した者の追善を拝島大師に願っているのでしょう。江州神崎木流村の近江商人では竹中徳兵衛が拝島大師に納経していました。

扇町屋商人の納経　入間郡扇町屋宿の人びとの納経も目立ちます。第五百三十一巻から第五百四十巻の十巻分ですが、恐らくは第五百二十一巻から第五百三十巻の十巻分も扇町屋の人びとの納経で合計二十巻となります。扇町屋は日光往還の宿場というより、西方青梅から飯能に至る多摩郡・高麗郡の石灰・木材・薪炭など山地物産が川越に向かい、新川岸川水運を利用する交通路ですが、先の比企郡長井など武州北部から上州・野州の物産が南下して箱根ヶ崎・拝島・八王子さらに横浜・横須賀に至る関東の大動脈の交通路の宿駅でした。第一百二十五巻の寺竹村も入間郡です。ただ、第三百二十四巻の納経者の下直竹村は高麗郡でした。ここで扇町屋宿納経者について具体的に検証します。第五百三十一巻浅田茂右衛門は米穀商、当地は幕末米の集散地として名をはせ、米取引は毎市二万俵以上にのぼり、市日には人と馬で道路が一杯になる賑わいだったと文書に残ります。第五百三十三巻粕谷善太郎は院号居士の名主です。

三ツ木・岸・中藤・箱根ヶ崎・石畑・殿ヶ谷の各村　高麗郡・入間郡の南方の多摩郡には、まず、三ツ木・岸・箱根ヶ崎各村があります。第一百二十八巻、飛んで第三百五十八巻が三ツ木村、第五百四十五巻が岸村、第四百五十三巻・第四百五十四巻が中藤村（以上東京都武蔵村山市）で、そして第二百四十二巻が箱根ヶ崎村、第二百九十三巻・第二百九十五巻が石畑村、第五百四十一巻から第五百四十四巻の四巻分が殿ヶ谷村（以上東京都西多摩郡瑞穂町）です。これらの地区は南方拝島大師に間近く、幕末期にだるま製造が多くの農家の副業として営まれました。なお、岸村村野助右衛門は名主の家で、その先祖は慶長年間に砂川新田（後に砂川村）を開きました。砂川村野家は多摩だるま製作農家の一です。また、箱根ヶ崎村村山平三郎は名主の家で、青梅街道を東へ小川新田開発に出資しています。

砂川村　三ツ木・岸・中藤と拝島大師との間に砂川村があります。第一百三十七巻が鳴島平右衛門、第一百三十九巻が上壱番の橋本治左衛門、第二百巻が矢島勘左衛門、ほかに第三百五十七巻、第三百七十一巻、第三百七十三巻から第三百七十五巻、第四百五十六巻、第四百五十七巻、第四百六十巻、第四百九十一巻、第四百九十一巻、第四百九十二巻、第四百九十四巻、第四百九十八巻、第四百九十九巻と、砂川村からの納経がばらばらに見られますが、計十六名と必ずしも少ない数ではなく、詳細は不明ながらその姓氏から見て現在でも家が続き、西砂川、砂川一番から十番まで、砂川村全体に納経者が居たことが分かります。砂川村も拝島大師北方隣村です。

臼井伝左衛門・久保太郎左衛門　第一百四十三巻に臼井伝左衛門、第一百四十四巻に久保太郎左衛門がありますが、両名とも当所拝島村下宿坂上住人で、前後の五日市村・上平井村と繋がっていたのでしょう。

下高月・滝山各村　拝島大師の南方多摩川を隔てた隣村では、まず川向こうに見通せる高月村がありますが、その東部を高月村枝郷滝村、或いは下高月村と言いました。拝島大師『大般若経』六百巻納経は終わり近くの第五百一十六巻から第五百二十巻の五巻分を下高月村澤井惣右衛門内が行っています。すべて家内安全・子孫長久の祈願です。下高月村から横山越えの地に滝山村があり、第四百四十九巻から第四百五十一巻の三巻分は石森繁太郎が行っています。滝山村〈現、八王子市〉については、滝山という地名は戦国時代から見えます。武蔵国多西郡のうち、年未詳の富永孫四郎宛北条氏康書状に滝山の地名が記され、また、天正八年(一五八〇)・十年ころの北条氏照印判状には、三沢村の土方氏ら惣八人衆等が滝山宿への出陣を命じられています。その城下町滝山は天正十八年(一五九〇)北条氏滅亡後に滝山村とされ、近世村落になります。石森氏も旧滝山城氏照家臣です。村内には多摩川の支流谷地川が流れ、下流から石川・宇津木・左入・滝山・丹木・加住となり、その上流に戸吹村があります。

戸吹村　近世ははじめ幕府領、後に川村氏・前田氏らの旗本領ほか、天台宗寿福山無量寺や曹洞宗桂福寺の寺領もあります。集落は山の根という北側にあります。滝山北条氏の帰農した家が多く、三木・八木岡両氏のほか松崎氏らが代表です。第一百四十八巻から第一百五十巻の三巻分納経の八木岡弥三郎、第五百一十一巻から第五百一十五巻の三木愛之助・翁輔の七巻、戸吹村納経者は十巻すべて為武運長久・家門安全の祈願を拝島大師に行っています。なお戸吹村松崎家に天然理心流の剣法道場が開かれました。武運長久の風土です。

左入・宇津木・平・粟須・石川・尾崎各村　拝島村から多摩川を渡ったところは左入村で第四百四十一巻に左入村小峯久治郎が居ます。左入村の東は宇津木村で第三百三十巻の立川源右衛門、第五百四十六巻の岸野寅次郎が居ます。その次は大神村対岸の平村で第三百一十一巻の山嵜良右衛門、第三百一十二巻の山嵜熊太郎、第三百一十三巻の小町定吉、第三百一十四巻の篠吉蔵、第三百一十五巻の平甚之助、第三百一十七巻の小町林兵衛・山崎長左衛門、さらに飛んで第四百六十九巻の山崎良右衛門・サヨ、第四百七十巻の坂本善次郎・坂本重右衛門・小町弥太郎が居ます。或いは山嵜良右衛門は山崎良右衛門で、同一人物かもしれません。平村の次が粟須村で第一百四十六巻の和田留吉、第一百四十七巻の戸崎次作郎、第二百七十一巻の和田留吉、第二百七十二巻の川合氏ワカ、第二百七十三巻の川合条蔵、第二百七十四巻の川合氏、第二百七十五巻の増田代次郎と続き、飛んで第五百四巻の関根伝次郎と全部で八巻分納経です。粟須村の次は石川村、第二百三十六巻が串田銀蔵、第二百三十七巻が池田富蔵、飛んで第三百六十二巻が石川元右衛門、第三百六十三巻が石川直右衛門です。その先は日野村・程久保村です。左入村の南八王子寄りに尾崎村があります。第四百二十一巻から第四百二十四巻の四巻分は石森弥惣治が納経、第四百二十六巻の石森伊兵衛の納経です。

日野宿・東光寺村・程久保村　日野宿（現在、東京都日野市）は甲州街道の宿、浅川の南北岸の段丘上下、武蔵七党西党の日野氏が住しました。室町時代に日野資朝の子孫が来たとも、もっと古く奈良時代に烽火台があったからとも、地名由来の諸説が多くあります。多摩郡日野領として数カ村がありました。多摩川の渡し、甲州街道要地です。第三百七十二巻が日野宿・滝瀬藤蔵、第四百四十二巻が日野宿・安西源之丞とあり、第四百四十三巻が日野北原・大野幸助、第四百四十五巻が日野四ッ谷村・半蔵、第四百四十六巻が日野四ッ谷宿・天野清次郎、第四百四十七巻が日野北原・佐藤岩次郎、第四百四十八巻が日野四ッ谷・天野清助とあり、以上は日野宿周縁村落です。そして第五百五巻が日野下宿・古谷安之助となっています。

次に東光寺村は日野諸村の一の多摩川沿いの村ですが、近代では日野の大字地名です。第五百一巻が福嶋佐市、第五百二巻が福嶋長蔵、第五百三巻が奥住喜兵衛、第五百五巻が和田官兵衛、第五百六巻が奥住清八、第五百七巻が奥住谷五郎、第五百八巻が福嶋又郎吉、第五百九巻が立川武兵衛と多くの納経が行われました。

次に程久保村は日野市の南端に位置し、現在モノレール駅が高幡不動の次にあります。江戸期より明治二十二年(一八八九)までの村名です、多摩郡小宮領に属し、はじめ幕府領、のち旗本領ですが田畑十数石と多くはなく、炭焼きなど副業で生活していましたが、近世後期には養蚕業が盛んになりました。隣りが鑓水村です。程久保村の納経者は、第一百七十一巻が松本銀左衛門・小宮豊五郎、第一百七十二巻が田倉宗次郎・田倉宇八、第一百七十三巻が椙本箕五郎・椙本庄蔵・小宮林平、第一百七十四巻が須崎虎吉、第一百七十五巻が須崎元五郎・須崎作吉、第一百七十六巻が須崎孫右衛門、第一百七十七巻が須崎吉右衛門・須崎茂兵衛、第一百七十八巻が細田兼吉・土方政左衛門、第一百七十九巻が小野寺権五郎・小野寺権左衛門、第一百八十巻が椙本万五郎・椙本文治郎の十巻分ですが、一巻に複数の納経者で納経人数は多数です。なお、第一百九十六巻の上田村平野忠蔵も日野宿周縁の村です。

福生・羽村両村　拝島大師の拝島村の西部地区では川崎村・羽村村・五ノ神村の羽村三村の納経がまず見られます。川崎村は第一百五十一巻中村重左衛門・島田助左衛門、第一百五十三巻平井半七、第一百五十四巻中根又左衛門、第一百五十五巻大野佐吉、第一百五十六巻横田信吉、第一百五十七巻雨倉左古衛門・雨倉政吉、第一百五十九巻中根政右衛門、第一百六十巻雨倉八右衛門と八巻納入、羽村村は第一百五十二巻小林五右衛門、五ノ神村は第一百五十八巻桜澤左治右衛門各一巻で合計羽村関係十巻です。次に川崎村は飛んで第四百二十五巻中里六郎左衛門、第四百二十七巻中村嘉右衛門、第四百二十九巻島田久右衛門があります。福生では第四百一十七巻から第四百二十巻の四巻が福生村牛浜清水佐助が納経して居ます。なお第四百八十一巻は福生村八巻内が両霊位菩提を追善して居ますが、八巻内の意味が不明です。福生・羽村の奥は青梅です。

青梅各町・周辺各村　青梅各町の内、青梅町は第三百二十二巻が丸屋与兵衛、第三百二十四巻が小峰儀平、第三百二十六巻が小林治左衛門、第三百四十四巻が小峰忠蔵、第四百七十二巻が根岸久兵衛、第四百七十三巻から第四百七十五巻の三巻分、及び第四百七十八巻が観蓮居主人、第四百七十六巻・第四百七十七巻が佐藤庄次郎、第四百七十九巻が本多養甫、第五百七十九巻が横川貞八郎、そして第五百八十六巻から第五百八十八巻が田中八百右衛門、第五百八十九巻が梅林文次郎、第五百九十巻が根岸善右衛門です。次に青梅下宿は第五百七十八巻が宮本秀悦、第五百八十三巻が本多養専、次に青梅中町は第三百二十一巻が問屋源蔵、青梅上町は第五百八十巻が池田茂兵衛、青梅中横町は第五百七十二巻が丸山安兵衛、青梅宮本町は第四百七十一巻が酢屋亀次郎、第四百八十巻が栗原多喜女、第五百七十一巻が根岸隠居尊信、第五百七十五巻が海藤金次郎、第五百七十七巻が根岸多助、そして青梅五町は第五百七十四巻が伊勢屋忠兵衛で二十九巻分の納経です。

青梅宿周辺村では、長淵村が第二百四十六巻の宇津木半三郎、駒木野村が第二百四十九巻の原島庄兵衛、第四百六十六巻の井出新左衛門、新町村が第二百九十四巻の原島次郎助、西分村が第五百八十一巻・第五百八十二巻の山崎喜右衛門、第五百八十五巻の山崎与助で、計七巻分、そして下村が第五百八十四巻の青木半平です。

青梅全体で三十七巻の納経となります。なお第二百九十一巻は青梅の先の甲州都留郡松留村の大神田伊三郎による納経です。

大神村と上川原村、宮沢・中神・郷地各村　現在の昭島市東部各村の内、拝島大師大般若経納経芳名が見られる村は大神村・上川原村・宮沢村・中神・郷地村の各村です。

大神村は他に見られない特異な納経です。まず第三百一十六巻・第三百一十七巻・第三百一十九巻・第三百二十巻の四巻分が大神村が納主となって村中安全を祈願して納経しています。村内各個人が納経した後に第三百九十八巻・第三百九十九巻・第四百巻の三巻分を同じく大神村が納主となって村中安全を祈願して納経しています。後に第四百六十八巻にも同じく大神村が納主となって村中安全を祈願して納経しています。当時大神村に何が起こったのでしょう。知りたいものです。そして村内各個人は第三百九十一巻田嶋金七、第三百九十二巻中村半左衛門、第三百九十三巻大野伝兵衛、第三百九十四巻中村松次郎、第三百九十五巻志茂長左衛門、第三百九十六巻石川伊右衛門、第三百九十七巻石川八郎右衛門ですが、中村半左衛門と石川伊右衛門は大神村東西の名主です。田嶋・志茂らも今日に子孫が残る大神村有力者です。

次に上川原村は第一百九十五巻大野勝五郎、第一百九十九巻大貫栄蔵と大神村より早い時期の納経です。しかし、多数は飛んで第四百五十九巻大貫健次郎、第四百九十五巻大貫馬蔵、第五百巻大貫弥助、そして大般若経六百巻の終末、第五百九十二巻木野兼吉、第五百九十三巻大貫甚右衛門母、第五百九十四巻指田三郎兵衛、第五百九十六巻小池姓トメ女、第五百九十七巻大野才助、第五百九十八巻大貫吉蔵、そして第六百巻指田三郎兵衛母と結巻を納経します。

次に宮沢村は第一百九十一巻田村金右衛門が早く、次いで第二百三十二巻鈴木半右衛門、第三百四十二巻冨屋治助、第三百四十三巻伊藤治兵衛、第三百四十九巻関谷治助、第三百五十巻小町平左衛門と今日に続く当村有力者の家が納経しています。次に中神村は先に第二百三十八巻中野久次郎、第三百四十五巻施主中野氏がありましたが、他には第二百三十一巻・第二百三十三巻から第二百三十五巻の三巻、計四巻の納経を長谷川正次郎が行っています。最後に郷地村は第四百六十五巻紅林兵蔵のみです。

当所拝島三宿　当所拝島上中下の三宿を最後に挙げましょう。当所拝島の人びとが個別に納経することはこれまでも指摘しましたが、以下では当所拝島上中下の三宿がそれぞれ宿所属員として纏まって納経した事例です。巻数を追って見ていきましょう。

まず、中宿、次いで上宿が前後してほぼ同時に登場しました。中宿は第二百一巻秋山長五郎、第二百二巻嶋田甚五右衛門、第二百三巻福島屋国五郎、第二百四巻伊藤紋蔵、第二百五巻臼井源左衛門、第二百六巻和田牛太郎、第二百七巻池島権左衛門、第二百八巻和田菊次郎、第二百九巻紺屋金助、第二百一十巻和田伊兵衛の十巻ですが、中でも嶋田甚五右衛門は拝島村惣名主で当時熊川村石川酒造文書など周辺各村文書に見える著名な人物であり、水車経営を行っていました。次に上宿では第二百一十一巻細井茂兵衛、第二百一十二巻高橋長左衛門、第二百一十三巻青木半次郎、第二百一十四巻青木彦右衛門、第二百一十五巻秋山粂次郎、第二百一十六巻小山伊右衛門、第二百一十七巻小山太郎兵衛、第二百一十八巻高橋馬蔵、第二百一十九巻小山政右衛門、第二百二十巻野島金右衛門です。実に中宿・上宿そのほとんどの宿の人の子孫が現在でも軒を並べています。ただ、名主嶋田甚五右衛門の子孫は他市町村に引っ越してしまいました。次に下宿は第二百五十巻・第二百五十一巻久保徳兵衛、第二百五十二巻滝瀬長五郎、第二百五十三巻嶋田権八、第二百五十四巻原島惣吉・兼松、第二百五十五巻臼井冨右衛門、第二百五十六巻目黒弥三郎・松田政次郎、第二百五十七巻谷部市兵衛ですが、全員が下宿坂上の住民と思われます。

そして続いて再び上宿で第二百五十八巻青木万吉、第二百五十九巻榎本伝作、第二百六十巻早野友次郎です。さらに中宿の第二百七十六巻小山長五郎、第二百七十七巻秋山三次郎、第二百七十八巻嶋田三郎平、第二百七十九巻小林勝右衛門、第二百八十巻田中与兵衛です。続いて下宿で第二百八十一巻小林藤八郎、第二百八十二巻臼井重次郎　第二百八十三巻小林嘉右衛門、第二百八十四巻小川藤八、第二百八十五巻小沢利七、第二百八十六巻森田惣七、第二百八十七巻目黒久竹、第二百八十八巻加藤富蔵、第二百八十九巻谷部今右衛門、第二百九十巻広瀬吉蔵です(これは下宿の人のようです)。

そして飛んで下宿が続きます。第三百二十六巻目黒新兵衛、第三百二十七巻尾上市五郎　第三百二十八巻高崎忠兵衛、第三百二十九巻栗原勇次郎(これもやはり下宿坂下の人のようです)。さらに、第三百五十三巻問屋(谷部)金左衛門、第三百六十一巻指田伊六とある後に、第三百六十四巻臼井吉兵衛、第三百六十五巻指田小左衛門、第三百六十六巻田中清兵衛、第三百六十七巻谷部重次郎、第三百六十八巻小林留次郎、第三百六十九巻谷部音次郎、第三百七十巻森田豊蔵(やはり下宿坂下でしょう)。

このあと上宿が続きます。第四百三十巻には当所上宿細井キン母とあり、飛んで第五百五十一巻・第五百五十二巻には当所上宿青木伝七、第五百五十三巻・第五百五十四巻秋山久兵衛、第五百五十五巻榎本半兵衛、第五百五十六巻・第五百五十七巻小山茂左衛門、第五百五十八巻早野新蔵、第五百五十九巻秋山清次郎、第五百六十巻細井忠五郎と続き、いずれも各家追善戒名を記して霊位追善菩提をお大師様に頼んでいます。青木伝七と秋山久兵衛は旧家で古来より名主の家柄でした。

次に中宿が十巻あり、第五百六十一巻乙幡冨右衛門、第五百六十二巻清水松兵衛、第五百六十三巻長井芳治郎、第五百六十四巻榎本勝三郎、第五百六十五巻小山弥五郎、第五百六十六巻嶋田文左衛門、第五百六十七巻床場民吉、第五百六十八巻秋山房次郎、第五百六十九巻嶋田要右衛門、第五百七十巻中嶋庄蔵、こちらは追善戒名は記されていません。いずれにしても以上の上宿・中宿の軒を並べる各家は現在でもほぼ健在です。

納経者紹介の事例　最後に追加的事柄ですが、既に個別の納経者は掲載しましたが、納経者紹介の事例が以下のように居たことを追記します。

第三百二十一巻　青梅中町　問屋源蔵　紹介者、当所下宿、加藤久次
第三百二十二巻　青梅町　丸屋与兵衛　紹介者、当所下宿、柴田金治郎
第三百二十三巻　下直竹　市川勇次郎　紹介者、当所下宿、臼井丈右衛門
第三百二十四巻　青梅町　小峰儀平　紹介者、当所下宿、佐久間弥四郎
第三百二十五巻　今井村　吉田勘七　紹介者、当所下宿、矢嶋安治郎
第三百二十六巻　青梅町　小林治左衛門　紹介者、当所下宿、目黒新兵衛

以上六件はいずれも当所下宿の者が青梅や飯能の山村居住者に納経を紹介したものです。なお、紹介者には本覚院檀家が多く、またすべて当所下宿の者で或いは続く第三百二十七巻以下三名も当所下宿であることから、紹介者も納経者に準ずると扱ったのでしょう。

その他　最後に、第一百三十巻伊奈村田嶋新助の次の第一百三十一巻から第一百三十五巻の五巻分の納経者に、密乗沙門大宥が居ます。詳細不明ながら五日市・伊奈方面の新義真言宗関係僧と思われます。

三　拝島大師本覚院『大般若波羅蜜多経』六百巻納経の背景

開国　一八五三年（嘉永六）、アメリカ合衆国の使者ペリー提督が江戸湾浦賀に来て、強く開国を迫りました。開国の勧告は既にオランダ国王からの書簡があり（一八四四年（弘化元））、また薩摩藩はこれより先に琉球をイギリス、フ

ランスに開港させていました(一八四七年)。一八四九年にはイギリス船が浦賀に来たり、一八五二年にはロシア船が伊豆下田に来ていました。米使が来るだろうとの情報をすでに琉球から事前に知らされていた幕府は、一年後に開国の協議に入ることを約束します。一八五四年、日米和親条約(神奈川条約)が締結され、日英・日露の和親条約が続き、鎖国諸規則や異国船無二念打払令は撤廃される、国是の大転換です。さほどの混乱無く開国になりました。幕府の外交情報の管理が徹底し、交渉が幕府の周到な準備で進められたからです。「太平の眠りを覚ます蒸気船たった四ハイで夜も寝られず」とは何も知らされて居ない者のつぶやきです。一八五六年(安政三)にはハリスが下田に来て公使の役を務め、一八五八年には日米修好通商条約を調印、一八六〇年(万延元)には批准交換使節新見正興が渡米していました。この間の外交交渉、条約批准の手続の順調さは中国清朝や朝鮮国、さらにその他の国々と比較して異例のことでした。

幕府の責任の自覚と改革姿勢　実は一八五三年(嘉永六)のペリー来航の直後、幕府は参勤交代で江戸に集まっている諸侯に開国の可否を聞いています。幕府の外交担当に異論は出ません。他方、早くもペリー来航の直後に江戸石川島造船所を建設して黒船と同じ様式船の建造に着手し、一八五四年(安政元)豪商三井が御用金を提出します。翌一八五五年には幕府は長崎海軍伝習所を開設し、海軍人士の養成をはじめ、同時に長崎製鉄所を建設しました。さらに幕政改革が布告され、一八五七年には幕府講武所内に軍艦教授所が開設されます。中国清朝が洋務運動というこの時期の日本と同様な改革を行うのは、これより五年後の一八六二年(文久二)以降でアヘン戦争から二十年後のことでした。以上の幕府が見せた開国・改革の迅速さこそ日本近代化の成功の秘密の一つです。ただ、もっと本質的な歴史文化の内容があります。

マニファクチュアと株仲間の解散　これより先、天保(一八三〇～)ころ生糸生産や茶業、醸造業などの諸産業に工場制手工業(マニファクチュア)が広範に起こり、他方江戸・大坂・京都・金沢などの全国の都市の株仲間が禁止されて、商業流通の封建的規制が無くなっていました。

外国貿易の拡大　幕府が江戸時代を通じてオランダ・清国と長崎貿易を行い、他は対馬の朝鮮交易、函館の蝦夷交易、琉球の清との交易に限定されていた外国貿易は、一八五八年(安政五)の日米修好通商条約批准後、翌年一八五九年に神奈川(横浜)、長崎・浦賀の三港が開かれ、特に横浜港の開港が始まる一八六〇年(万延元)には関東一円のマニファクチュア生産による生糸と静岡産緑茶が北米や英仏両国向けに大量に輸出されました。当時清朝は華中・華南が太平天国の乱中にあり、生糸・茶の輸出が停止していた状況ですから、日本物産は世界中から大歓迎されたのです。現代の、今日に至る日本の輸出貿易主導型経済の原型が成立しています。

拝島・八王子に近江商人来る　本書で特に一章を設けて取り上げた拝島大師本覚院『大般若波羅蜜多経』六百巻納経の背景にはペリー来航による日本の開国とそれに伴う西欧各国との通商貿易の拡大、その日本側の主たる輸出品の生糸の生産・流通の爆発的増加、それが関東養蚕地帯である上州・野州・武州の山辺農村地帯に近江商人が来た理由です。近江商人・中野久次郎・大塚徳左衛門の結びつきによる拝島大師本覚院『大般若波羅蜜多経』六百巻納経が進められたことが重要です。

拝島大師初縁日だるま市の起こり　江戸時代、十九世紀初頭の文化・文政頃から、多摩地区の農家でも人々のなりわい(五穀の生るように務めるわざ、農業)として養蚕が盛んになりました。『日本書紀』崇神紀に「農なりわいは天下の大いなる本なり」とあり、農を「なりわい」と読んでいます。農家にとって一番の心配は蚕の病気、その除けにダルマが効くとされました。ダルマの赤は魔除けの色、ダルマは繭の形、繭の仕上がりの良さを「上がり」とし、ダルマの「起き上がり」に掛けました。赤色は紅花から作り、これには解熱、殺菌作用があり、漢方薬にも使われており、

図7　大黒さん御札

魔除けの赤は本当に薬事効果もあったのです。農家が農閑期に作った張り子のダルマ、上がり良く起き上がりダルマに、魔除けの赤い色を塗り、人々が群衆する拝島大師初縁日で売り出したのが拝島大師初縁日「だるま市」のはじまりです。

大黒さんの御札と拝島大師蚕祭り　拝島大師には現在でも節分の日、豆まきに来た人に配る大黒さんの御札があります(図7)。江戸時代末期には拝島大師蚕祭りが行われ、その参詣の印だったようです。一見蛇のような一筆的に書いた大黒天、あの俵に乗り、小槌を持つ大黒さんの御札で、右上に「蚕養随望、桑絲畳匣、元三大師」とあり、左には観音経の「具一切功徳、慈眼視衆生、福聚海無量」とあります。大師さまに養蚕の成功を祈る御札ですが、商売繁昌、開運招福の御札であることは間違いありません。蛇のような線描は、蚕の大敵である鼠を食べてくれる蛇の御利益が有ります。大師さまは観音の化身と信じて人びとの願いである養蚕の成功を聴いてくれるのです。日本農村ではすべての一年間の農事の起点は節分だということにも留意して下さい。

結　び

拝島大師本覚院『大般若波羅蜜多経』六百巻納経者の町・宿・村々と人々は実に詳細、具体的な当時の実像の復元に役立ちます。特に拝島領各村と近江商人について、先に第三百四十五巻は施主中野氏とあり、中野氏とは納経者名が前に書かれている第二百三十八巻の中神村（昭島市）中野久次郎（中久）のこと、第二百三十八巻の中神村中野久次郎の次には、第二百三十九巻の八王子横山宿溜屋伊右衛門、その次に第二百四十巻の江州江頭村井植半助が居ます。第三百八十六から第三百九十巻までの江州神崎郡山本村小泉佐助の直後には大神村（昭島市）田嶋金七・中村半左衛門・石川伊右衛門らが居ます。現在の昭島市、江戸時代の拝島領各村には近江商人が生糸、絹商品買い付けに到来していました。因みに拝島大師に祀る元三大師・慈恵大師良源は近江商人の出身地に誕生したことは重要です。全国型客商の近江商人は郷里の大師信仰をもって各地を廻りました。拝島大師と近江商人は自然と結ばれていたのです。

拝島大師本覚院『大般若波羅蜜多経』六百巻納経は実に見事な納経で、これだけ完璧な納経募集は全国でも類がありません。その成功の原動力になった功績者は何人も居りますが、蔭の功労者は智海尼でしょう。彼女は文化のころ本覚院に到来し、中興義順阿闍梨の大師堂再建に協力し、その後六十年ぶりの御開帳、さらに向拝造営勧進無尽講など文化・文政・天保年間、中興義順阿闍梨に従って本覚院の寺運隆盛に尽力しました。義順滅後には義歓・澄歓・澄俊三代の本覚院住職と共にありました。しかし、大般若経納経では未だ智海尼の本覚院での活動は終わっていません。次々章（第九章）に引き続きます。

付　拝島大師本覚院『大般若波羅蜜多経』六百巻納経者一覧　▲江戸商人　◆近江商人　＊武家　●「為菩提」以外

巻数	施主		追善祈願等備考注記
	村名・地区	氏名	
一	勝楽寺村	粕屋長兵衛	為青蓮院恵照速道居
二	勝楽寺村	野村吉五郎	霊位菩提
三	勝楽寺村	粕屋長兵衛女子	霊位菩提
四	勝楽寺村	野村藤左衛門	霊位菩提
五	勝楽寺村	粕屋長兵衛母	霊位菩提
六	勝楽寺村	粕屋伊左衛門	為恵徳院慈薫道林居士菩提
七	勝楽寺村	石川八郎右衛門	無縁精霊菩提
八	勝楽寺村	沙弥某	和田氏先祖代々
九	勝楽寺村	荒畑平八	霊位菩提
一〇	勝楽寺村	沙弥某	霊位菩提
一一	小川新田	三之丞	霊位菩提
一二	小川新田	井野上勘右衛門	霊位菩提
一三	久米川村	川島宇之助	霊位菩提
一四	小川新田	小野治兵衛	先祖代々
一五	小川新田	小野治兵衛	先祖代々
一六	小川新田	青柳儀右衛門	霊位菩提
一七	小川新田	青柳儀右衛門	霊位菩提
一八	小川新田	廣間亦七	●家内安全
一九	小川新田	中里卯左衛門	先祖代々
二〇			
二一	▲江戸浅草花川戸	武蔵屋幸次郎	霊位菩提
二二	小川新田	武蔵屋幸次郎	霊位菩提
二三	小川新田	吉田弥平次	霊位菩提
二四	小川新田	久保田忠次郎	霊位菩提
二五	小川新田	吉田弥平次	霊位菩提
二六	小川新田	吉田弥平次	●家内安全
二七	小川新田	宮寺平四郎	先祖代々
二八	小川新田	吉田弥平次	両霊位菩提
二九	小川新田	吉田弥平次	両霊位菩提
三〇	小川新田	吉田弥平次	両霊位菩提
三一	小川新田	栗原次郎右衛門	先祖代々
三二	小川新田	清水忠次郎	両霊位菩提
三三	小川新田	清水忠次郎	先祖代々
三四	小川新田	清水忠次郎	両霊位菩提
三五	小川新田	清水忠次郎	先祖代々
三六	小川新田	清水忠次郎	先祖代々
三七	小川新田	清水忠次郎	先祖代々
三八	小川新田	並木源左衛門	霊位菩提
三九	小川新田	窪田松五郎	先祖代々
四〇	小川新田	吉田礒吉	霊位菩提
四一	南野中新田	埜中六左衛門	為法源院宗鑑元明居士菩提
四二	南野中新田	埜中六左衛門	為法源院宗鑑元明居士菩提

四三	南野中新田	埜中六左衛門	為法源院宗鑑元明居士菩提
四四	南野中新田	埜中六左衛門	為法源院宗鑑元明居士菩提
四五	南野中新田	埜中六左衛門	霊位菩提
四六	恋ヶ窪村	鈴木作兵衛	霊位菩提
四七	南野中新田	須嵜勘次郎	先祖代々
四八	南野中新田	野岡藤兵衛・川久保伝右衛門	両家先祖代々
四九	南野中新田	田中平蔵・島崎礒右衛門	両家両霊位菩提
五〇	南野中新田	川久保宇左衛門	両霊位菩提
五一	青柳村	沢井伴蔵	先祖代々
五二	青柳村	中村馬蔵	霊位菩提
五三	青柳村	土方重左衛門	先祖代々
五四	青柳村	佐藤左兵衛	先祖代々
五五	青柳村	佐藤左兵衛	霊位菩提
五六	柴崎村	井上紋治郎	両霊位菩提
五七	柴崎村	加藤祐次郎	先祖代々
五八	柴崎村	板谷蔦七	霊位菩提
五九	柴崎村	板谷宗七	両霊位菩提
六〇	柴崎村	板谷元右衛門	両霊位菩提
六一	当所拝島村	清水屋佐古衛門	
六二	当所	小林久左衛門	
六三	当所	加藤伴蔵	
六四	当所	高崎兵五郎	
六五	当所	臼井嘉兵衛	
六六	当所	大工高崎熊次郎	
六七	当所	谷部谷吉	
六八	当所	谷部吉蔵	
六九	当所	高崎万治郎	
七〇	当所	小沢彦七	
七一	（小川村）	（紺谷政五郎）	
七二	小川村	紺谷政五郎	先祖代々
七三	（二宮村）	（唐沢清重郎）	
七四	（二宮村）	（唐沢清重郎）	
七五	二宮村	唐沢清重郎	
七六	上平井村	河野六右衛門	先祖代々
七七	上平井村	河野六右衛門	先祖代々
七八	上平井村	河野六右衛門	先祖代々
七九	雨間村	平野太郎右衛門	先祖代々
八〇	雨間村	平野太郎右衛門	先祖代々
八一	鈴木新田	川島屋権兵衛	先祖代々
八二	野中新田	山川仲吉	霊位菩提
八三	野中新田	野中長右衛門	先祖代々
八四	鈴木新田	関口権之助	霊位菩提
八五	鈴木新田	加藤嘉右衛門	先祖代々
八六	小川久保	浅見佐古衛門	両霊位菩提
八七	小川村	立川幸吉・同伝吉	両霊位菩提
八八	小川久保	浅見佐古衛門	霊位菩提
八九	小川村	加藤文右衛門	先祖代々
九〇	小川村	善右衛門・金次郎	霊位菩提

巻数	施主 村名・地区	施主 氏名	追善祈願等 備考注記
九一	小川新田	加藤庄左衛門	先祖代々
九二	小川新田	喜助	先祖代々
九三	小川新田	川村清蔵	霊位菩提
九四	小川新田	小川弥一郎	福寿院海安無量大姉
九五	小川新田	川村小助	霊位菩提
九六	小川新田	古田金右衛門	霊位菩提
九七	小川新田	浅見多七	両霊位菩提
九八	小川新田	青木久右衛門	霊位菩提
九九	小川新田	伊平次	先祖代々
一〇〇	小川新田	森田喜四郎	両霊位菩提
一〇一	△本覚院内		霊位菩提
一〇二	△本覚院内		霊位菩提
一〇三	△本覚院内		霊位菩提
一〇四	△本覚院内		為父大森源太左衛門霊位菩提
一〇五	▲江戸　御成道		
一〇六	▲江戸　御成道		霊位菩提
一〇七	▲江戸　御成道		霊位菩提
一〇八	▲江戸　御成道		霊位菩提
一〇九	当所拝島		
一一〇	当所拝島		霊位菩提
一一一	八王子　八日市		霊位菩提
一一二	八日市		先祖代々

巻数	施主 村名・地区	施主 氏名	追善祈願等 備考注記
一一三	八日市		霊位菩提
一一四	八日市		両霊位菩提
一一五	八王子　八日市		霊位菩提
一一六	八日市		先祖代々
一一七	八日市		霊位菩提
一一八	八日市		霊位菩提
一一九	◆江州　神崎郡木流		霊位菩提
一二〇	江州　神崎郡木流		霊位菩提
一二一	武州高麗郡中山郷	平沼□□衛	霊位菩提
一二二	畠ヶ中村	久保田治助	先祖代々
一二三	伊奈村	遠畑金次郎	先祖代々
一二四	伊奈村	田嶋新助	先祖代々
一二五	寺竹村	坂本茂十郎	
一二六	伊奈村	加藤音次郎	先祖代々
一二七	大久野村玉之内	大沢忠八	先祖代々
一二八	三ツ木村	斎藤国太郎	両霊位菩提
一二九	伊奈村	田嶋新助	先祖代々
一三〇	伊奈村	田嶋新助	先祖代々
一三一	△	密乗沙門大宥	
一三二	△	密乗沙門大宥	
一三三	△	密乗沙門大宥	
一三四	△	密乗沙門大宥	
一三五	△	密乗沙門大宥	霊位菩提

一三六	小比企村	礒間藤太郎	先祖代々
一三七	砂川村	鳴島平右衛門	先祖代々
一三八	小比企村	中西留右衛門	三霊位菩提
一三九	砂川村上壱番	橋本治左衛門	三霊位菩提
一四〇	小比企村	中西銀次郎	三霊位菩提
一四一	五日市村	内山安兵衛	先祖代々
一四二	五日市村	馬場勘左衛門	先祖代々
一四三	当所下宿	臼井伝左衛門	先祖代々
一四四	当所	久保太郎左衛門	先祖代々
一四五	上平井村	河野六右衛門	先祖代々
一四六	粟須村	和田留吉	先祖代々
一四七	粟須村	戸崎次作郎	先祖代々
一四八	戸吹村	八木岡弥三郎	武運長久・家内安全
一四九	戸吹村	八木岡弥三郎	武運長久・家内安全
一五〇	戸吹村	八木岡嘉兵衛	家門安全
一五一	川崎村	中村重左衛門・島田助左衛門	
一五二	羽村村	小林五右衛門	先祖代々
一五三	川崎村	平井半七	先祖代々
一五四	川崎村	中根又左衛門	先祖代々
一五五	川崎村	大野佐吉	先祖代々
一五六	川崎村	横田信吉	先祖代々
一五七	川崎村	雨倉佐右衛門・雨倉政吉	先祖代々
一五八	五ノ神村	桜沢佐治右衛門	先祖代々
一五九	川崎村	中根政右衛門	先祖代々
一六〇	川崎村	雨倉八右衛門	両霊位菩提
一六一	武州比企郡長井	＊士・岡本平兵衛	為五位下伊豆守源仲綱
一六二	比企郡長井	＊濃士・岡本平兵衛源勝熙	為五位下伊豆守源仲綱
一六三	比企郡長井	＊岡本平兵衛源勝熙	為岡本兵庫亮源頼直
一六四	武州比企郡長井	＊岡本平兵衛	
一六五	比企郡長井	＊岡本平兵衛	
一六六	当国比企郡長井	＊岡本平兵衛	
一六七	比企郡長井	＊岡本平兵衛	
一六八	比企郡長井	＊岡本平兵衛	
一六九	当国比企郡長井	＊岡本平兵衛	
一七〇	当国比企郡長井	＊岡本平兵衛	
一七一	程久保村	松本銀左衛門・小宮豊五郎	
一七二	程久保村	田倉宗次郎・田倉宇八	
一七三	程久保村	椙本箕五郎・同庄蔵・小宮林平	
一七四	程久保村	須崎虎吉	
一七五	程久保村	須崎元五郎・須崎作吉	
一七六	程久保村	須崎孫右衛門	
一七七	程久保村	須崎吉右衛門・須崎茂兵衛	
一七八	程久保村	細田兼吉・土方政左衛門	

巻数	施主		追善祈願等備考注記
	村名・地区	氏名	
一七九	程久保村	小野寺権四郎・小野寺権左衛門	
一八〇	程久保村	椙本万五郎・同文治郎	
一八一	比企郡長井	*岡本平兵衛	為龍光院源室妙安大姉菩提
一八二	比企郡長井	*岡本平兵衛	為無碍智光童女霊位
一八三	比企郡長井	*岡本平兵衛	為真光院殿智法妙室大姉菩提
一八四	比企郡長井	*岡本平兵衛	為本覚真随禅定門霊位、江州神崎木流産
一八五	比企郡長井	*岡本平兵衛	為無碍智光童女霊位
一八六	比企郡長井	*岡本平兵衛	為興龍院儀峯円開居士・龍光院源室妙安大姉
一八七	比企郡長井	*岡本平兵衛、内、建川清次郎	為主家菩提也
一八八	比企郡長井	*岡本平兵衛、内、青木長三郎	為主家菩提也
一八九	比企郡長井	*岡本平兵衛	先祖代々
一九〇	比企郡長井	*岡本平兵衛、内、佐久間伝次郎	為主家菩提也
一九一	宮沢村	田村金右衛門	先祖代々

巻数	施主		追善祈願等備考注記
	村名・地区	氏名	
一九二	牛沼村	中村嘉吉	為条害院徹山宗悟居士・天寿院瑞厳貞祥大姉
一九三	牛沼村	山王宮神官中村右近之輔源正幸	六霊位菩提・先祖代々菩提
一九四	牛沼村	坂本金右衛門	為龍泉院勘雲忍徳居士・戒光院真室智鏡大姉
一九五	上川原村	大野勝五郎	先祖代々
一九六	上田村	平野忠蔵	先祖代々
一九七	牛沼村	坂本源七	先祖代々・両霊位菩提
一九八	上代継村	村木東馬	十一霊位菩提
一九九	上川原村	大貫栄蔵	先祖代々
二〇〇	砂川村	矢島勘右衛門	●家内安全
二〇一	当所中宿	秋山長五郎	
二〇二	当所中宿	島田甚五右衛門	
二〇三	当所中宿	福島屋国五郎	
二〇四	当所中宿	伊藤紋蔵	
二〇五	当所中宿	臼井源左衛門	
二〇六	当所中宿	和田牛太郎	
二〇七	当所中宿	池島権左衛門	
二〇八	当所中宿	和田菊次郎	
二〇九	当所中宿	紺屋金助	
二一〇	当所中宿	和田伊兵衛	

二一一	当所上宿	細井茂兵衛	
二一二	当所上宿	高橋長左衛門	
二一三	当所上宿	青木半次郎	
二一四	当所上宿	青木彦右衛門	
二一五	当所上宿	秋山粂次郎	
二一六	当所上宿	小山伊右衛門	
二一七	当所上宿	小山太郎兵衛	
二一八	当所上宿	高橋馬蔵	
二一九	当所上宿	小山政右衛門	
二二〇	当所上宿	野島金右衛門	
二二一	八王子　八日市宿		先祖代々
二二二	八王子　八日市宿		為照誉妙蓮大姉
二二三	八王子　八日市宿		為弥揚院歎誉操蓮貞讃大姉
二二四	八王子　八日市宿		為華開院到誉蓮岸了徹居士
二二五	八王子　八日市宿		為安誉快楽貞吟大姉
二二六	八王子　八日市宿		霊位菩提
二二七	八王子　八日市宿		霊位菩提
二二八	八王子　八日市宿		為源光院徳誉頓脱離念居士
二二九	八王子　八日市宿		無縁霊位
二三〇	八王子　八日市宿		霊位菩提
二三一	中神村	長谷川正次郎	霊位菩提
二三二	宮沢村	鈴木半右衛門	霊位菩提
二三三	中神村	長谷川正次郎	霊位菩提
二三四	中神村	長谷川正次郎	霊位菩提
二三五	中神村	長谷川正次郎	霊位菩提
二三六	石川村	串田銀三	先祖代々
二三七	石川村	池田富蔵	両霊位菩提
二三八	中神村	中野久次郎	先祖代々
二三九	八王子　横山宿	溜屋伊右衛門	先祖代々
二四〇	◆江州　江頭村	井植半助	先祖代々
二四一	八王子　八日市宿	糸屋源兵衛	先祖代々
二四二	箱根ヶ崎村	村山平三郎	先祖代々
二四三	八王子　横山宿	粟屋佐七	先祖代々
二四四	八王子　八日市宿	糸屋源兵衛	先祖代々
二四五	八王子　八日市宿	福屋又兵衛	先祖代々
二四六	長渕村	宇津木半三郎	先祖代々
二四七	瀬戸岡村	田中小兵衛	先祖代々
二四八	八王子　八日市宿	福屋又兵衛	先祖代々
二四九	駒木野村	原島庄兵衛	先祖代々
二五〇	当所下宿	久保徳兵衛	両霊位菩提
二五一	当所下宿	久保徳兵衛	霊位菩提
二五二	当所下宿	滝瀬長五郎	先祖代々
二五三	当所下宿	島田権八	先祖代々
二五四	当所下宿	原島惣吉・兼松	先祖代々
二五五	当所下宿	臼井富右衛門	先祖代々
二五六	当所下宿	目黒弥三郎・松田政次郎	先祖代々
二五七	当所下宿	谷部市兵衛	先祖代々
二五八	当所上宿	青木万吉	先祖代々

巻数	施主 村名・地区	施主 氏名	追善祈願等備考注記
二五九	当所上宿	榎本伝作	先祖代々
二六〇	当所上宿	早野友次郎	先祖代々
二六一	八王子　八日市	井田林右衛門	為恭敬院称誉道讃居士菩提
二六二	八王子　八日市	井田林右衛門	為実相院頓誉鏡円居士菩提
二六三	八王子　八日市	井田林右衛門	為証真院教誉真翁居士菩提
二六四	八王子　八日市	井田林右衛門	為諦誉善念良聴居士菩提
二六五	八王子　八日市	井田林右衛門	霊位菩提
二六六	八王子　八日市	井田林右衛門	霊位菩提
二六七	八王子　八日市	井田林右衛門	霊位菩提
二六八	八王子　八日市	井田林右衛門	霊位菩提
二六九	八王子　八日市	井田林右衛門	霊位菩提
二七〇	八王子　八日市	井田林右衛門	霊位菩提
二七一	粟須村	和田留吉	先祖代々
二七二	粟須村	川合氏ワカ	霊位菩提
二七三	粟須村	川合粂蔵	両霊位菩提
二七四	粟須村	川合氏	先祖代々
二七五	粟須村	増田代次郎	霊位菩提
二七六	当所中宿	小山長五郎	
二七七	当所中宿	秋山三次郎	
二七八	当所中宿	島田三郎平	
二七九	当所中宿	小林勝右衛門	小林勝右衛門

巻数	施主 村名・地区	施主 氏名	追善祈願等備考注記
二八〇	当所中宿	田中与兵衛	田中与兵衛
二八一	当所下宿	小林藤八郎	
二八二	当所下宿	臼井重次郎	
二八三	当所下宿	小林嘉右衛門	
二八四	当所下宿	小川藤八	
二八五	当所下宿	小沢利七	
二八六	当所下宿	森田惣七	
二八七	当所下宿	目黒久竹	
二八八	当所下宿	加藤富蔵	
二八九	当所下宿	谷部今右衛門	
二九〇	当所下宿	広瀬吉蔵	
二九一	甲州　都留郡松留村	大神田伊三郎	
二九二	八王子　八日市	長瀬新吉	先祖代々
二九三	石畑村	古川吉右衛門	先祖代々
二九四	新町村	原島次郎助	
二九五	石畑村	古川吉右衛門	先祖代々
二九六	八王子　八日市	亀屋定七郎	
二九七	八王子　八日市	長瀬新吉	先祖代々
二九八	◆江州　神崎郡木流村	竹中徳兵衛	霊位菩提
二九九	◆江州　神崎郡木流村	竹中徳兵衛	霊位菩提
三〇〇	八王子　八日市	長瀬新吉	先祖代々
三〇一	八王子寺町	新井伊兵衛	霊位菩提

三〇二	八王子寺町	新井伊兵衛	霊位菩提
三〇三	八王子寺町	新井伊兵衛	霊位菩提
三〇四	八王子寺町	新井伊兵衛	霊位菩提
三〇五	八王子寺町	新井伊兵衛	霊位菩提
三〇六	八王子寺町	新井伊兵衛	霊位菩提
三〇七	八王子寺町	新井伊兵衛	霊位菩提
三〇八	八王子寺町	新井伊兵衛	霊位菩提
三〇九	八王子寺町	新井伊兵衛	霊位菩提
三一〇	八王子寺町	新井伊兵衛	霊位菩提
三一一	平村	山嵜良右衛門	●家内安全
三一二	平村	山嵜熊太郎門	
三一三	平村	小町定吉	●家内安全
三一四	平村	篠吉蔵	●家内安全
三一五	平村	平甚之輔	●家内安全
三一六	大神村	大神村	●村中安全
三一七	大神村	大神村	●村中安全
三一八	青梅町	小林治左衛門	
三一九	大神村	大神村	●村中安全
三二〇	大神村	大神村	●村中安全
三二一	青梅中町	問屋源蔵	先祖代々
三二二	青梅町	丸屋与兵衛	
三二三	青梅町	小峰儀平	
三二四	下直竹村	市川勇次郎	先祖代々
三二五	今井村	吉田勘七	先祖代々
三二六	青梅町	小林治左衛門	
三二七	当所下宿	尾上市五郎	
三二八	当所下宿	高崎忠兵衛	
三二九	当所下宿	栗原勇次郎	
三三〇	宇津木村	立川源右衛門	先祖代々
三三一	小川村	増田き巳	霊位菩提
三三二	小川村	増田き巳	先祖代々
三三三	小川村	若林八重女	速往院殿安養浄利居士
三三四	小川新田	小川弥一郎	恭倹院温徳譲順居士
三三五	▲江戸　浅草花川戸	武蔵屋幸次郎	先祖代々
三三六	小川村	若林金五郎	先祖代々
三三七	小川村	若林治郎市	霊位菩提
三三八	谷原村	横山市五郎	霊位菩提
三三九	小川村	石屋市郎右衛門	霊位菩提
三四〇	鈴木新田	長谷部又右衛門	霊位菩提
三四一		中野氏	霊位菩提
三四二	宮沢村	冨屋治助	霊位菩提
三四三	宮沢村	伊藤治兵衛	霊位菩提
三四四	青梅町	小峰忠蔵	霊位菩提
三四五		中野氏	霊位菩提
三四六	◆江州　神崎郡山本村	稲本伝三郎	霊位菩提
三四七	◆江州　神崎郡山本村	稲本伝三郎	霊位菩提
三四八	◆江州　神崎郡山本村	稲本伝三郎	霊位菩提

巻数	施主 村名・地区	施主 氏名	追善祈願等備考注記
三四九	宮沢村	関谷治助	霊位菩提
三五〇	宮沢村	小町平左衛門	霊位菩提
三五一	八王子	立川屋定吉	霊位菩提
三五二		小林儀兵衛	霊位菩提
三五三	当所下宿	問屋金左衛門	先祖代々
三五四	瀬戸岡村	岸野藤助・忠信	先祖代々
三五五	八王子　横山宿	道川屋勝助	先祖代々
三五六	八王子	伊勢屋孝右衛門	先祖代々
三五七	砂川村	市村清吉	先祖代々
三五八	三ツ木村	網代政吉	霊位菩提
三五九	八王子	伊勢屋孝右衛門	先祖代々
三六〇	八王子　横山宿	谷合弥七	霊位菩提
三六一	当所下宿	指田伊六	先祖代々
三六二	石川村	石川元右衛門	先祖代々
三六三	石川村	立川直右衛門	
三六四	当所下宿	臼井吉兵衛	
三六五	当所下宿	指田小左衛門	
三六六	当所下宿	田中清兵衛	
三六七	当所下宿	谷部重次郎	
三六八	当所下宿	小林留次郎	
三六九	当所下宿	谷部音次郎	
三七〇	当所下宿	森田豊蔵	
三七一	砂川村前新田	清水清五郎	霊位菩提
三七二	日野宿	滝瀬藤蔵	霊位菩提

巻数	施主 村名・地区	施主 氏名	追善祈願等備考注記
三七三	砂川村前新田	尾崎勘右衛門	霊位菩提
三七四	砂川村田堀	山川惣五郎	霊位菩提
三七五	砂川村	丸山平兵衛	先祖代々
三七六	砂川村	丸山平兵衛	先祖代々提
三七七	小川村	小川市郎右衛門	霊位菩提
三七八	小川村	小川市郎右衛門	霊位菩提
三七九	小川村	小川市郎右衛門	霊位菩提
三八〇	小川村中宿	小川市郎右衛門	霊位菩提
三八一	大沼田新田	当麻弥左衛門	実成院義山道正居士
三八二	平井村	森田七郎右衛門	霊位菩提
三八三	平井村	森田七郎右衛門	霊位菩提
三八四	平井村	森田七郎右衛門	霊位菩提
三八五	平井村	森田七郎右衛門	霊位菩提
三八六	◆江州　神崎郡山本村	小泉佐助	霊位菩提
三八七	◆江州　神崎郡山本村	小泉佐助	霊位菩提
三八八	◆江州　神崎郡山本村	小泉佐助	霊位菩提
三八九	◆江州　神崎郡山本村	小泉佐助	霊位菩提
三九〇	◆江州　神崎郡山本村	小泉佐助	霊位菩提
三九一	大神村	田嶋金七	

三九二	大神村	中村半左衛門	
三九三	大神村	大野伝兵衛	
三九四	大神村	中村松次郎	
三九五	大神村	志茂長左衛門	
三九六	大神村	石川伊右衛門	
三九七	大神村	石川八郎右衛門	
三九八	大神村	大神村	●村中安全
三九九	大神村	大神村	●村中安全
四〇〇	大神村	大神村	●村中安全
四〇一	八王子　八日市	村田屋民右衛門	霊位菩提
四〇二	八王子　八日市	平田屋茂吉	先祖代々
四〇三	八王子　八日市	青梅屋平助	
四〇四	八王子　八日市	藤野新七	霊位菩提
四〇五	八王子　八日市	恵比須屋又右衛門	霊位菩提
四〇六	八王子　横山駅	足利屋善左衛門	先祖代々
四〇七	八王子　横山宿	升屋伊兵衛	
四〇八	八王子　八日市	足利屋向店定兵衛	先祖代々
四〇九	八王子　横山宿	奥屋平蔵	先祖代々
四一〇	八王子　八日市	小西彦兵衛	霊位菩提
四一一	五日市	内野小兵衛	先祖代々
四一二	五日市	山崎新蔵	
四一三	五日市	市倉喜代松	先祖代々
四一四	小中野村（下総滑川）	小山田求馬	恵戒院定覚知道居士
四一五	五日市	沼田孫次郎	先祖代々

四一六	八王子　八日市	坂本屋伊之助	先祖代々
四一七	福生村牛浜	清水佐助	先祖代々
四一八	福生村牛浜	清水佐助	●家内安全
四一九	福生村牛浜	清水佐助	●子孫長久
四二〇	福生村牛浜	清水佐助	先祖代々
四二一	尾崎村	石森弥惣治	先祖代々
四二二	尾崎村	石森弥惣治	先祖代々
四二三	尾崎村	石森弥惣治	先祖代々
四二四	尾崎村	石森弥惣治	先祖代々
四二五	川崎村	中里六郎左衛門	先祖代々
四二六	尾崎村	石森伊兵衛	先祖代々
四二七	川崎村	中里嘉右衛門	先祖代々
四二八	上柚木村	中山孫右衛門	●家内安全
四二九	川崎村	島田久右衛門	先祖代々
四三〇	当所上宿	細井キン母	霊位菩提
四三一	鑓水村	八木下要右衛門	先祖代々
四三二	鑓水村	八木下要右衛門	●家内安全
四三三	鑓水村	平木平兵衛	先祖代々
四三四	鑓水村	大塚利兵衛	●家内安全
四三五	鑓水村	加藤豊吉	霊位菩提
四三六	鑓水村	大塚五郎衛門	隆昌院梅巌良雲居士
四三七	鑓水村	大塚五郎衛門	先祖代々
四三八	鑓水村	大塚五郎衛門	先祖代々
四三九	鑓水村	大塚五郎衛門	●家内安全
四四〇	鑓水村	大塚五郎衛門	先祖代々

巻数	施主 村名・地区	施主 氏名	追善祈願等備考注記
四四一	左入村	小峯久治郎	先祖代々
四四二	日野宿	安西源之丞	霊位菩提
四四三	日野北原	大野幸助	霊位菩提
四四四	粟須村	関根つぎ女	霊位菩提
四四五	日野四ッ谷村	半蔵	先祖代々
四四六	日野四ッ谷村	天野清次郎	先祖代々
四四七	日野北原	佐藤岩次郎	霊位菩提
四四八	日野北原	天野清助	霊位菩提
四四九	滝山村	石森繁太郎	先祖代々
四五〇			
四五一			
四五二	八王子　本郷宿	谷歳蔵・東もと女・金丸幸次郎・松本権次郎	三霊位菩提・一先祖代々
四五三	狭山中藤村原山	神山与右衛門	四霊位菩提・一先祖代々
四五四			
四五五	中野村	小池林兵衛	先祖代々
四五六	砂川村	森谷金兵衛・村野源三郎	二霊位菩提
四五七	砂川村	島崎安蔵	先祖代々
四五八	八王子新町	佐藤慶重郎	二霊位菩提・一先祖代々
四五九	上川原村	大貫健次郎	先祖代々

巻数	施主 村名・地区	施主 氏名	追善祈願等備考注記
四六〇	砂川村	市川伊右衛門・山本庄五郎	両家先祖代々
四六一	伊奈村	野崎林蔵	霊位菩提
四六二	伊奈村	野崎林蔵	霊位菩提
四六三	伊奈村	野崎林蔵	霊位菩提
四六四	伊奈村	野崎林蔵	霊位菩提
四六五	郷地村	紅林兵蔵	先祖代々
四六六	駒木野村	井出新左衛門	先祖代々
四六七	柴崎村	五十嵐八兵衛	
四六八	大神村	大神村	●村中安全
四六九	平村	山崎良右衛門・サヨ	
四七〇	平村	坂本重右衛門・小町弥太郎	●両家家内安全
四七一	青梅宮本町	酢屋亀次郎	先祖代々
四七二	青梅町	根岸久兵衛	●家内安全
四七三	青梅町	観蓮居主人	
四七四	青梅町	観蓮居主人	
四七五	青梅町	観蓮居主人	
四七六	青梅町	佐藤庄次郎	●家内安全
四七七	青梅町	佐藤庄次郎	先祖代々
四七八	青梅町	観蓮居主人	
四七九	青梅町	本多養甫	両霊位菩提
四八〇	青梅宮本町	栗原多喜女	先祖代々、●家内安全・●子孫長久

四八一	福生村	八巻内	両霊位菩提
四八二	八王子　八日市	加茂屋清兵衛	先祖代々・七霊位菩提
四八三	八王子　八日市	大平新蔵	先祖代々
四八四	亀屋新右衛門	亀屋新右衛門	先祖代々
四八五	大野氏	大野氏	先祖代々
四八六			
四八七	八王子　八日市	山上儀兵衛	先祖代々
四八八	八王子　八日市	日野屋太兵衛	先祖代々
四八九	八王子　八日市	万屋半兵衛	先祖代々
四九〇	八王子本宿	半澤権右衛門	先祖代々・両霊位菩提
四九一	砂川村	豊泉宗兵衛	先祖代々
四九二		大貫四郎兵衛	四霊位菩提
四九三	▲江戸　麹町十三町目	内野屋半次郎	先祖代々・霊位菩提
四九四	砂川村	島田平四郎・島田武左衛門	先祖代々・両霊位菩提
四九五	上川原村	大貫馬蔵	先祖代々
四九六	鈴木新田	山崎惣右衛門	両霊位菩提
四九七	鈴木新田	山崎ちう	三霊位菩提
四九八	砂川村一番・二番	内野重太郎・岡部忠右衛門	両家先祖代々
四九九	砂川村	高木音右衛門・神田市五郎	両家両霊位菩提
五〇〇	上川原村	大貫弥助	先祖代々
五〇一	東光寺村	福島佐市	先祖代々

五〇二	東光寺村	福島長蔵	先祖代々
五〇三	東光寺村	奥住喜兵衛	先祖代々
五〇四	粟須村	関根伝次郎光貞	先祖代々・霊位菩提
五〇五	日野下宿村	古谷安之助	先祖代々両霊位菩提
五〇六	日野東光寺村	和田官兵衛福島長蔵	先祖代々霊位菩提
五〇七	東光寺村	奥住清八	先祖代々
五〇八	日野東光寺村	奥住谷五郎	先祖代々
五〇九	東光寺村	福島又郎吉	先祖代々
五一〇	日野東光寺村	立川武兵衛	両霊位菩提
五一一	戸吹村	三木翁輔	●武運長久・家門安全
五一二	戸吹村	三木愛之輔	●武運長久・家門安全
五一三	戸吹村	三木愛之輔	●武運長久・家門安全
五一四	戸吹村	三木愛之輔	●武運長久・家門安全
五一五	戸吹村	三木愛之輔	●武運長久・家門安全
五一六	下高月村	澤井惣右衛門内	●家内安全・子孫長久
五一七	下高月村	澤井惣右衛門内	●家内安全・子孫長久
五一八	下高月村	澤井惣右衛門内	●家内安全・子孫長久

巻数	施主 村名・地区	施主 氏名	追善祈願等 備考注記
五一九	下高月村	澤井惣右衛門内	●家内安全・子孫長久
五二〇	下高月村	澤井惣右衛門内	●家内安全・子孫長久
五二一	（扇町屋宿）	（淺田茂右衛門）	
五二二			
五二三			
五二四			
五二五			
五二六			
五二七			
五二八			
五二九			
五三〇			
五三一	扇町屋宿	淺田茂右衛門	先祖代々・霊位菩提
五三二	扇町屋宿	栗原郷右衛門	先祖代々・霊位菩提
五三三	扇町屋宿	粕谷善太郎	二霊位菩提
五三四	扇町屋宿	田嶋惣八	霊位菩提
五三五	扇町屋宿	粕谷半六	二霊位菩提
五三六	扇町屋宿	粕谷半次郎	●家内安全
五三七	扇町屋宿	栗原重右衛門	二霊位菩提
五三八	扇町屋駅	横田伊兵衛	先祖代々・霊位菩提
五三九	扇町屋宿	粕谷善太郎	三霊位菩提

巻数	施主 村名・地区	施主 氏名	追善祈願等 備考注記
五四〇	扇町屋駅	野口徳兵衛	先祖代々
五四一	殿ヶ谷村	小峯平十郎	先祖代々
五四二	殿ヶ谷村	小峯平十郎	霊位菩提
五四三	殿ヶ谷村	石塚幸右衛門	霊位菩提
五四四	殿ヶ谷村	石塚幸右衛門	先祖代々
五四五	岸村	村野助右衛門	霊位菩提
五四六	宇津木村	岸野寅次郎	先祖代々
五四七	榎戸村	元右衛門	先祖代々
五四八	榎戸村	元右衛門	霊位菩提
五四九	榎戸村	良右衛門	二霊位菩提
五五〇	榎戸村	良右衛門	霊位菩提
五五一	当所上宿	青木伝七	霊位菩提
五五二	当所上宿	青木伝七	霊位菩提
五五三	当所上宿	秋山久兵衛	霊位菩提
五五四	当所上宿	秋山久兵衛	霊位菩提
五五五	当所上宿	榎本半兵衛	先祖代々
五五六	当所上宿	小山茂左衛門	霊位菩提
五五七	当所上宿	小山茂左衛門	霊位菩提
五五八	当所上宿	早野新蔵	先祖代々
五五九	当所上宿	秋山清次郎	先祖代々
五六〇	当所上宿	細井忠五郎	先祖代々
五六一	当所中宿	乙幡冨右衛門	
五六二	当所中宿	清水松兵衛	
五六三	当所中宿	長井芳治郎	

五六四	当所中宿	榎本勝三郎	
五六五	当所中宿	小山弥五郎	
五六六	当所中宿	島田文左衛門	
五六七	当所中宿	床場民吉	
五六八	当所中宿	秋山房治郎	
五六九	当所中宿	島田要右衛門	
五七〇	当所中宿	中嶋庄蔵	
五七一	青梅宮本町	根岸隠居尊信	霊位菩提
五七二	青梅中横町	丸山安兵衛	●家内安全・子孫長久
五七三	▲江戸　四ッ谷	亀屋平助	●家内安全・子孫長久
五七四	青梅五町	伊勢屋忠兵衛	
五七五	青梅宮本町	海藤金次郎	●家内安全・子孫長久
五七六	青梅中町	根岸多助	先祖代々、●家内安全・子孫長久
五七七	青梅宮本町	根岸多助	先祖代々、●家内安全・子孫長久
五七八	青梅下宿	宮本秀悦	●家内安全・子孫長久
五七九	青梅町	横川貞八郎	
五八〇	青梅上町	池田茂兵衛	●家内安全・子孫長久
五八一	西分村	山崎喜右衛門	先祖代々
五八二	西分村	山崎喜右衛門	●家内安全・子孫長久

五八三	青梅下宿	本多養専	先祖代々、●家内安全・子孫長久
五八四	下村	青木半平	先祖代々
五八五	西分村	山崎与助	●家内安全
五八六	青梅町	田中八百右衛門	両霊位菩提
五八七	青梅町	田中八百右衛門	先祖代々
五八八	青梅町	田中八百右衛門	●家内安全・子孫長久
五八九	青梅町	梅林文次郎	三霊位菩提、●家内安全・子孫長久
五九〇	青梅町	根岸善右衛門	先祖代々
五九一	上川原村	大貫次郎右衛門	三霊位菩提
五九二	上川原村	木野兼吉	霊位菩提
五九三	上川原村	大貫甚右衛門母	二霊位菩提
五九四	上川原村	指田三郎兵衛	先祖代々・霊位菩提
五九五	上川原村	小池常吉	霊位菩提
五九六	上川原村	小池姓トメ女	●家内安全・子孫長久　霊位菩提、
五九七	上川原村	大野才助	先祖代々・霊位菩提
五九八	上川原村	大貫吉蔵	先祖代々
五九九	砂川村	山本宗八	霊位菩提
六〇〇	上川原村	指田三郎兵衛	先祖代々・四霊位菩提

第八章　拝島大師堂坂開通と「拝島大師」の成立

はじめに

幕末期の拝島大師については、拝島在村・周辺各村の人びとの記録が思いのほか欠落していますが、現在の拝島大師に残る史料や境内の様子から注目すべき拝島大師の歴史文化が分かることがあります。

一　上川原村と拝島大師

拝島大師『大般若経』墨書記名中の上川原村民の位置　拝島大師に幕末、嘉永三年（一八五〇）より勧進が開始された『大般若波羅蜜多経』六百巻納経が現存することは前章に見た通りですが、その六百巻納経者の最後近くは上川原村（現、昭島市上川原町）の人びとで占められています。それでも第一百九十五巻大野勝五郎、第一百九十九巻大貫栄蔵と早い時期の納経者の名も見えます。しかし、上川原村の多数は飛んで第四百五十九巻大貫健次郎、第四百九十五巻大貫馬蔵、第五百巻大貫弥助とあり、そして大般若経六百巻の終末、第五百九十二巻木野兼吉、第五百九十三巻大貫甚右衛門母、第五百九十四巻指田（さしだ）三郎兵衛、第五百九十六巻小池姓トメ女、第五百九十七巻大野才助、第五百九十八巻大貫吉蔵、そして第六百巻指田三郎兵衛母と結巻を納経してます。上川原村民の納経者は計十二人です。拝島大師の地元拝島村三宿の多数の納経者を除く昭島市東部地区各村納経者は大神村が七人ですが、大神村は村自体が納経して八巻分ありますから合計では十五巻となります。でも個人は上川原村の方が多いのです。次に宮沢村は六人、中神村は三名六巻分、郷地村は一人です。納経者名から見た上川原村民の拝島大師との関係の位置がわかります。

幕末、上川原村民の生産と在村文化　幕末期の上川原村の農業や在村文化については名主家の指田家文書に豊かな史料が残り、先に『昭島市史』(一九八三年)第七編第三章第三節「商業資本と地主経営の展開」に中神村中野家とともに上川原村指田家の事例が分析されています。また第四章「在村文化の諸相」に同指田家を中心とした上川原の幕末期の生活・文化がよく紹介されています。上川原村は築地村とともに多摩川流域の洪水被害地から高地へ移住し、開拓した村で、農業はすべて畑作という地域です。そのため農業は徹底した集約農業(細作)の必要があります。幕末期には養蚕に全力を挙げましたが、嘉永六年(一八五三)ペリー来航による開国世界市場への参加による日本近代化・経済発展の構造的展開という時期に適応した情況となりました。

養蚕を中心とした畑作農業生産の発展により生活に余裕の出た上川原村民は俳諧その他の在村文化を享受します。その初期のものには文政十一年(一八二八)上川原村友子(指田家当主の俳号)・俊子・規隆の三人が主となって募集・発行した『十評発句合　都岐鳥』があり、付近各村の俳句愛好者が集まりました。友子は指田家当主の俳号ですが、同時代の郷地村の不老軒うたゝが戯作作家のような遊び人的奇人であるのに対し、それとまったく対照的な「力作致富型」豪農在村文化人であったと『昭島市史』一一二八頁が指摘するのにまったく同感です。

奉額句会　奉額句会は、著名な社寺に、入選作を額面に彫って奉納するための句を募るもので江戸では浅草寺が第一に上げられます。浅草寺でも境内の三社権現と浅草寺が連名で書かれますが、神社には奉納額を掛ける個所がありません。浅草寺だけに納めたのです。嘉永六年の『武州山王宮・両大師両所万代奉額句会』も同様に額は拝島大師に掛けられたもので、その一部は拝島大師に現存します。ただ上川原村は事情が異なり、指田氏が中心となり村の鎮守日枝神社に『山王宮奉灯　秋乱題句会』百五十二句の奉納がありました。

拝島大師の初縁日だるま市と上川原村の生産と在村文化　拝島大師のだるま市もまた、ペリー来航による開国世界市場への参加と密接に関係します。一つには赤いダルマが蚕の病気によく効くとか、拝島大師の蛇に似た大黒さんのお札が蚕の敵である鼠除けになるとか、にわかに拝島大師参詣がブームになりました。三多摩、西関東から集まる多数の参詣者、露店商によって拝島大師の正月二・三日のだるま市は空前の賑わいとなりました。上川原村民もその生産物をもって大師初縁日に参詣したのです。

上川原村の大師道と堂坂の開通　広域句会は各地を道路で結びました。上川原村は宮沢村との句会がはじめですが、上川原村の指田家ら多数の菩提寺が宮沢村阿弥陀寺だったことによるのでしょう。しかし、まもなく『山王宮奉灯秋乱題句会』では、拝島―上川原―宮沢―中神―郷地ないし、拝島―上川原―大神―宮沢―中神―郷地とあって、拝島と上川原村との道が開けました。

二　拝島大師境内の堂坂と「拝島大師」の成立

堂坂　現在でも拝島大師西側に堂坂と呼ぶ坂道があり、市道が通っています。この堂坂はいつ作られたのでしょう。その曲解く鍵の一つに上川原村から大師道を通って拝島大師境内に入ると、堂坂を下って左方に大師堂が見えます。その曲角にかつてお籠もり堂がありました。約四十年前に老朽のため取り壊しましたが、中に俳句を書いた板切や和紙が貼ってありました。戦時中にある人が住居にしたこともあって委しいことは不明です。拝島の人がお籠もりと考えていましたが、上川原から来る人が夜通し俳句をひねっていたというのも面白いでしょう。

堂坂の湧き水湧泉と堂前の川　明治十三年（一八八〇）八月作成の「武蔵国北多摩郡拝島村本覚院図」があります。その附図は「武蔵国北多摩郡拝島村本覚院境内建物百分一ノ図」とあります。堂前に小川が流れ、玉石の石崖上の土地に大師堂・庫裡が建っています。大師堂本堂前には一対の石灯籠と手洗水と茶処が在り、参道脇に立派な松があり、石橋が架かっています。西に延命地蔵尊のお堂がありますが、その左、つまり西側は山道になっています。堂坂の途中は切り通しのために湧き水があり、それが大師堂境内を直接に流れた様子が書かれています。

公図に書かれる水路　現在でも拝島大師本覚院の境内の公図には堂前に水路があり、それが西へ向かい、堂坂の現在大師西門転害門南部に至って消えています。この水路はどこから流れてくるのでしょう。堂坂途中の湧き水が坂に沿って下り大師境内地に流れていたものを示したものと考えられます。

堂坂の赤道　堂坂に赤道がありますが、これは江戸時代に大師境内に隣接した本覚院所有山林の山道です。上川原村人の大師参詣路だったのです。これが「拝島大師」の成立に密接に関係します。

三　上川原指田家と熊川石川弥八郎家と拝島大師

天保六年（一八三五）に石川弥八郎は上川原村名主甚右衛門の子和吉を養子としています。熊川石川弥八郎は「力作致富型」豪農上川原指田和吉の能力を石川家の発展のために必要としたのです。天保十年八月弥八郎が他界した後、名主弥八郎を継いでいます。やがて、文久三年（一八六三）、和吉改め石川弥八郎は酒醸造を始めました。これが「多満自慢」石川酒造の興りです。時あたかも拝島大師では向拝高欄造営が竣工、拝島大師参詣者の便はより向上し、「拝島大師」は新時代を迎えたのです。

結び

現在、拝島大師は通称とされていますが、その名称は古く、文献上では後に述べるように、青梅鉄道拝島大師臨時列車(電車)運転広告印刷の件に大正期の青梅鉄道が拝島大師初大師に臨時列車を運転する広告チラシを印刷した文中に「拝島大師」の名称が見えます。ただ拝島の大師さま「拝島大師」の言い方は、近世後期の隣村熊川『石川多摩自慢酒造文書』にも見え、幕末以前に遡ることは明らかです。

第九章　拝島大師本堂向拝高欄造営と智海尼の生涯

はじめに

先の「大般若経奉納者名簿」に続いて向拝高欄擬宝珠刻名についてまず紹介します。当時、開港の進展に国内経済がインフレ傾向を見せ、物価騰貴などの弊害が出ると、京都の公家や国学者、また数人の大名らなどに幕政に批判的な空気が生じ、安政六年（一八五九）幕政担当者の大老井伊直弼は安政の大獄を起こし、橋本左内や吉田松陰らが刑死しています。翌万延元年（一八六〇）三月三日、水戸藩浪人らが桜田門外に大老井伊直弼を暗殺、これまでの安定は一挙に混乱となり、開港論と攘夷論の国論二分の状態となりました。

一　拝島大師旧本堂の向拝高欄擬宝珠刻銘名

拝島大師旧本堂の向拝高欄　文政二年（一八一九）に落慶した元三大師堂、拝島大師本堂浜縁には向拝高欄が付いていませんでした。早く天保年間に中興義順住職によりその建設が企図され、建立勧進の無尽講が立ち上げられたことは、すでに先の第七章に見たとおりです。でも中興義順住職が天保十三年（一八四二）十二月六日入滅し、事は進捗しなかったようです。それが後に現在実見できるような唐破風、出組組み物、正面欄間には大きな宝珠を両前足に摑み躍動する龍の彫物があり、向拝柱の頂部には獅子と象が左右に一対付いた実に見事な彫物（口絵17）、向拝と本堂建物とはこれまた類例を見ない大規模な海老虹梁で結んでいます（口絵15）。五尺の浜縁には高欄が付き、擬宝珠が冠ります（口絵18）。この向拝高欄はいつ造られたのでしょう。

旧本堂、高欄擬宝珠刻銘名　旧本堂の高欄擬宝珠には文久三年（一八六三）と刻され、その寄進者銘文が刻まれています。

①高月村　　円通寺
②鑓水村　　大塚徳左衛門
③中神村　　中野久次郎
④大神村　　石川伊右衛門
⑤田中村　　矢島常右衛門
⑥当所拝島村　小林久蔵
⑦谷保村　　鋳物師関知利

高月円通寺は近世拝島大師本覚院の本寺とされた寺です。鑓水村大塚徳左衛門、中神村中野久次郎（中久）、大神村石川伊右衛門は養蚕、生糸、青梅縞の売買取引をし、近江商人を通じて横浜から外国貿易につながる構図です。この頃、拝島大師の初縁日には天保以来の養蚕・生糸増産を祈願する豪農・本百姓・小前百姓らが雲集群参してだるま市が盛り上がりました。節分会や蚕祭りには蛇の形をした大黒天の御札が養蚕成功を願って配られました。その拝島大師を支える中心人物が鑓水村大塚徳左衛門、大神村石川伊右衛門、それにこの時故人となっていた中神村中野久次郎

（中久）、田中村矢島常右衛門、それに当所拝島村小林久蔵（橘屋）でした。最後の谷保村鋳物師関知利は青銅製の擬宝珠七個を製作した鋳物師で、甲州街道谷保村（現、東京都国立市）です。拝島大師の拝島村から田中・大神・宮沢・福島・郷地の昭島市各村の先は柴崎村（立川市）、ここで甲州街道に入り、青柳村の次が谷保村です。当時から主要街道は単に交通路であるだけでなく、商工業のセンターでした。拝島大師旧本堂の高欄擬宝珠には相当高度な技術が窺えます。

二　拝島大師本覚院智海尼の生涯

智海尼と拝島大師本覚院　近世後期の文化文政期より天保・弘化を経て嘉永・安政から万延・文久・元治までの幕末激動期の拝島大師本覚院にとって忘れてはならない人物に智海尼が居ます。先に拝島大師本覚院『大般若波羅蜜多経』六百巻納経の功績者だと紹介しました。彼女は文化のころ本覚院に到来し、中興義順阿闍梨の大師堂再建に協力し、その後六十年ぶりの御開帳、さらに向拝造営勧進無尽講など文化・文政・天保年間、中興義順阿闍梨に従って本覚院の寺運隆盛に尽力しました。義順滅後には義歓・澄歓・澄俊三代の本覚院住職と共にありました。拝島大師本覚院『大般若波羅蜜多経』六百巻納経にも、第一百一巻から第一百四巻の四巻分の納経をしています。各巻の追善戒名者は不明ですが、最後の一巻の父大森源太左衛門は旗本の武士と思われます。注目すべきことは文政二年（一八一九）の大師堂建立以来、大師堂の大師様宮殿の左側、護摩壇本尊不動明王の右隣りに祀っていて、現在奥の院多宝塔本尊に祀る如意輪観音木像に智海尼が父母の菩提のために寄進したと墨書してあることです。

向拝高欄造営と智海尼　拝島大師堂向拝高欄造営は天保年間、中興義順阿闍梨によって始まりました。その建設勧進のために無尽講が企図され月懸拠金が天保年間に具体的に開始されました。それが天保十三年(一八四三)の中興義順阿闍梨の入滅により工事着手が中断したようです。文久三年(一八六三)澄俊代に先に記したように大師堂向拝高欄造営は見事に竣工しました。智海尼は六十歳を優に超え、あるいは七十歳代に入って居たかも知れません。

智海尼による大師堂向拝高欄造営の工事報告書　ここに思わぬ史料が残されています。縦八寸(二四・二〇センチメートル)、横十一寸(三三・四〇センチメートル)の和紙を二つ折りして竪冊十葉の冊子です。以下に上段に原文、下段に読み下し文を対象させて示しましょう。

(第一葉表)

(表紙・竪冊)

「　文久三年
向拝造営内借弁済修覆幷寄進物取調帳
亥十月　」

(第二葉表裏)

◎留主居役ゟ住職中寺附借残返弁等覚

戌亥子丑年迄　寺附諸入用金

一、金弐拾七両弐分ト　御本山年賦金幷無量寺ゟ受
五百拾弐文　取之節、不足御立替、元利
返弁

文久三年
向拝造営内借弁済修復幷に寄進物取調帳
亥十月

◎留主居役より住職中寺附き借残返弁など覚え

天保九(一八三八)・十・十一・十二年まで　寺附諸入用金

一、金二十七両二分と　御本山年賦金幷に無量寺より受
五百十二文　取りの節、不足お立替え、元利
返弁

辰巳午年迄ニ　　寺附借残金共
一、金拾八両弐分　瀧村惣右衛門・高月村市郎右衛
門母、元利返済〆高
戌亥子迄　　寺銭無尽売掛
一、金拾壱両弐分ト　金弐分掛年ニ三度　油や万次郎壱口
壱貫百八拾六文　弐朱掛五度　檀方吉蔵　弐口
三口　何迄年之間其々何残
〆金五拾七両弐分ト　隠居智海尼ゟ不残代替
壱貫七百弐文　但金壱両　何計平均
◎戌年ゟ当亥年迄拾四ヶ年之間　張針是者よし
修覆其外畳替諸入用覚
天保九年
戌年中
一、金五両壱分ト　木小屋智海尼隠居所屋根棟直シ、
五百八拾弐文　指茅座敷前庇通惣替、麦藁竹釘
金太板釘竹駄賃、屋根や幷大工
人足賃、平均入用〆高

弘化元（一八四四）・二・三年まで　寺附借残金共
一、金十八両二分　瀧村惣右衛門・高月村市郎右衛
門母元利返済締め高
嘉永三（一八五〇）・四・五年まで　寺附無尽売掛
一、金十一両二分と　金二分掛年に三度　油屋万次郎一口
一貫百八十六文　二朱掛五度　檀方吉蔵　二口
三口　何年までの間それぞれいかほど残る
締め金五十七両二分と　隠居智海尼より残らず代替
一貫七百二文　但し金一両　何ばかり平均
◎天保九戌年より当亥年まで十四カ年の間　針金
これはよし　修覆そのほか畳替諸入用覚え
天保九年（一八三八）
一、金五両一分と　木小屋智海尼隠居所屋根棟直し
五百八十二文　指茅座敷前庇通り惣替、麦藁竹
釘金太板釘竹駄賃、屋根屋幷に
大工人足賃、其の惣入用締め高

（第三葉表裏）

亥年中
一、金六両三分ト
八百七拾八文
大師堂畳弐十四畳、茶堂六畳、
台所十二畳、大紋遍り三反、黒
遍り畳や手間糸代、裏物置屋根
物替、太板駄賃大工手間諸入用

子年中
一、金六両三分弐朱ト
七百四拾三文
有来
細工小家屋根惣替、台所縁幷不
残取替、志き居取替、大門柱根
継、屋根壱寸板ニ而惣替、杉皮
駄賃、釘木口大工賃銭、日雇人
足賃、其外諸入用〆高

丑年中
一、金五両壱分弐朱ト
三百七拾弐文
茶堂屋根物替、板釘葺手間賃、
本尊前畳十畳惣替、玄関裏返屋
根破損手入、遍り糸代畳や手間

天保十年（一八三九）
一、金六両三分と
八百七十八文
大師堂畳二十四畳、茶堂六畳、
台所十二畳、大紋べり三反、黒
べり畳や手間糸代、裏物置屋根
物替え、太板駄賃大工手間諸入
用

天保十一年（一八四〇）
一、金六両三分二朱と
七百四十三文
有り来たり細工小家屋根惣替え、
台所縁幷に残らず取替、敷居取
替え、大門柱根継ぎ、屋根一寸
板にて惣替、杉皮駄賃、釘木口
大工賃銭、日雇人足賃　其外諸
入用締め高

天保十二年（一八四一）
一、金五両一分二朱と
三百七十二文
茶堂屋根物替え、板釘葺手間賃、
本尊前十畳惣替、玄関裏返し屋
根破損手入、へり糸代畳屋手間

賃、其外諸入用〆高

寅年中

一、金八両弐分弐朱ト　　木戸弐ヶ所新取替、居間手入、
　　五百四拾八文　　物置新調、木口太板大工手間賃、
　　　　居間六畳惣替、居間戸障子新調
　　　　廊下屋根替太板釘職人賃其外共
　　　　入用

卯年中

一、金四両壱分壱朱ト　　台所表屋根惣替、座敷西方庇通
　　六百五拾九文　　物替、杉皮太板釘竹駄賃、玄関
　　　　畳物替、諸職人賃銀幷諸入用糸
　　　　代共惣〆高

辰年中

一、金五両三分二朱ト　　木小屋隠居や屋根惣替、茅麦藁
　　三百弐拾四文　　竹縄針金、葺手間賃人足賃駄賃
　　　　酒代祝儀共〆高

賃、其外諸入用締め高

天保十三年（一八四二）

一、金八両二分二朱と　　木戸二カ所新取替え、居間手入
　　五百四十八文　　れ、物置新調、木口太板大工手
　　　　間賃、居間六畳惣替、居間戸障
　　　　障子新調廊下屋根替太板釘職人
　　　　賃其外共入用

天保十四年（一八四三）

一、金四両一分一朱と　　台所表屋根惣替え、座敷西方庇
　　六百五十九文　　通り惣替え、杉皮太板釘竹駄賃、
　　　　玄関畳物替え、諸職人賃銀弁に
　　　　諸入用糸代共惣締め高

弘化元年（一八四四）

一、金五両三分二朱と　　木小屋隠居屋屋根惣替え、茅麦
　　三百二十四文　　藁竹針金、葺手間賃人足賃駄賃
　　　　酒代祝儀共に締め高

（第四葉表裏）

巳年中

一、金六両壱分ト　表溜池石垣、地蔵堂石垣幷奥屋敷六畳表替、次間八畳惣替、居間六畳惣替、茶堂六畳惣替、中庭門屋根板取替、木口釘諸職人手間賃糸代等諸入用〆高

四百拾三文

午年中

一、金七両壱分三朱ト　庫裏屋根表通惣替、太板釘竹、手洗水屋板屋根惣替、大師堂畳十六畳取替共裏返し、白木綿三反、諸職人手間糸代其外諸入用〆高

三百九拾四文

未年中

一、金八両弐分ト　表門屋根幷茶堂屋根不残惣瓦ニ取替、釘針金駄賃葺手間酒代日雇共惣〆高

百七拾六文

弘化二年（一八四五）

一、金六両一分と　表溜池石垣、地蔵堂石垣幷に奥屋敷六畳表替、次間八畳惣替、居間六畳惣替、茶堂六畳惣替、中庭門屋根板取替、木口釘諸職人手間糸代等諸入用締め高

四百十三文

弘化三年（一八四六）

一、金七両一分三朱と　庫裏屋根表通惣替え、太板釘竹、手洗水屋板屋根惣替え、大師堂畳十六畳取替えとも裏返し、白木綿三反、諸職人手間糸代其の外諸入用締め高

三百九十四文

弘化四年（一八四七）

一、金八両二分と　表門屋根幷に茶堂屋根残らず惣瓦に取替え、釘針金駄賃葺手間酒代日雇共に惣締め高

百七十六文

未年中
一、金拾弐両壱分弐朱ト　大師堂屋根茅百五拾駄、麦藁竹
　　四百拾三文　縄駄賃葺賃手間飯料、日雇人足
　　賃酒代祝儀共〆高

申年中○
一、金弐両弐分ト　大師堂棟宝形瓦取替足代掛、砂
　　九百四拾文　官屋根人足賃共諸入用〆高

同断
一、金九両三分ト　庫裏
　　壱貫六百文　本尊前畳十畳表惣替、玄関六畳
　　裏返、台所十弐畳惣替、隠居や
　　四畳半惣替、細工小屋手入、台
　　所惣左官前門新調、大門扣柱駒
　　寄、木口釘諸職人賃銀其外入用
　　〆高分

（第五葉表裏）

酉年中
一、金六両弐分弐朱ト　庫裏裏通リ家根惣替、杉皮代駄

弘化四年（一八四七）
一、金十二両一分二朱と　大師堂屋根茅百五十駄、麦藁竹
　　四百十三文　縄駄賃葺賃職人賃飯料、日雇人
　　足賃酒代祝儀共締め高

嘉永元年（一八四八）
一、金二両二分と　大師堂棟宝形瓦取替足代掛け、
　　九百四十文　左官屋根人足賃共に諸入用締め
　　高

嘉永元年（一八四八）
一、金九両三分と　庫裏本尊前畳十畳表惣替、玄関
　　一貫六百文　六畳裏返、台所十弐畳惣替、隠
　　居屋四畳半惣替、細工小屋手入、
　　台所惣左官前門新調、大門扣柱
　　駒寄せ、木口釘諸職人賃銀其の
　　外入用締め高

嘉永二年（一八四九）
一、金六両二分二朱と　庫裏裏通り屋根惣替、杉皮代駄

弐百弐拾三文　賃、釘竹、人足賃大工賃葺手間
賃、諸入用〆高

戌年中

一、金弐両弐朱ト　東庇通惣葺替、廊下屋根惣替杉
四百拾八文　皮竹釘、大工賃人足賃、諸入用
〆高

亥年中

一、金弐両弐分ト　庫裏座敷畳八畳裏返、次間居間
七百五拾三文　六畳惣替、隠居屋台所十弐畳表
替裏返職人賃銀、糸代共〆高

惣〆金百壱両弐朱
銭九貫四百四拾九文

◎大師堂向拝造立諸入用覚

申年九月　但長サ四間、廻リ六尺三寸

一、金弐両三分弐朱　槻壱本代引取入用共

（第六葉表裏）

二百二十三文　賃、釘竹、人足賃大工賃葺手間
賃、諸入用締め高

嘉永三年（一八五〇）

一、金二両二朱と　東庇通り惣葺替、廊下屋根惣替
四百十八文　え杉皮竹釘、大工賃人足賃、諸
入用締め高

嘉永四年（一八五一）

一、金二両二分と　庫裏座敷八畳裏返し、次の間居
七百五十三文　間六畳惣替え、隠居屋台所十二
畳表替裏返し職人賃銀、糸代共
締め高

物締め金百一両二朱
銭九貫四百四十九文

◎大師堂向拝造立諸入用覚

万延元年（一八六〇）九月　長さ四間、廻リ六尺三寸

一、金二両三分二朱　槻一本代引取リ入用共に

酉二月

一、金壱両弐分三朱ト　　村役人世話人廿五人
　　五拾□文　　両度寄合参会諸入用

酉戌年迄
金九拾五両之処

一、金八拾三両　　大工直右衛門受負高、但大工方
ゟ小屋掛、彫物不残木口ゟ木挽、
向拝屋根地形人足共後方一式

酉戌

一、金拾三両弐朱　　隠石代其外銅物代等、一式〆高

同断　　向拝ノ普請中

一、金弐両弐分　　仮家入用払受負人大工直右衛門

向拝取附ニ付

一、金壱両弐分　　本堂屋根直シ、竹縄麦藁、飯料
不残熊川屋根や賃其外入用金

文久元年（一八六一）二月

一、金一両二分三朱　　村役人・世話人
　　五十□文　　両度寄合参会諸入用

文久元（一八六一）・二年まで
金九十五両の処

一、金八十三両　　大工直右衛門請負高、但し大工
方より小屋掛け、彫物残らず木
口より木挽き、向拝屋根地形人
足共後方一式

文久元（一八六一）・二年

一、金十三両二朱　　隠石代その外銅物代など、一式
締め高

同年　　向拝の普請中

一、金二両二分　　仮家入用払受負人大工直右衛門

向拝取附につき

一、金一両二分　　本堂屋根直し、竹縄麦藁、飯料
残らず熊川屋根屋賃其外入用〆
高

一、金　　　縁側高欄等補理、諸入用〆高
一、金弐両弐分ト　　　鋲立地形人足其外諸職人酒代、
　　四百文　　　祝儀共
一、金壱両壱分　　　仏子ゟ払箱棟、其外ちゃん怒与、
　　　　　　筵弐十枚、丸太木代共、其外入
　　　　　　用
　　〆金百六両三分二朱
　　　壱貫四百三拾弐文

（第七葉表裏）
　◎向拝造営中入金覚
酉戌亥三ヶ年済
一、内金六拾弐両　　当村中寄附
　　　　　　別出帳有之候
一、金七両　　縁側高欄宝形七本代
　　施主　御本寺　　小林久蔵
　　弐本中野久次郎　石川伊右衛門
　　矢島常右衛門　大塚徳左衛門
　　右手与リ宝形壱本壱両ツヽ七本

一、金　　　縁側高欄等補理、諸入用締め高
一、金二両二分と　　　鋲立地形人足其外諸職人酒代、
　　四百文　　　祝儀共に
一、金一両一分　　　仏子より払い箱棟、其外ちゃん
　　　　　　ぬと、筵二十枚、丸太木代共、
　　　　　　其の外入用
　　締め金百六両三分二朱
　　　壱貫四百三十二文

　◎向拝造営中、入金覚え
文久元（一八六一）・二・三年
一、内金六拾弐両　　当村中寄附、
　　　　　　別出し帳これ有り候
一、金七両　　縁高欄宝形七本代
　　施主　円通寺・小林久蔵・
　　二本　中野久次郎・石川伊右衛門
　　矢島常右衛門　大塚徳左衛門
　　右手ヨリ宝形一本一両ずつ七本

一、金弐拾両　　当院出金
一、金佰両　　積立金出金ゟ
　　　　　　　諸取入
一、金八両弐分　田中、大神村、上河原村奉納高
一、金五両　　八王子八日市
　　　　　　　亀屋平兵衛
　〆金百弐両弐分
差行　金佰両　当院ゟ出金
（第八葉表裏）
◎戊年ゟ当亥年迄、諸方奇進物等覚之品々左之通御
　座候
戌年三月
　大師宝前
一、鰐口　　発願主先々住義順之由
　此代金凡六両弐分　施主下宿女念仏講中
　　　　　　　　　　願主　智海

一、金二拾両　　当院出金
一、金百何両　　積立金出金取請繰入
一、金八両二分　田中、大神村、上河原村、奉納高
一、金五両　　八王子八日市
　　　　　　　亀屋平兵衛
　締め金百二両二分
差行　金佰両　当院より出金
◎戊年（嘉永三年）より当亥年（文久三年）まで、諸
　方寄進物等覚の品々左の通り御座候
嘉永三年（一八五〇）三月
　大師宝前
一、鰐口　　発願主先々住義順の由
　此代金凡そ六両二分　施主下宿女念仏講中
　　　　　　　　　　願主　智海

亥年十一月
一、本尊弥陀彩光　当院并檀方中
此代金七両
一、御本地仏如意輪観音　智海
丑正月　施主檀方
一、両大師辻札口　神保常八
此代金凡壱両弐分
卯ノ七月
大師宝前　発願主澄俊願之
一、密檀脇机礼盤共一通　当院檀方中
此代金凡五両弐分
〃　十二月　願主
一、磬台　智海尼
此代金凡壱両弐分
（第九葉表裏）
辰十二月　施主上宿
一、密檀塗五具足一通　野島庄右衛門
此代金凡七両

嘉永四年（一八五一）十一月
一、本尊弥陀彩光　当院幷に檀方中
此代金七両
一、御本地仏如意輪観音　智海
嘉永六年（一八五三）正月　施主檀方
一、両大師辻札口　神保常八
此代金凡そ一両二分
安政二年（一八五五）七月
大師宝前　発願主澄俊願之
一、密檀脇机礼盤並一通　当院檀方中
此代金凡そ五両二分
安政二年（一八五五）十二月　願主
一、磬台　智海尼
此代金凡そ一両二分
安政三年（一八五三）十二月　施主上宿
一、密檀塗五具足一通　野島庄右衛門
此代金凡七両

一、惣金箔木蓮花一対

巳十二月

一、石地蔵尊壱躰并覆堂　下宿女念仏講中

此代金凡九両　願主智海

午二月

一、麻幕　香具商人中

此代金凡拾三両　世話人当所　油屋万次郎

午三月

一、大般若経六百巻　施主　近隣経納之者

此代金凡三拾両　発起世話人上河原　大野仙蔵

一、大般若経桐箱十弐　右同断

此代金凡四両

大師宝前

一、石燈籠壱対　右同断

此代金凡弐拾弐両

一、惣金箔木蓮花一対

安政四年（一八五七）十二月

一、石地蔵尊一体並び覆堂　下宿女念仏講中

此代金凡九両　願主　智海

安政五年（一八五八）十二月

一、麻幕　香具商人中

此代金凡拾三両　世話人当所　油屋万次郎

安政五年（一八五八）三月

一、大般若経六百巻　施主　近隣経納之者

此代金凡三十両　発起世話人上河原　大野仙蔵

一、大般若経桐箱十二　右同断

此代金凡四両

大師宝前

一、石燈籠一対　右同断

此代金凡二十二両

（第十葉表裏）

一、大師宝前
金箔押木工鰐　施主上宿　野島庄兵衛
此代金凡三両

一、蒲団　三枚　施主　上宿女念仏講中
此代金凡壱両弐分

大師宝前
一、鏧幷紐　願主　智海尼
此代金凡壱両壱分

午七月
一、百度参詣数取　納主　小林長兵衛
此代金凡弐分

未十二月
一、五間階子　壱丁　願主当院檀方　矢嶋安次郎
此代金凡弐分弐朱
世話人十方檀信徒方

一、金弐拾両　願主上河原　勘右衛門
大般若永代転読料　同坂下　市左衛門

一、大師宝前
金箔押木工鰐　施主上宿　野島庄兵衛
此代金凡三両

一、蒲団　三枚　施主　上宿女念仏講中
此代金凡一両二分

大師宝前
一、鏧並びに紐　願主　智海尼
此代金凡一両一分

安政五年（一八五八）七月
一、百度参詣数取　納主　小林長兵衛
此代金凡そ二分

安政六年（一八五九）十二月
一、五間階子　一丁　願主当院檀方　矢嶋安次郎
此代金凡そ二分二朱
世話人十方檀信徒方

一、金弐拾両　願主上河原　勘右衛門
大般若永代転読料　同坂下　市左衛門

永代常夜　燈明料　　同坂上　六兵衛

―

永代常夜燈明料　　同坂上　六兵衛

これは智海尼による大師堂向拝高欄造営の工事報告書です。大師堂は義順住職の時に浜縁階段まで完成していました。義順住職は向拝高欄を造営しようと天保二卯年（一八三一）ころに資金集めを開始しました。だが義順住職は天保十三年（一八四二）十二月六日に入滅し、向拝高欄造営工事の着手に至りませんでした。上掲、文久三年（一八六三）亥十月、「向拝造営内借弁済修覆幷寄進物取調帳」は、留主居役智海尼より住職澄俊あてに報告された天保九戊年より嘉永子五年（一八五二）まで十五カ年賦の「寺附借財返弁等覚」、天保九戊年より文久三年までの「修覆其外畳替諸入用覚」、万延元年（一八六〇）九月より文久三年までの「大師堂向拝造立諸入用覚」、文久元年より同三年までの「向拝造営中入金覚」、嘉永三年より文久三年までの「諸方寄進物等覚」から成っています。

大師堂向拝高欄造営は、万延元年から文久三年の丸四年の工事でした。なお嘉永三年より文久三年までの諸方寄進物等覚により大師堂、本覚院客殿本尊荘厳の仏具類の寄進が分かります。智海尼は拝島上中下三宿の女性達の女念仏講中に諸物の寄進を依頼したほか、自分自身も数々の施入を行っています。いずれにしても大師堂向拝高欄造営の工事が文久三年落慶完成しました。その成功は智海尼にとって何とも感慨深いものがあったはずです。

智海尼の入滅　その二年後、幕末維新の激動の最終局面の矢先の元治二年（一八六五）正月二十五日、智海尼は静かに入滅しました。その墓所は大師堂の真後に定められました。その出家の墓石形の無縫塔には功輪庵智海尼位、元治二丑年正月二十五日と刻まれています。先に見た熊川村石川弥八郎家の妻女たちは大師様を篤く信仰しました。何か相談事があると大師様に参詣しました。相談に乗ったのは智海尼だったのでしょう。

三　拝島大師本堂向拝高欄造営の時代的背景

安政の大獄・桜田門外の変　開港論と攘夷論の国論二分　万延元年(一八六〇)三月三日水戸藩浪人らが桜田門外に大老井伊直弼を暗殺、これまでの安定は一挙に混乱となり、開港論と攘夷論の国論二分の状態となりました。この危機に対し幕府は同年、皇女和宮の将軍家茂への降嫁などの公武合体の策を採り、翌文久元年(一八六一)十月和宮の東下りとなり、婚礼はその翌、文久二年二月に行われました。このころ長州藩士長井雅楽が公武合体の議を建白するなど、一時公武合体で難局を乗り越える気運が支配し、倒幕の尊皇派はなりを静めました。岩倉具視らの公家や桂小五郎らの勤王の志士は京都内外に身を潜めました。しかし公武合体派は必ずしも幕府の統制に従ったわけではなく、薩摩の島津久光ら攘夷派は生麦事件を起こし、朝議は攘夷に決しました。江戸御殿山の英公使館が焼き討ちされます。参勤交替が毎年ではなく三年に一度になりました。幕府は京都警護のため京都守護職を置き、会津藩主松平容保を任命します。

文久三年という年について　文久三年(一八六三)は時代転換の大激動の年でした。公武合体で皇女和宮と婚姻した十四代将軍徳川家茂は朝議に参加すべく上洛します。その道中警護に近藤勇・土方歳三らの新撰組が当たり、京都に向かいます。新撰組は多摩の武術天然理心流で有名です。上洛した新撰組は京都守護職会津藩主松平容保の配下となり、京都市中の過激な勤王派の捜査に乗り出しました。将軍家茂が上洛当初は賀茂・石清水両社に攘夷祈願をして攘夷論は最高潮となりましたが、八月十八日の政変で朝議は攘夷から開国和平に急変し、攘夷急進の七卿公家は失脚して長州目指して都落ちします。これより先同年五月長州藩は関門海峡を通過する外国船に砲撃を加え、同七月には薩摩の攘夷論者がまたイギリス船を打ち払って、かえって鹿児島市内が砲撃され大火災となりました。薩英戦争と呼びます。天誅組の変、生野銀山の変と国内各地は一挙に動乱の状況に突入し、幕末維新となりました。

文久四年・元治元年　翌文久四年(一八六四)はさらに動乱が新展開します。この年三月水戸藩勤王派の藤田東湖の子小四郎らが挙兵し、七月蛤御門の変が起こり、長州藩が朝敵になりました。攘夷を貫く長州藩に八月イギリス・フランス・ロシア・アメリカの四国艦隊が下関を砲撃し、同地の一部を占領します。同じころ、幕府は諸藩を率いて長州征討を行いました。長州は従来の武士だけでなく、高杉晋作が農民を兵隊に組織した奇兵隊が活躍して、攻撃をよく防ぎました。これを見た土佐の坂本龍馬は薩長連合の結成を呼びかけます。十一月、長州は降伏して謝罪します。長州の藩論は攘夷から開国和平に急変します。この間、フランス公使ロッシュが江戸に着任し、幕府に種々の献策を行い、幕府は財政緊縮のため経済統制を強め、生糸らの輸出が激減します。農村経済は壊滅し、人びとの困窮は窮まり、世直しが標榜されます。

元治二年・慶応元年　翌元治二年(一八六五)三月水戸藩勤王派の武田耕雲斎が挙兵して上洛を目指しましたが失敗します。長州再征が号令されますが、今度は諸藩はあまり動きません。安政の諸条約が勅許され、綿糸品の輸入が激増します。横浜製鉄所・横須賀造船所が起工され、日本は近代工業力増強を進めました。

慶応二年薩長連合　慶応二年(一八六六)正月、先に土佐の坂本龍馬が企図した薩長連合が現実になり、盟約が成立します。長州征討の総大将十四代将軍家茂は大坂城で病死し、長州再征は解かれました。十五代将軍は一橋慶喜、最後の徳川将軍となりました。欧米列強との通商改税約書が調印されます。

慶応三年一挙に維新へ　翌慶応三年(一八六七)、ええじゃないか運動が名古屋に起こり全国に広まりました。十月十四日討幕の密勅が薩長に下りました。内戦を嫌う将軍慶喜は大政奉還を乞い、翌日勅許されます。十二月九日、王政復古の大号令が発せられ、明治維新となります。

明治元年近代国家へ　明治元年（一八六八）、鳥羽伏見の戦いで大勝利した官軍は江戸を目指し、江戸近くで官軍西郷隆盛と幕臣勝海舟の会見があって江戸城は無血開城します。上野彰義隊の抵抗、会津戦争、そして榎本武揚らの函館五稜郭の戦いとありましたが、官軍の前に平定されました。

結　び

幕末期激動期の拝島大師において、智海尼の存在はあまりにも大きかったのです。明治以降近代日本における拝島大師の発展の基礎を築いた功労者と言える活躍の後半生でした。文久三年（一八六三）十月の「向拝造営内借弁済修覆幷寄進物取調帳」は百五十年後の平成―令和の今日でもまだまだ生きている史料です。拝島大師にとっては古典中の古典の価値があります。

第十章　明治・大正・昭和戦前期の拝島大師

一　明治期の拝島大師本覚院

幕末から明治期の本覚院住職　幕末維新明治期間の拝島大師本覚院住職は、まず嘉永三年（一八五〇）から明治六年（一八七三）まで二十五世澄俊、二十六世藤井賢祐が明治六年（一八七三）から、明治四十年（一九〇七）六月十四日七十三歳で寂した二十七世住職解脱院大阿闍梨阿實、姓大塚氏、常陸国の人でした。ほかに光了、澄良という僧侶など、本覚院には常時二、三人の僧侶のほか、数人の小僧さんが居りました。

幕末維新の拝島大師　日本全国に廃仏毀釈の嵐が到来し、寺院は有名無名を問わず例外なしに破壊されていたころ、拝島大師は意外なほど平穏無事でした。正月二・三日の初縁日での「だるま市」はますます盛んになり、三日早朝の若衆による裸参りは寒中の寒さを吹き飛ばす熱気が溢れました。拝島大師はあいかわらず土地の人びとにより大切に護持されたのです。

築山造園　明治七年（一八七四）、近世以来長く本覚院住職を勤めた二十五世澄俊師が川口（八王子市）三光院に隠棲し、藤井賢祐師が二十六世住職に就任しました。これを記念するように明治十四年（一八八一）大師堂西に築山が造園されました。小池が掘られてその土が多摩川に作った崖線に貼り付け盛り上げられ、すっかり庭園の風ができました。拝島村の若者たちが総出で土運ぶ姿が目に浮かぶようです。赤松が一本高台を背景に植えられました。記念の和歌を刻む多摩川の大石が今も立ち、澄んだ池水に句碑が映ります。

我が身与尓奈可ら無後の末迄毛　禱る古ノ池ハ透連とそ思ふ

（我が身世に無からむ後の末までも　祈るこの池は透れとぞ思う）　藤井賢祐二十六世本覚院住職

明治十四年巳三月

（下台石）当所下分　加藤金蔵・高崎廣吉・高崎重太郎・谷部亀吉・目黒和助・小澤作次郎

「私がこの世には居なくなっているだろう後の世までも、大師さまへの祈る心に満ちたこの池は澄み透れとぞ思う」というものです（口絵23）。まことにこの大師築山の池の水は今も水をたたえています（口絵21）。

青梅鉄道（拝島）停車場設置請願書　奥多摩等から石灰運送のため鉄道が敷設されましたが、途中に停車場を設けて石灰以外の物資や人員運搬を企図することの必要性が請願されました。明治二十四年（一八九一）十一月、停車場設置請願書が拝島村総代人から出されました。『青梅鉄道昭島関係史料集』二五頁以下、昭島市教育委員会（原文書『青梅鉄道資料』、青梅市郷土博物館蔵）からその文の要点を箇条書きに示しましょう。冒頭部は省略します。

①今ヤ各地方ハ運輸交通ノ便大ニ開ケ山間僻地モ都府市街モ鉄道線路ヲシテ将ニ正ニ連続普及セシメントスルニ至レリ　嗚呼時運ナル哉　這回青梅鉄道布設ノ美挙アリ　線路測量ハ本村ヲ通過シテ最早整頓ヲ告ケラレントス生等亦一層欣喜雀躍ニ耐ヘサルナリ

②本村ハ去ル明治十六年中日光街道タル仮定県道中　八王子町ヨリ本村ニ至ル字八澤山以南ヲ開鑿シ道路改修スルコトヲ設計シ　線路測量ヲ終リシモ　折節世間ノ不景気ニ遭遇シ一般人民ノ実情ハ蔬食尚ホ飽クコトヲ得ス襤褸暖カナル能ハサルノ困窮ヲ呈セルニ依リ漸ク起工ノ創始ヲ休息シ　以来漸ク本年ニ迫ンテ前年ヨリ企図スル

処ノ事業ヲ継発セントシ　現今其準備中ナルヲ以テ自今業ヲ創ムルノ運ニ逢ハヽ千艱屈セス　万難撓マス尽力之ヲ成功シ以テ完全ノ道路トナスヘキ計画ヲ為スモノナリ　故ニ青梅鉄道開始ノ時ニ従ヒ埼玉往還即チ日光街道改修工事竣工ヲ告クルノ期ニ際セハ両挙連続シテ一事数業ヲ成就スルノ便利ヲ開キ交通モ亦数層踵ヲ接スヘシト信シテ止マサルナリ

③八王子町ハ西南北ノ三多摩郡中一都会タリ　仝町ヨリ本村ニ至ルノ距離僅ニ一里三拾町内外ニシテ　本村トノ往復及ヒ北ノ方箱根ヶ崎、石畑、殿ヶ谷、岸、三ツ木、横田、中藤、等ノ数村ニ連旦シテ埼玉県下三ヶ島、勝楽寺、等ノ諸村幷ニ所沢、川越、扇町屋、飯能等ノ町村ニ絡駅シ　西ノ方牛浜、福生、川崎、羽村等ノ数ケ村ヲ経テ青梅町其他ノ町村ニ達シ　東ハ第拾三号国道幷ニ立川停車場ヨリ漸次多摩川北岸ニ沿フテ西方ニ進行シ竟ニ本村ニ至ル　以上ハ並孰レモ往復頻繁ニシテ人馬諸車ノ交通モ亦大ナリト云フヘシ

④本村ハ戸数弐百七拾戸余ニシテ　郵便局　旅人宿　料理店　飲食店等ハ勿論往古北条氏照（滝山城主）ノ建立セル宏大ノ堂宇アリ　本尊ハ大日如来ヲ安置シ北岸拝島村ヨリ多摩川ヲ跨キ南岸滝山ノ旧城主北条氏ノ守護本尊ニシテ其古跡著名孰レモ四方ニ赫々タリ

⑤拝島村大師堂ト称シ本尊ハ元三大師ヲ安置シ例年一月二日ノ縁日ニアリテハ諸方遠近ノ老若男女ヲ問ハズ参詣ニ群集セルコト恰カモ泰山ヲ崩スガ如ク其雑踏言語ニ尽シ難シ　（以下略）

依之本村ニ停車場設置ノ必要タル典ヲ講セラレンコトヲ会社役員諸公閣下ニ乞フ幸ニ採納セラレンコトヲ　伏テ奉冀望候　頓首

明治二十四年十一月

神奈川県北多摩郡拝島村人民惣代

嶋田成徳　㊞
榎本廣輔　㊞
高橋伝蔵　㊞
細井文十郎　㊞
臼井米三郎　㊞
臼井留兵衛　㊞
谷部金五郎　㊞
青木伝七　㊞

青梅鉄道会社事務所御中

以上に箇条ごとに検討しますと、①では青梅鉄道は当村拝島村の用地を通過していて、これは村民一同甚だ歓迎するものです。②では本村には明治十六年（一八八三）に日光街道たる仮県道が八王子町から本村に至る字八澤山以南を開鑿して道路改修を設計し線路測量を終えたが折節世間不景気に遭遇し工事着手はできないまま今日になったと言います。これが完成すれば、青梅鉄道と両方連続して交通至便になるを期待します。ところがこの八王子・拝島間の道路完成は八澤山切り通し完成、拝島橋架橋とともに昭和三十年（一九五五）のことで実に七十二年後のことでした。

③では八王子町は三多摩随一の都会で同町より本村に至る距離僅かに一里三十町（約七キロメートル）、北方は箱根ヶ崎・石畑・殿ヶ谷・岸・三ツ木・横田・中藤などから、埼玉県三ヶ島・勝楽寺、及び所沢・川越・扇町屋・飯能などに繋がり、西方は牛浜・福生・川崎・羽村等を経て青梅町その他の町村に達し、東方は第十三号国道（現、国道二十号）並びに立川停車場より漸次多摩川北岸に沿って西方に進行し本村に至り、以上はみな往復頻繁、人馬諸車の交通

もまた大と言うべきです。ところで以上の地名はすべて先章に紹介した拝島大師本覚院『大般若波羅蜜多経』六百巻納経者の中核的町・宿・村々だということに注目すべきです。

④では拝島村の戸数二百七十戸余、郵便局・旅人宿・料理店・飲食店等のほか、往古滝山城主北条氏照が建立した宏大な堂があり、本尊大日如来、滝山旧城主北条氏の守護本尊でその古跡著名であると言います。大日堂が古跡であるというのに対して拝島大師は現役の信仰の霊場です。⑤に拝島村大師堂と称し本尊は元三大師を安置し例年一月二日の縁日では諸方遠近の老若男女を問わず参詣に群集せること恰かも泰山を崩すが如く、その雑踏言語に尽し難しと、昔も今も変わらぬ拝島大師正月二・三日初縁日「だるま市」の賑わいです。青梅鉄道拝島停車場設置のため乗客誘致の当拝島最大の目玉です。

これらを明治二十四年十一月青梅鉄道会社事務所に請願したのは当時神奈川県に属した北多摩郡拝島村人民惣代嶋田成徳(中宿)、榎本廣輔・高橋伝蔵・細井文十郎(三者上宿)、臼井米三郎・臼井留兵衛・谷部金五郎(三者下宿)と青木伝七(当時村長)でした。以上の拝島村人民惣代も拝島大師の信徒総代でした。さらに以上の青梅鉄道拝島停車場設置の請願に協賛する他村代表の署名捺印が付きます。その名は西多摩郡殿ヶ谷村石塚幸右衛門、北多摩郡岸村荒田鎌三郎、同郡三ツ木村比留間利八、同郡中藤村榎本利亮、同郡横田村荻野丑太郎、西多摩郡石畑村指田幸次郎、同郡箱根ヶ崎村関谷三五郎、北多摩郡西砂川高木仲右衛門、南多摩郡小宮村宇津木高木伊兵衛、同郡加住村左入中西文右衛門、同郡同村横山橋本弥兵衛、同郡同村八日市平野芳太郎、同郡同村梅坪西山幸吉、同郡八王子町八日市久保兵次郎、同郡八王子町寺町新井伊兵衛、同郡八王子町大横町田之倉常蔵ですが、以上にも拝島大師信徒世話人などで確認される人びとが多いのです。

拝島大師本覚院住職藤井賢祐師から大塚阿實師へ　明治二十一年(一八八八)には拝島大師本覚院第二十六世住職藤井賢

祐師は他寺へ移り大塚阿實師が第二十七世住職に就任しました。

青梅鉄道（拝島）停車場設置ノ儀ニ付再請願　先の拝島停車場設置請願の二年後、明治二十六年（一八九三）十二月、青梅鉄道工事が測量も終了して本拝島村にかかることが確実になった時点で改めて拝島停留場設置が申請されました。申請者は前人に加え新人も加わり、拝島村人民惣代青木伝七・榎本廣輔・嶋田成徳、谷部助五郎（下宿）、臼井要作（下宿）、榎本亀太郎（上宿）、細井多吉（上宿）、和田金兵衛（中宿）、宮岡与吉（下宿）、榎本重兵衛（中宿）、高崎重太郎（下宿）、和田彦太郎（中宿）で、何人か交替しましたが、先が八人、今度は十二人と増加しました。

停車場敷地の寄付　結果申請は認められ、翌、明治二十七年六月北多摩郡拝島村青木伝七・嶋田成徳、西多摩郡熊川村石川弥八郎から青梅鉄道会社に対して停車場敷地の寄付が申し出されました。以上の人名もまたこれまで見てきたようにすべて拝島大師信徒でした。

明治三十二年「元三大師」石碑　青梅鉄道拝島停留場が設置され、正月二・三日の拝島大師初縁日参詣者が喧噪を極めるため、その対策施策として参道拡張が企図されました。そこに現在でも奥多摩街道から始まる個所に立つ明治三十二年（一八九九）建立の「元三大師」石碑があります（口絵3、カバー裏写真）。当時、奥多摩街道の新道ができました。大師参道を黒門（現、文殊楼）から延長、拡幅したのです。当時は拝島分水から引水した水田が辺り一面に広がり、客土を相当入れて大きな道路にしました。因みに黒門より大師堂までは石橋を二度跨ぎ、幅は現在見るような広いものでした。真ん中を九尺の官道が通っていました。工事費用は多大に上り、寄進勧募が例によって篤信の信徒に呼びかけられました。表面は「元三大師」、裏面に募金金額ごとの芳名録、それに世話人、発起世話人、檀家世話人のそれぞれの姓名を刻した石碑です。

世話人・発起世話人・檀家世話人　世話人には、田村金十郎（宮沢）、中村半左衛門（大神）、宮岡与吉（当所下宿）、谷部

金五郎（当所下宿）の三人、発起世話人は小室三右衛門（大神）、梅沢九一郎（宮沢）、小林悦次郎（当所下宿）の三人というそれまでと変わらぬ御歴々が並びます。檀家世話人は臼井丈右衛門、加藤金蔵、柴田鶴吉の三人です。三人という数は物代の多数決の合議のためです。万機公論に決す時代に適った拝島大師運営組織が窺えます。

石碑の募金芳名録　金額区別に名を挙げ、前記以外の判明できる分は村別・宿字別を（　）に注記します。

金七円　田村金十郎

金五円　中村半左衛門　伊藤彦三郎（宮沢）　小林悦次郎　青木伝七（当所上宿）　宮岡与吉

金四円　紅林七五郎（郷地）

金三円　西川治兵衛（中神）　田村半十郎（福生）　向山小平次　向山忠次郎　谷部金五郎　小室三右衛門　志茂半蔵（大神）　榎本廣輔（当所上宿）

金二円　石川弥八郎（熊川）　石川武兵衛　石川国太郎（大神）　西村鈴賢　加藤金蔵　加藤源三郎（檀家）　中村佐一郎　中嶋治郎兵衛（当所中宿）　梅沢久次郎　梅沢九一郎　牛田五郎　臼井丈右衛門　臼井留兵衛（当所下宿）　大竹冨五郎　大野伝兵衛（上川原）　小山藤五郎（当所上宿）　秋山朝三郎　目黒平吉（八王子）　嶋田穎雄（当所中宿）　柴田鶴吉　小室七三郎（大神）

金一円　伊藤真吉　今井幸吉　波多野本次郎　林雅次郎　原茂佐助　細谷庄次郎　小沢タヨ　奥貫幸右衛門　大貫捨次郎　和田金兵穎　和田彦太郎　川井千代吉　神尾清輔　加藤徳太郎　金子栄吉　依田房吉　竹内伝吉　田中恵助　武内新兵衛　田嶋覚三郎　中村勘次郎　村田金蔵　梅沢福蔵　梅沢アキ　梅沢小太郎　梅沢卯一　梅沢賢二　梅沢ヒサ　内野久七　臼井枝吉　内野宗吉　臼井市郎　臼井定吉　井上茂七　野島新太郎　山田永教　谷部捨次郎　谷部弥七　矢島昇兵衛　谷部貞助　谷部染吉　町田周蔵　小谷野菊

之助　小林権之助　小林源七　小池熊次郎　神山瓊三郎　高崎重太郎　小町儀三郎　小池伊助　小林助次郎　小山孫作　小林忠平　小林ヱン　榎本伊太郎　新井万次郎　安藤喜市　秋山為吉　指田清助　指田ナカ　指田吟次郎　斎藤吉兵衛　三上林七　志茂芳候　柴田万蔵　柴田熊吉　柴田芳造　平岡米吉
守田要七　関谷七兵衛　杉田安太郎　宮川銀蔵　高橋関蔵

六円三十銭　外二十一名

本覚院第二十七世

権少僧都　大塚阿實代

以上の石碑に見える寄進者総数百九名、他に本覚院檀徒二十一人が居ます。寄進額総計百八十八円三十銭です。因みに当時拝島小学校の年間予算が千四十五円三十六銭四厘だったそうです。石碑に見える芳名は当時の昭島市各村有力者を網羅しているほか、熊川村多摩自慢石川酒造主石川弥八郎、福生村嘉泉田村酒造主田村半十郎など拝島大師歴代篤信の人びとです。なお、西村鈴賢は当時の普明寺住職です。

明治三十二年「元三大師」石碑が明治三十一年三月五日印刷の「拝島山密厳院浄土寺真景全図」に載る不思議　ここに不思議な絵図(図8)があります。件の大日堂別当普明寺住職西村鈴賢氏が明治三十一年三月五日印刷した「拝島山密厳院浄土寺真景全図」に明治三十二年「元三大師」石碑が載るという不思議があります。なお件の絵図は、上部右に元三大師内殿真図並びに拝島大師縁起と、同左に大日堂内殿真図並びに大日堂縁起をそれぞれ掲げ、本覚院・普明寺寺務所発行とあります。本覚院の寺伝では絵図面作成費用は本覚院が負担したということです。これは当時大塚阿實住職に企図された大師参道拡張延長計画が既定事実として絵図に描かれたもので、あるいは、青梅鉄道拝島停車場ができて、大師参詣が青梅鉄道の旅客誘致に寄与するというので、大日堂・普明寺をまきこんで作成した絵図かも知れません。

実は「拝島山密厳浄土寺真景全図絵図」は未来予想図　他にも拝島山密厳院浄土寺真景全図には未来予想図が描かれています。拝島大師・元三大師堂総門、大日堂総門、日吉神社一ノ鳥居がまず挙げられます。さて、更に重要な件は画面左下にある旅館御料理「橘屋」、これは江戸時代から続く「角屋」の誤りで、橘屋は煙草・塩・石灰・雑貨の商店です。そこの横町を「八王子・高尾山道」とありますが、これは当時工事未着手、したがって未来予想図です。当然その先の多摩川には橋も架からず、渡船場もありません。拝島の渡しはこの時無かったのです。八王子へ通る八澤山の切遠し工事は明治十六年に中断したままで、先に述べた通りその完成は七十二年後の昭和三十年でした。

本覚院住職大塚阿實師から川勝宥賢師へ　明治三十二年に大師参道延伸拡張工事を行った本覚院住職大塚阿實師は、明治四十年(一九〇七)六月十四日寂しました。法名解脱院大阿闍梨阿實和尚、次代は川勝宥賢師が第二十八世住職となりました。二十八世の手になる同寺過去帳の大塚阿實師の記事には、「当寺住職十九年、寺務ヲ四等寺ニ昇セシモ此代ナリ　行年七十三才ニテ寂ス」とあります。

第二十八世川勝宥賢師　師は父元津軽藩士川勝兼次郎(名乗不詳)、幕末維新戊辰戦争の上野彰義隊に参加して、明治政府に追われ、潜伏十年、妻タカとの間の五男として明治十二年八月九日、東京市本所吉岡町に生まれました。幼名余右吉。母タカは余右吉誕生一カ月後の同年九月八日に逝去したのですが、たまたま所用で同地を訪れた高月円通寺住職高築亮宥僧正が余右吉を連れ帰り、下高月村(滝)澤井惣右衛門家に預け、同家に戸籍を作り家族として養育されました。通称久内さん。加住村尋常小学校を卒業した久内さんは円通寺亮宥僧正に師事して出家得度し、師の一字を付け宥賢と改名しました。円通寺で加行も済ました後に本山比叡山に登り、延暦寺執行赤松円瑞僧正に師事して法華大会豎義、諸護摩供など顕密の行法残らず修得して二十八歳で再び円通寺に戻りました。しかし亮宥僧正は東北本山

日光山
大日堂
諏訪社
元三大師御堂
地蔵堂
円福寺
明治戊戌春日
應需

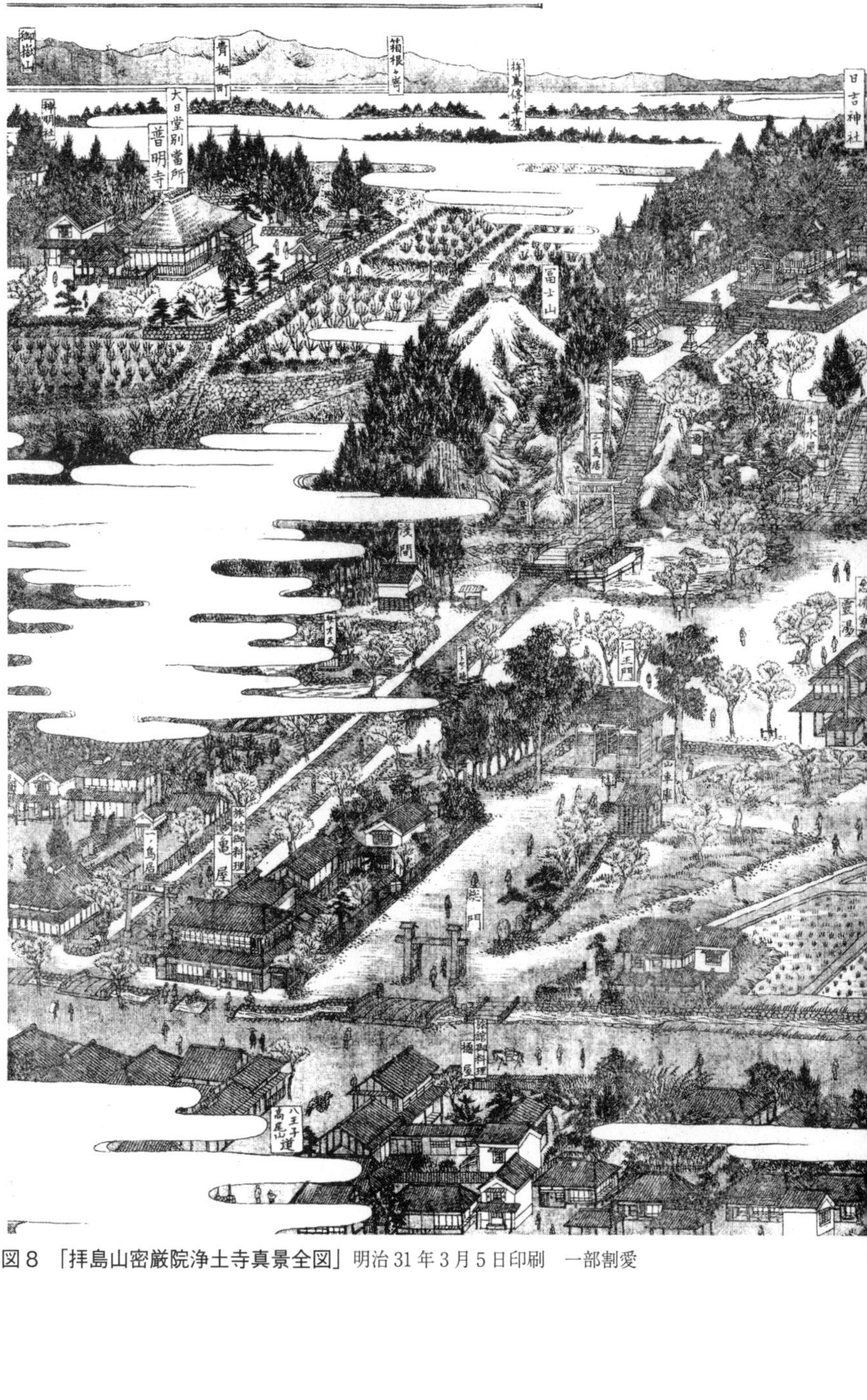

図８　「拝島山密厳院浄土寺真景全図」明治 31 年 3 月 5 日印刷　一部割愛

平泉中尊寺貫主として転出し円通寺には居ませんでした。明治四十年六月十四日、拝島本覚院住職大塚阿實師が寂した報が本寺である高月円通寺に届き、宥賢師が後任に推挙されました。宥賢師は時に三十歳未満の若さで本覚院住職となり、これから永い波乱に満ちた生涯が始まったのです。時代はあと四年で明治も終わる時期でした。

二　大正期の拝島大師本覚院

天然理心流心武館奉納演武　拝島大師旧本堂向拝浜縁は先に記述したように将軍家茂上洛に際して新撰組が組織された文久三年（一八六三）の造営です。隊長近藤勇は天然理心流四代目宗家ですが、旧本堂には大正二年（一九一三）本覚院第二十八世川勝宥賢代の額が懸かかります。額の書者高築宥信は宥賢兄弟子です。額はあきる野市二宮心武館井上才市の奉納試合記念であり、欅材で縦四尺二寸（一二五センチメートル）、横九尺三寸（二八二センチメートル）、上部に木刀二本奉献、天然理心流と大書して、つぎに人名を列挙しています（口絵31・32）。

天然理心流心武館奉納額の時代的背景　拝島大師本覚院第二十八世川勝宥賢（明治十二年～昭和四十三年）は彰義隊遺児、その師高月円通寺亮宥僧正も明治政府に反抗的と目され投獄されています。近藤勇以下天然理心流の剣士たちも薩長明治新政府にとっては反体制過激武闘派というよりテロリストです。当然流派禁止弾圧の冬の時代になっていました。それが自由民権運動、国会開設、大日本憲法発布、そして日清・日露の両役を経て明治天皇の御世も終わりました。もはや幕末維新の敵味方の区別は無用、国民精神一統の時代となりました。新天皇即位の大正二年、秋の新嘗祭の十一月二十三日に天然理心流心武館奉納額を拝島大師宝前に懸けるというのです。賛助員の歳末に帝国在郷軍人会拝島分会とあるのも時代を感じさせます。

天然理心流心武館　まず右側に天然理心流の心武館に至る継承が示されます。

近藤蔵之助藤原長裕、近藤三助藤原方昌、松崎正作源栄積、松崎和多五郎源則栄、井上才市源則清

その次に戸吹村松崎道場人、賛助員、門人、各県師範の順で類分けされています。

則栄（戸吹松崎和多五郎）高弟　楠正重、三木栄信、坂本源一郎、瀧島作次郎、滝島菊蔵、野島宇之八、堀江勘左衛門、川久保久五郎、八木岡長兵衛、平野萬三郎、志村虎之助、石川助之丞、新村春吉、北島伝次郎、木村常吉、森田喜代作、坂本輪吉、石川伝次郎

賛助員　石川弥八郎、伊藤彦三郎、岩崎茂十郎、早川勝五郎、橋本嘉吉、原茂又吉、原茂佐吉、西野萬蔵、戸田新蔵、和田金兵衛、和田彦太郎、門倉鶴太郎、川島浪吉、神田金蔵、滝島嘉蔵、田中健一郎、園部五郎、中村半左衛門、村内宇三郎、内田嘉右衛門、臼井米三郎、野口伊織、乙幡三三、乙幡広三郎、久保島源十郎、山田寿男、山本安五郎、矢部金五郎、矢部捨五郎、松崎悦五郎、藤野長雲、小山富蔵、小林悦次郎、小山藤五郎、小町友次郎、海老沢峯章、榎本亀太郎、秋山為吉、青木寛助、安藤源五郎、青木伝七、秋山朝三郎、天野作蔵、佐々木徹、坂詰藤作、桜沢富次郎、坂本雄作、斎藤安五郎、笹本八十次郎、斎藤正次郎、木崎平六、菊池卯太郎、三神徳太郎、宮岡与吉、下田伊左衛門、新藤犬太郎、篠平吉、志茂忠輔、清水政五郎、静原小次郎、森田林三郎、森田八重次郎、森田退蔵、森久保作蔵、関谷七之助、寺崎金太郎、柴田鶴吉、臼井丈右衛門、加藤儀三郎、川勝宥賢

帝国在郷軍人会拝島分会

門人　塩野伝蔵、河野三蔵、谷沢重蔵、小野源太郎、武田市兵衛、小林伝左衛門、古尾次郎吉、平野瀧三郎、山本四郎、北島茂十郎、北島為次郎、細谷金作、小島泰蔵、久野木萬三郎、影山周作、宮川徳兵衛、田中平七、

森田治作、斎藤籐吉、斎藤伊三郎、児島七三郎、児島虎吉、田中徳次郎、平野慶蔵、平野重蔵、田島元次郎、平野民蔵、野島市五郎、鈴木治三郎、原茂顕三、鈴木順之助、篠新太郎、原茂満太郎、西野文治郎、関野源亮、中野勝之助、篠秀吉、川島酉之助、篠徳三郎、長谷川安一郎、植田芳太郎、原茂善太郎、西野啓吾、笹野道三、山下国造、石川幸太郎、野口文平、平井穎作、平山金太郎、森田紋三、伊藤萬蔵、清水佐助、大槻栄蔵、田中精二、青木良作、石田辰五郎、石間忠蔵、新井米蔵、森田小兵衛、森田重助、小池雄之丞、森田留吉、竹田半次郎、野島直衛、石川寅次郎、林又吉、乙津猪八、大沢敬之助、村内栄一、村田萬蔵、三入林蔵、村田清作、馬場長治、藤野吉次、玉井広平、荒井伊之助、三橋梅三郎、沢井孝一、船木宗欽、森田秀次、森田広助、青木為助、中村金二、森田国蔵、佐々木義孝、岡田佐吉、馬場譽一、森田慶喜、市川辰五郎、臼井新吉、橋本千代蔵、宮川栄吉、小町嘉一、井上定吉、篠安助、小町作太郎、篠米太郎、高橋角蔵、篠精一、高橋源作、浅見広助、櫻井菊次、原茂寛一、清水巳之助、西野善作、高野茂一、中村恵重、田中利一、清水伝一、櫻井吉右衛門、井上昌作。三多摩師範、近藤勇五郎、敷島文雄、原田亀吉、遠藤七郎、高橋正蔵、三田賢吾、森田永吉、井上祐太郎、青木勝蔵、永井宗太郎、原島藤蔵、山田太一、野口奥次郎、大西躰助、原東治、萩原金作、花北新右衛門、富田平右衛門、小沢秀吉、和田孫七、神山義雄、鴨下栄太郎、神山勇弥、鎌田庄之助、陰山清七、横溝喜三郎、吉田守一郎、高崎和平、当麻昌之、当麻公治、玉川広吉、高橋茂市、土屋操、並木喜一、中村彦十、小林憲太郎、並木茂十郎、村山弥吉、内出伊十郎、内田弁次郎、上野直三郎、井出弁次郎、井上連一、井上福久、井上正一、野口一郎、野口米太郎、野口弥七、野口庄造、大館吉造、乙幡新吉、大城盛隆、松崎与助、後藤富太、小林斧三郎、小林代次郎、小林綱五郎、小山悦三郎、小池吉寿、近藤新吉、小山茂市、照木勝茂、青木伝吉、貞尾福三、坂本貞吉、酒井広忠、宮田長次郎、宮城孝治、宮城善治、宮本国三郎、三田野萬太郎、光

田伝次郎、柴田由造、清水東作、清水愛太郎、柴田勇次郎、紫野荘三郎、関根一郎

各県師範　富田銀七、門倉寿平、照木捨雄、神山小賢司、大野定八、渋川悦三郎

発起者　斎藤伊三郎、田中徳次郎、谷沢重蔵、武田市兵衛、平野慶蔵、野口文平、原茂顕三、船木宗欽、川島酉之助、児島米三郎、塩野伝蔵、河野三蔵、野島市五郎、篠新太郎、平井潁作、北島茂十郎、北見為次郎、平野瀧三郎、村内栄一、山本四郎、宮川徳兵衛、伊藤萬蔵、馬場長治、岸野瀧三郎、鈴木治三郎

願主　心武館主三多摩連合会員井上才市源則清

維時大正二年十一月二十三日

以上の扁額について謎めいたことが二点有り、いずれも他史料記述の比較考証が必要です。

賛助員石川弥八郎　拝島大師本覚院額では賛助員の筆頭に熊川村石川弥八郎の名が挙げられています。ところが、先に挙げた『多摩自慢石川酒造文書』第六巻八三二頁、五二三他、「大正二年日記」大正二年十一月二十三日には、

晴、拝嶋大師へ剣術奉額ニ付撃剣会アリ、賛助員ヲ断リシ代リニ金五円祝ヲ遣ス、瓶詰及折詰ヲ貰フ

とあり、当日剣術奉額につき撃剣会が予定されたのですが、熊川村石川弥八郎は賛助員を断り、代理の者が金五円の祝いを届けたところ、酒瓶詰めと折り詰めを貰ったというのです。弥八郎本人は撃剣会に参加しなかったのです。その理由は不明ですが、天然理心流心武館の額が拝島大師本覚院に奉納され、その額の賛助員の筆頭に石川弥八郎の名が墨書されていたことは確認できます。弥八郎とすれば天然理心流心武館との関係というより、江戸近世より同家に続く拝島大師の信心の関係によったものと思われます。ここで弥八郎が天然理心流心武館の撃剣会に賛助員として参加しなかった理由を窺わせることとして、次の事実があります。

天然理心流心武館撃剣会の会場はどこか　大正二年十一月二十三日天然理心流心武館撃剣会については、拝島村の記

録も残ります。豊成館担当者榎本太吉『大正弐年農事日誌』(昭島市史編さん委員会『民俗資料としての「農事日誌」』昭和五十二年三月)十一月二十三日(晴天)には、

午前九時ヨリ大日公園ニ於テ心武館奉額大撃剣会アリ　午前中看板ヲ建立ス

とありますが、撃剣会の会場の大日公園は大日堂境内だと判断して弥八郎は賛助員を断り、不参加であったかも知れません。ただその場合でも心武館奉額は拝島大師に向けてのものであることは動きません。なお、賛助員最後に挙げた柴田鶴吉、臼井丈右衛門、加藤儀三郎の三人は大正二年当時拝島大師本覚院総代三人で、川勝宥賢は拝島大師本覚院第二十八世住職です。大日堂管理者普明寺住職の名は見えず、総代も揃っては居りません。大日堂境内を撃剣会会場にしたとは考えられません。さらに本覚院には大正二年直後に大師堂から見て直ぐ左手、東側、大師堂客殿前に撃剣堂が建てられ、それは戦後昭和三十年代後半まで残っていました。それにしても天然理心流心武館奉納額賛助員はほぼ全員が拝島大師の長年の信徒であることは忘れてはなりません。それに戸吹松崎関係者は住職川勝宥賢の下高月澤井家を通じての個人的縁者です。

大日公園とは　榎本太吉、前掲『大正弐年農事日誌』大正三年農事日誌一月一日(晴天)に次の記事があります。

天気晴朗ニシテ無風　近年ニナキ静カナル元日ナリ　午前五時起床恵方詣リニ大日公園ノ各神社へ参拝ス

とありますが、ここに見える大日公園は現在の大日堂境内に所在する山王日吉神社のほかに、拝島大師境内の諏訪社・稲荷社なども含んで居ました。前者は『新編武蔵風土記稿』にも記載された拝島大師境内の社祠で風害防止の社祠ですが、後者も先の明治十四年拝島村青年による拝島大師築山に諏訪社と並んで立つ由緒ある大日公園の神社で稲の実りの他養蚕の成功の社祠でした。当時拝島村人は大日八坊の由緒から拝島大師境内も含んで大日公園と称したのです。因みに先に紹介した明治二十四年十一月の青梅鉄道(拝島)停車場設置申請の図面にも目安として大日堂が描か

れています。大きな堂舎で目安になりやすいからでしょう。

『農事日誌』の拝島大師　それでも榎本太吉、前掲『大正弐年農事日誌』大正三年農事日誌一月二日（晴天午後強風）には拝島大師についての次の記事があります。

初大師ニシテ未曽有ノ人出アリ　達摩、蜜柑屋　多キ事例年ニ比ナシ　只見世物ノ一場所モ無カリシハ物タラヌ心地セリ

といい、拝島っ子とすると拝島大師初大師の人出の多さが大いに自慢の種であることが窺えます。だるま市のほか、蜜柑も縁起物の一種です。それらが例年に比較してはるかに多いにも拘わらず見世物が出ないのは寂しいといいます。

天然理心流心武館撃剣会の会場の結論　大正二年（一九一三）十一月二十三日天然理心流心武館撃剣会の会場を明確にしておきますと、元大師堂の西側横に奉納額が懸かりますから、それが正面に見える大師堂西、築山前から当時田圃（その後大師の池）であった個所が会場です。初心者には田圃の方が転んでも痛くありません。

拝島山元三大師本堂改修募縁　大正九年（一九二〇）四月の日付の募縁趣意書によれば、

大師様を安置し奉る堂宇は近年著しく旧観を失ひ諸般改修を要すべき所甚だ多くして真に恐れ多き極みなりされば茲に発願して堂宇改修の企画を起し偏く大方の浄財に俟て日頃大師の冥助に酬ゆるの微意をも表はさんとす希くハ有縁冥護にあづかるの大方諸士応分の御喜捨により此挙を賛し併て発願を満足せし免られんこと哉

大正九年四月

拝島山本覚院　角印

そして発起者は以下に連名されます。すべて拝島上中下三宿の大師信徒の代表です。

小山藤五郎、谷部金五郎、宮岡与吉、小林悦次郎、和田清秋、乙幡二三蔵、和田金兵衛、秋山為吉、高崎重太郎、

その次に賛助員として、秋本喜七、中村半左衛門、紅林七五郎、石井寅三、小柳九一郎の他村の大師信徒が並びます。

青梅鉄道拝島大師臨時列車（電車）運転広告印刷の件　大正期の青梅鉄道と拝島大師について注目すべき史料があります。大正十二年十二月二十四日、青梅鉄道は拝島大師初大師に臨時列車を運転する広告チラシを印刷することを決めました。青梅鉄道が電車になって初めての拝島大師の人出を当て込んで乗客誘致を企図したのです。件の文面は以下の通り、先掲『青梅鉄道昭島関係史料集』一七二頁、No.45（大正12・12）拝島大師だるま市臨時電車運転広告には、

一月二日拝島大師臨時列車運転広告七千枚ヲ印刷シ　沿線各地ニ新聞折込広告可然哉

広告案別紙（下図）

大正年間、拝島大師初大師「だるま市」の隆盛は青梅鉄道沿線の旅客誘致の一大目玉であったことが了解できます。

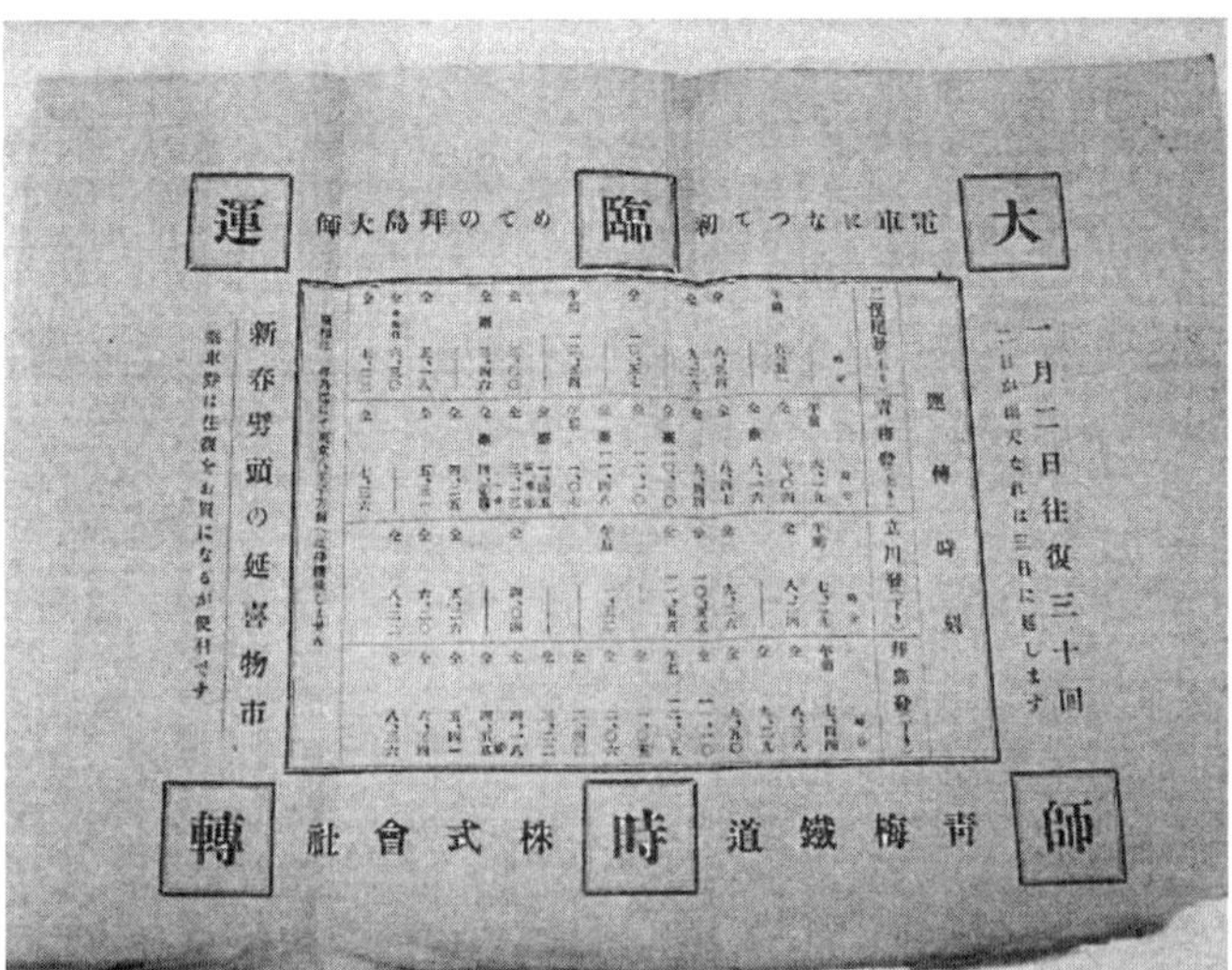

［注　添付図。電車になって初めての拝島大師だるま市。一月二日往復30回運転とある］

三　昭和戦前期の拝島大師本覚院

養蚕同進組合　旧大師堂、現大黒堂の左手に養蚕同進組合の額が懸かっています。額の四隅に蛾が羽を広げ、間を繭で繋ぎ、中央に桑の葉を食す蚕二匹を彫り物にしています。額上部に同進組合の組合員の連名を書した奉納額です。

組長　村田金蔵　　**副組長**　榎本亀太郎

委員　乙幡広三郎、小池仲次郎、早野三五郎、谷部金七、大貫辰太郎、大貫初五郎、紅林宗八、木野頼蔵、紅林宗五郎〈以下いろは順〉、井上佐吉、早野良助、乙幡長二郎、大貫幸太郎、大貫宇右衛門、大貫寅吉、大貫甚三、大貫彦次郎、和田寅之助、和田弥七、和田清五郎、和田金太郎、長塚清三郎、村田亀吉、臼井栄吉、臼井勝蔵、矢嶋理助、矢嶋岩吉、矢嶋国太郎、小池理一、小池春吉、小山寅之助、小池代次郎、指田清助、指田七五郎、指田泰一、木野喜太郎、目黒金平、宮崎健一郎、宮崎竹次郎

と続き、最末尾に郉一穎書と揮毫が見えます。近世後期以来の多摩地区の養蚕はますます盛んです。ところで養蚕同進組合の額は何年に懸けられたのでしょう。額には年次は全く書かれていません。組長村田金蔵（田中村）、副組長榎本亀太郎（拝島村）、小山寅之助（拝島村）らの人びとの活躍した時代から大正期から昭和戦前期であることは確実です。それでも他の史料と当地の歴史の流れからその年次はほぼ確実に推測できます。

高浜虚子の拝島大師参拝　拝島大師の周辺はどこもかしこも桑畑でした。昭和七年（一九三二）九月に俳人高浜虚子は拝島大師に参拝かたがた吟行しました。中央線立川駅からできたばかりの五日市鉄道（五鉄）の蒸気機関車に引かれた小さな箱で南拝島駅まで来て、そこから歩いて大師に来たのです。高浜虚子はその時の紀行文に、

どちらを向いても桑畑ばかり。時々家があり、軌道は真っ直ぐ、多摩の横山が見える。可成り大きく水も豊かな池があり、蚕の蛹を餌にまいている。周囲も広くて青田の中に繭籠を積んだ工場が一つ建ってをって煙突が一本立ってをる

と書きのこしています。この工場は元神山製糸工場、高浜虚子の見た時の前々年に神山製糸工場は破産倒産して西川製糸工業の手に渡り、それ以前の神山製糸が拝島分水を利用した水車による繭繰り製糸だったものが、石炭ボイラーの蒸気エンジンの動力に技術改良されていたのです。高浜虚子はその高い煙突に眼が止まったのです。大師の池の鯉や鮒に繭の蛹滓を餌として捲いており、その臭いが臭いとも言っています。

拝島大師本覚院茅場、昭和飛行機工業株式会社へ売却　日米開戦間近の昭和十二年(一九三七)、青梅鉄道線路以北の拝島大師本覚院所有地で茅場として用いてきた用地が、昭和飛行機工業株式会社へ売却されることになりました。大正九年(一九二〇)四月以来、進められてきた大師堂改修工事は、工事用素屋根が仮に懸かったままで十六年の歳月が経っていました。戦局の進展は工事の進捗をますます困難なものしていたのです。

太平洋戦争と拝島大師本覚院　戦争は拝島大師の存在をますます際立たせます。戦地に赴く兵士の両親・兄弟・妻子らの家族ばかりではありません。隣り近所、集落、村から町から、出征する兵士の関係者が病気やケガをしないように、鉄砲の弾に当たらぬように、無事に早く元気で帰還できますように大師様に毎日参詣に来ました。しかも当本覚院の二十九世となる後継者宗賢(当時円福寺住職)も応召され戦地に赴きました。

本覚院第二十八世川勝宥賢師の孤軍奮闘　戦争中の拝島大師は後継宗賢妻子とともに第二十八世住職川勝宥賢の孤軍奮闘の働きに支えられていました。師は天台宗内外に知己が多く、上野東叡山寛永寺では一山等覚院石川光祐僧正、浅草浅草寺金蔵院網野宥俊僧正はいずれも法類の関係でした。特に等覚院石川光祐僧正は昭島大神石川伊右衛門の子

息で、石川家菩提寺高月円通寺亮宥僧正について得度出家し、後に上野東叡山寛永寺に移り、明治末年に一山等覚院住職になったので、文字通り法兄でした。因みに石川伊右衛門は文久三年拝島大師堂向拝浜縁高欄擬宝珠に高月円通寺とともに名が刻まれています。戦争末期、昭和二十年（一九四五）三月以来の夜間焼夷弾による東京大空襲により大半焦土と化すなか、浅草浅草寺観音堂大伽藍も焼け落ち、その後八月十五日の終戦間際に高月円通寺の旧国宝本堂も炎上しました。自転車で多摩川越しに高月に駆けつけた時には円通寺は全く何も無いと宥賢師は驚きました。

川勝宥賢師妻みつとその妹戸田しん　宥賢師の人脈で忘れてはならない人物が浅草浅草寺を通じて明治・大正の東京茶道会の大物田中宗朴で、同氏の知り合いの日本橋茅場町即日庵主にして花道美笑流家元戸田宗見（本名孫吉）と知り合いました。川勝宥賢師は本覚院住職になって二年後、明治四十二年に戸田宗見次女みつを妻としました。勝ち気な女性で、本覚院に押し入った札付きの泥棒を下駄で打って捕まえ警察に突きだし、東京府警視総監から賞状をもらいました。父戸田宗見は元尾張徳川家臣の子で士族、娘も武道の心得があったのです。

川勝みつの妹に戸田しんが居ます。銀座数寄屋橋近くで中華料理店「信華」を開き、近くの朝日新聞社の記者たちがよく通ってきました。新聞記者とともに、新聞に寄稿したり。新聞社の企画に参加する文人・文化人が集まりました。戦後『週刊朝日』の初代編集長になった扇谷正造氏が有名です。なお、後に昭和に入るころ、戸田しんは拝島上宿山ノ神に川魚料理「鮎の里」を開き、銀座の中華「信華」の常連客などが多摩川の鮎を食べに来ました。その一人に作詞家佐藤ハチローが居りました。後にその事を知っていた戸田しんの弟川勝宗賢が拝島第一小学校ＰＴＡ会長をしていた時に、同校校歌の作詞を佐藤ハチロー氏に依頼しました。それで拝島を知り、多摩川の清流を愛した氏ならではの素晴らしい校歌ができたのです。

川勝宥賢師妻みつの弟戸田孝太郎　ところで本覚院住職川勝宥賢師の妻みつは数年経っても子ができないので、自分の弟で誕生して数ヶ月しか経たない弟戸田孝太郎を養子にしました。川勝宥賢師が滝澤井家に貰われたのとよく似てますが、違うのは実の姉に貰われたのです。でも孝太郎が本覚院に来てまもなく義母みつは他処へ行ってしまいました。宥賢師が男手で育てたのです。これは後に孝太郎改め川勝宗賢第二十九世本覚院住職が母を恋ふる「ちぶさの鐘」を大師宝前に建立する発願の契機となりました。

猪川宗以、本覚院境内に寓居　戦争が進むと東京市民は疎開を始めました。昭和十七年、世田谷区上北沢で茶道師範・花道師範をしていた猪川宗以一遊（本名トリ、実は即日庵主・花道美笑流家元戸田宗見正妻トリ）が川勝宥賢師を頼り、本覚院境内に移転して来ました。茶道・花道の稽古場を作り、多くの門弟を集めて、その生涯終わるまで地域文化の振興に寄与しました。寂年は昭和三十七年のことです。

結び

幕末維新、そして明治・大正・昭和戦前期の拝島大師は文字通り紆余曲折の時代でした。それを端的に表現すれば、拝島大師の所在する多摩地区拝島村という地域の興廃、日本国家社会の置かれた大激動とともに在ったのです。一面では、幕末以来日本有数の養蚕地帯でそれを担う各村々農民の養蚕成功と近代化を急ぐ製糸工業の浮沈に一喜一憂する企業職工（女工）の哀史も絡んで、開運商売繁昌の初詣での雑踏の波に彩られていました。しかし次の場面では、奥多摩産近代鉱業の原料たる石灰を運ぶ青梅鉄道・五日市鉄道・八高線、それに西武鉄道など、当時計画線を含んで実に多くの鉄道輸送が拝島停車場を通じて拝島大師に新しい参拝客を運び、近代の精神的苦悩と肉体的病気、さらに激しい経済競争に翻弄される勤労社員たちの厄除霊場として評価を新たにする拝島大師の日々でした。それが昭和六年

（一九三一）の満州事変後、翌年の上海事変と中国での戦局は拡大の一途、昭和十二年の日中戦争に突入、出征兵士の戦死者が増大しました。終に昭和十六年十二月八日、日米開戦、太平洋戦争となります。拝島大師の参詣者の増大は日本のみならず世界の不幸の裏面でもありました。

第十一章　昭和戦後期の拝島大師

はじめに

戦後になって拝島大師本覚院は戦前からの課題にまず取り組む必要がありました。拝島大師本堂改修という大正九年（一九二〇）以来、実に二十五年の難題です。それを担う本覚院住職は世代を若くする必要がありました。戦後拝島大師激動の時代の幕開きです。

一　拝島大師本堂改修工事の竣工

拝島大師本覚院第二十九世川勝宗賢師　明治四十年（一九〇七）以来本覚院住職として極めて困難な時期に本覚院住職を四十年勤めた第二十八世住職川勝宥賢師は、昭和二十三年（一九四八）をもって後継宗賢師に住職交替を決意しました。川勝宗賢師が第二十九世拝島大師本覚院住職に就任し、先代の遺した課題に取り組むことになりました。しかし、時代は未だあの未曾有の世界大戦の傷跡残る戦後混乱の時期です。大日堂仁王門前に横田基地の進駐軍兵士軍楽隊がジープで到着、演奏後にチューインガム・チョコレートを子供たちに配りました。

昭和二十四年台風本堂覆堂吹き飛ばす　昭和二十四年(一九四九)秋九月大きな台風が襲来、大師本堂覆堂が吹き飛ばされました。元三大師信徒・本覚院檀家百数十名が集まり、早速懸案の元三大師堂改修工事着手が決議されました。

元三大師堂改修工事の決議　工事は先年の計画である原型宝形屋根、内陣奥付けではなく、入母屋屋根瓦葺きと大きく改造、そのため軒先木負・茅負い二重棰木を一重出して三重にしました。工費は百万円、募縁寄付を集める事が昭和二十四年十月二日に檀信徒代表の決議で決まりました。

元三大師堂改修工事着工から竣工　翌、昭和二十五年二月三日の節分翌日工事に着工、木部工事地元拝島森田弥太郎棟梁の下に拝島在住、多くは本覚院檀家の大工職人の手によります。巨大な入母屋屋根破風板両面二枚、百四枚の格天井板は住職川勝宗賢妻春の父の大竹安五郎が在村小平で蒐集した銘木です。化粧部が五月に完成、六月には野棰木野地板を打って小屋根ができ木工事が終わると七月には瓦葺き工事に移りました。当時日本有数の瓦産地とされた愛知県三河地方の三州瓦、業者は奈加彦職人により瓦屋根工事に移りました。檀信徒数名の勤労奉仕により埼玉県入間方面まで粘土混じりの屋根土を取りに行き、それを瓦職人手許の若い衆が肩に担いで屋根に挙げました。桟葺き平瓦を葺き、大棟屋根になり、左右に経巻鬼瓦がまず付きました。鬼が下にある時は子供の背は優にある巨大なもので、上に載せ大棟が付きますと、堂々とした拝島大師の瓦葺き屋根の威厳が感じられます。見上げていた住職以下檀信徒有志から思わず拍手と喚声が挙がりました。九月に入って間もなく完成です。大きな屋根が瓦職人一人の手で一夏で竣工したのです。周囲の片付けも終わり、落成式を俟つばかりです。

未曽有の元三大師堂改修落慶式　昭和二十五年十月二日を旧暦九月三日の大師良源誕生日と見立てて、この日を元三大師堂改修落慶式と決めました。奉賛行事の中心である落慶法要を執行する大導師住職と十名余の式衆とともに檀信徒総代・役員に従って随喜するお稚児さんが行列を作ることになりました。三歳以上十歳以下という募集要項にも拘わらず、一、二歳の親に抱かれる子や、十歳をはるかに超えた子供までめったにない事として参加しました。稚児数五百人以上、行列は上宿細井敏夫家辺りの二、三軒で衣裳を着て表通りに参列し、行列先頭が下宿大師前に到着しても未だ出発地に居たお稚児が出た始末、文字通り拝島三宿すべて会場の大落慶式となりました。文字通り戦後地域復興の力強い烽火となったのです。

サーカス・見世物、南関東随一のだるま市　大成功の落慶式の拝島大師の翌年正月二・三日の初大師だるま市も未曽有の規模と賑わいになりました。前年の十月二日の本堂屋根替落慶式が烽火となり、近世以来伝統の初縁日だるま市に勢いが付いたのです。四月の護摩講は一週間に及びます。昭和二十九年には本覚院墓地拡張も行われました。

昭島市の成立と拝島橋落成、国道十六号拝島・八王子間開通　昭和二十九年(一九五四)昭和町は拝島村と合併して昭島市が成立しました。都下七番目の市でした。翌年昭和三十年(一九五五)難工事の末に拝島橋が落成し、国道十六号の拝島・八王子間が開通しました。こちらは明治十六年(一八八三)以来七十三年ぶりの地域の人々の夢の実現です。拝島大師初大師のだるま市には、八王子方面から参詣者の数千の自転車隊の行列ができました。歩いて来る人々は万余です。四月護摩講の八王子講中には大機屋高崎岩次氏を講元として百人を超える人が集まりました。

二　拝島大師満八十年目御開帳

拝島大師満八十年目御開帳奉讃会　昭和三十四年(一九五九)十月にしばらくぶりに、というより満八十年目御開帳を開催することになりました。昭和三十四年二月十日の世話人総会において拝島大師奉讃会が組織され、規約が決められ、奉讃会長に中村敬亮前昭島市長が就任しました。会期は十月二・三・四日の三日間です。因みに満八十年目御開帳というのは直前の大師様御開帳は明治八年四月とするものでしたが、同年は一八七五年ですから正確には八十四年ぶりの御開帳でした。さらにその前の御開帳は中興義順和尚の文政九年(一八二六)三月のことでした。約五十年前のことです。ただ、古来拝島大師の御開帳は六十年に一度と言われてきました。

御開帳法要と記念事業　御開帳法要は一般参加が十月二・三・四日の三日間でしたが、その前夜十月朔日に開闢法要が護摩供を以て開始され、御厨子の扉が開きました。二・三・四日の三日間は朝座、昼座、夕座毎日三座の法要で朝題目夕念仏の法華懺法と常行三昧が朝夕、昼には百味供が百年ぶりに修され、法華八講・三問一答など御大師さまが一千年前にお好きであった論義が三日間修されました。出仕僧は第二十八世宥賢弟子、第二十九世宗賢門弟縁の東京教区の各寺院住職のほか、上野寛永寺、浅草浅草寺の関係者も加わりました。因みに慈恵大師良源さまの御入滅は九百八十五年のことですから九百七十四年の御遠忌ということなります。記念事業で石の宝塔が造られ、九百七十四年御遠忌、満八十年目御開帳、拝島大師奉讃会会員七千名の芳名が刻まれました。この石塔は現在も本堂西に建っています。さらに本堂内荘厳として仏天蓋、人天蓋に加え、左右一対の幢幡がいずれも金色輝く金箔で供えられました。他の宮殿四天柱に水引が八王子元三大師講の名を刻んで飾られました。

拝島大師満八十年目御開帳の時代　昭和二十年代の経済復興時期から経済成長期に移り、昭和三十一年(一九五六)神武景気から、翌昭和三十二年造船世界一、なべぞこ景気、昭和三十三年一万円札発行、そして昭和三十四年は未曽有の好景気で岩戸景気と呼ばれました。日本の国際的位置も昭和三十一年日ソ関係が改善されるなど躍進の時代です。しかし、世界情勢は米ソの冷戦は激化し、日本における米軍基地増強が進みます。昭和三十四年には立川基地飛行場滑走路拡張が企画され、五日市街道北部まで、工事で街道が寸断される事態が予想されました。これに対して砂川村農民は行動隊を組織して滑走路拡張の測量を実力で阻止する動きになり、測量を警護する警官隊との間に不測の事態が危惧されました。これに全学連（全国大学自治会総連合）の学生たちが農民行動隊支援の挙に出て警官隊と衝突しました。いわゆる砂川闘争です。

三　拝島大師本覚院客殿・庫裡新築と山門文殊楼・鐘楼堂造営

本覚院客殿・庫裡新築　昭和四十二年（一九六七）拝島大師本覚院客殿・庫裡は老朽化して使用に不便を来していますので新築立て替えの儀となりました。特に客殿（本覚院阿弥陀堂）は江戸中期の享保年間以前の作とされるので老朽化が著しかったのです。新築の結果、間口十二間、奥行き五間半の立派な客殿が完成し、檀信徒の利用に大いに寄与することになりました。昭和四十二年十月二日落慶法要、入仏供養が行われました。

第二十八世宥賢住職寂　客殿落慶の翌昭和四十三年（一九六八）八月三十一日第二十八世宥賢師は九十歳で逝去しました。明治四十年（一九〇七）以来五十年余、拝島大師の住職として、波乱に満ちた一生は後進のよき鑑となりましょう。その生涯の軌跡と人柄から行基菩薩の四十九院から知足心院権大僧正宥賢大和尚と法名が付けられました。

山門文殊楼造営　昭和四十八年（一九七三）山門文殊楼を造営（口絵4）、本山比叡山文殊菩薩を勧請しました。落慶供養に先立ち、御本山根本中堂で開眼供養が行われ、同年十月二日、山田恵諦探題大僧正を大導師に迎え、稚児行列に続いて楼門上で大法要が修されました。比叡山上文殊菩薩は、拝島大師の元三大師良源の門流の祖である慈覚大師円仁が、入唐求法の旅で知った中国山西省五臺山文殊菩薩像に倣って、比叡山東塔根本中堂山門として文殊楼を建立し、そこに祭祀したものです。知恵の文殊、受験合格、学業成就の仏として知られます。

鐘楼堂造営　昭和五十一年（一九七六）拝島大師御宝前に鐘楼堂造営を企図しました。一尺五寸（約四十五センチメートル余）丸柱六本、総欅造のまれに見る壮大な鐘楼堂です（口絵7）。ここにちぶさの鐘を吊そうというのです。前に書きましたように、拝島大師本覚院では第二十八世宥賢師も、当の第二十九世宗賢師も母の顔を知りません。

第二十九世宗賢住職寂　拝島大師鐘楼堂造営が順調に伸展し、欅造の一尺五寸丸柱六本が建っていざ棟上げ、十一月三日の吉日に上棟式を古式に則り遂行した第二十九世宗賢師は、俄に病魔に冒されて同月十六日急逝しました。拝島大師長年の課題を戦後の激動の時代によく奮闘努力した一生でした。その生涯の軌跡と人柄から修福心院大僧正宗賢大和尚と法名が付けられました。

鐘楼堂造営の竣工　翌昭和五十二年二月に鐘楼堂造営は木部が完成、続いて屋根瓦葺きは拝島大師で初めて美濃（岐阜）瓦の本葺で施行されました。池の上で寒さにつよい美濃瓦の特長を用いようというのです。その後、拝島大師伽藍の嘉例となります。第二十九世宗賢師の遺産でしょう。

結び

昭和二十三年より同五十一年十一月十六日までの第二十九世川勝宗賢の時代は、戦後日本の復興から発展の時代に合わせたような拝島大師本覚院の復興・発展の時代でした。でもその構想した事業半ばで逝去したことが惜しまれます。

第十二章　昭和末期・平成・令和時代の拝島大師

はじめに

戦後の拝島大師本覚院を復興発展させた第二十九世川勝宗賢の時代は、昭和五十一年（一九七六）十一月十六日、その急逝をもって突如終わりました。三十世拝島大師本覚院住職川勝賢亮の課題は、先代のやり残した事業を完成させることでした。

一　大梵鐘ちぶさの鐘完成と奥の院多宝塔建設

拝島大師本覚院三十世川勝賢亮住職就任　多くの檀信徒は第二十九世宗賢師の逝去によって鐘楼堂・大梵鐘「ちぶさの鐘」建立は頓挫するものと誰しも思いました。ただ第二十九世宗賢師の逝去後でも鐘楼堂工事は進展完成し、後は「ちぶさの鐘」を入れるだけとなっていました。昭和五十二年四月に正式に第三十世住職に就任した川勝賢亮は寺務を引継ぎ、先代が注文して居た梵鐘の製作に懸かりました。

ちぶさの鐘の火入れ式　昭和五十三年四月六日・七日、本山比叡山横川元三大師御廟参拝、東塔阿弥陀堂での先代宗賢追善供養の後、湖東三山巡拝後、近くの鋳物師金寿堂にて「ちぶさの鐘」火入れ式に臨みました。

ちぶさの鐘落慶供養　昭和五十三年五月二十一日、先代宗賢住職の大正大学同級生渡邊恵進延暦寺長﨟（後に天台座主）を大導師に迎えて、ちぶさの鐘落慶供養が修されました。法話は千日回峯行者葉上照澄阿闍梨にお願いしました。阿闍梨は先代宗賢住職の大正大学教授でした。法要に先立ち二十名余の式衆とともに第三十世住職川勝賢亮が例によって五百名を超えるお稚児さんとともに拝島宿の通りを行列しました。

大梵鐘ちぶさの鐘の由来　ちぶさの鐘はお大師さまが大変親思いの方で、滋賀県長浜在に居られた病後の母、月子姫を御心痛され、大師の住む比叡山横川の峰の真下にある千野に庵室を設けここに住まわせたという故事に因みます。庵室は今日の安養院です。お大師さまとその母の話は、母子の情愛の深きこと、仏法修行の厳しさを物語り人の胸を打ちます。大梵鐘ちぶさの鐘は重さ八百貫、約三トン、傍らに三品千鶴女史の比叡山と同じ歌碑が立っています。

〇山麓のみ母慕ひて夜毎灯を　かかげましたる聖かなしも

このちぶさの鐘の清らかな音が、すべての生命の母を思う心を育て、さらに大いなる母たる故郷、大地、自然に対する愛情を増し、平安な社会の現出を願うものです。なお、大師さまとその母のお話しは、谷崎潤一郎「乳野物語」も参照してください。仏典に火信の事あり。

多宝塔の建立発願　鐘楼堂造営、ちぶさの鐘建立終わって間もなく、次の普請は多宝塔の建立だという声が耳に入りました。これは先代第二十九世宗賢がすでに建立を決めており、設計図面もできているとの事、鐘楼堂の欅残り材が相当に存在するという話でした。時にちぶさの鐘建立の昭和五十三年（一九七八）は織田信長の比叡山焼き打ちから敬謀大僧都によって七年の歳月の後、拝島の里本覚院に到着して大師堂を建立した天正六年（一五七八）から丁度四百年目に当たります。そこで昭和五十三年を拝島大師奉遷四百年祭の初年とし、これを記念して多宝塔を建立し、そこに大師の御本地たる如意輪観世音菩薩を祀ることを発願しました。

多宝塔　多宝塔は、お釈迦さまが法華経を説かれた時、それがいかに真実の有り難いお経であるかを証明するために、地中から涌き出たものですが、顕密一致の天台密教の考えでは、塔の形体そのものが仏さまの坐った姿そのものであると教えます。なお、多宝塔は平安後期の院政期に始まったと考えられますが、初期の優作に石山寺多宝塔があり、拝島大師多宝塔のよきモデルです。拝島大師多宝塔は如意輪観世音菩薩を本尊とすることから、四天柱には聖観音・千手観音・馬頭観音・十一面観音・毘倶胝観音・葉衣観音・不空羂索観音・白衣観音の八観音を各二観音ずつ、それに大自在天・梵天・羅刹天・毘沙門天・閻魔天・日天・月天・火天・水天・地天・風天・帝釈天の十二天を三天ずつ彫刻して如意輪曼陀羅を現出しています。

一字一石納経　ただ、塔は元来は釈尊の御舎利か遺髪を納めるものですが、中世鎌倉時代に全国的に流行した納経・納経石を塔下に埋めることにしました。趣意書を作り、拝島大師本覚院の各地の檀信徒に納経者集めを依頼しました。その間に四手先組み物の千余の斗栱（ます・肘木）の木造に懸かりました。昭和五十三年から三年足らずで数千の納経石が集まり、木造の目処も立ちました。

多宝塔基礎工事　多宝塔建設場所は先代宗賢師の考えでは築山中腹、池の上としたのですが、将来の新本堂建立を考えて築山頂上としました。そして基礎を五メートルほど掘り、そこに納経石を納めることにしました。

本覚院歴代世代墓地、本覚院古檀家の集団移転　多宝塔基礎工事のために本覚院歴代世代墓地と本覚院古檀家の墓地を集団移転することになりました。関係者は全面的に協力してくれました。

多宝塔四天柱立柱式　昭和五十六年（一九八一）九月三日、塔では上棟式に代わる立柱式を挙行しました。始め大工職人は烏帽子姿で工匠の儀を古式に則り行い、次いで住職・式衆により密教加持祈願法要が厳粛に執行されました。集まった多くの檀信徒は塔供養の初儀が大変珍しいので感嘆の声を挙げました。

多宝塔心柱墨書　五重塔・三重塔、そして多宝塔には屋根上の相輪を載せる心柱があり、拝島大師の多宝塔では四天柱上、天井裏の大虹梁に組み込まれて建ちます。同年十一月朔日、心柱が永世後代に残るため納経石奉納者が芳名を記名し、加えて特に時の昭島市長皿島忍氏が祈反核平和と書きました。

多宝塔落慶式　昭和五十八年(一九八三)五月三日、拝島大師奥の院多宝塔落慶法要が挙行されました。式に先立ち恒例の稚児行列が組まれ、先頭には昭島市内各寺院の御詠歌隊が歩きました。御詠歌は、

宝塔の瑪瑙の扉を押し開き　分身仏ぞ集まりし　南無慈恵大師常住金剛尊

これは、後白河法皇撰『梁塵秘抄』(一一六九)法華経二十八品歌、見宝塔品の、

宝塔出でし時　遥かに瑠璃の地となして　瑪瑙の扉を押し開き　分身仏ぞ集まりし

から作りました。拝島大師本覚院第三十世川勝賢亮と二十数人の式衆の先には五百人の稚児の行列が拝島の通りを練供養しました。お稚児さんは本堂内陣でひとりずつ天台座主山田恵諦大僧正のお加持を受けました。多宝塔での大法要は天台宗四箇法要の散華対揚、終わって天台座主山田恵諦大僧正は、山上多宝塔から多くの檀信徒に旧国宝大講堂をモデルにした拝島大師新本堂建立を懇請されたのです。

八日間の落慶大法要　五月三日の本尊鎮座法要の前後八日間大法要が続きました。五月一日開白法要、同二日経石奉納法要、そして三日の多宝塔落慶・入仏供養、同四日吉祥如意満足法要、同五日青少年健全育成祈願法要、同六日諸願成就祈願法要、同七日檀信徒物故者追善法要、そして同八日結願法要で、あわせて毎日妙法蓮華経読誦、経石奉納、また毎日多宝塔落慶記念心願成就・諸願成就大護摩供が修行されました。法話として毎日「法華経と日本文化」という連続講演会が開かれました。講師は五月一日、谷中天王寺貫主・大正大学教授大久保良順「多宝塔の思想―天

台本覚思想」、史迹と美術・日本塔の会会長中西亨「日本多宝塔の特色」、同二日、当山主文学博士川勝賢亮「天台多宝塔の本尊」、同三日、国立歴史民俗博物館教授濱島正士「多宝塔建築の特色」、同四日、川勝賢亮「多宝塔の歴史―中国・朝鮮・日本」、同五日、お茶の水大学元教授赤木志津子「王朝文学と法華経」、同六日、東京国立文化財研究所芸能研究室長羽田昶「中世芸能と法華経」、同七日、比叡山長臈栂尾高山寺貫主東南寺住職葉上照澄「回峯行と法華経」、同八日、東京大学史料編纂所所員千々和到「庶民信仰と石造塔―板碑・五輪塔を中心に」、その内容は翌年、昭和五十九年に東京堂出版から『多宝塔と法華経思想』として出版されました。郷土芸能奉納としては、五月一日奥多摩町小河内「鹿島踊り」、武蔵村山市「鉦はり念仏」、同三日、檜原村小沢「式三番」、同五日日の出町平井中宿「鳳凰舞」、瑞穂町箱根ヶ崎「獅子舞」、同八日、当所拝島三宿「祭礼囃子」、瑞穂町箱根ヶ崎「祭礼囃子」があり、五月三日の落慶法要には麹町裏千家戸田即日庵社中による献茶があり、同八日には太極拳集団演武が安田信託銀行太極拳鶴舞会のメンバーで奉納されました。

拝島大師古典会　未曽有の規模と幅広い新機軸の内容で行われた八日間の多宝塔落慶式の余韻が残る昭和五十八年八月下旬より拝島大師文化講座「古典会」が始まりました。女学校の時は戦争で勉強出来なかった、古典を読みたいが一人では無理なので要望を受けて、月二回、五月から十一月まで、テキスト当日支給、自由参加、無料、終わってのお茶雑談付きです。『平家物語』をベースに、故事来歴、陰陽五行や二十八宿、暦の話、時刻や方角、年中行事など、『源氏物語』やよく知られた漢詩・漢文などを読み込み、時には解説付きの能楽鑑賞もありました。皆で声に出して文章を朗読、少々のまちがいは気にしません。質問、感想大歓迎で、ともかく学ぶことは楽しいことです。

拝島大師を支える人々の広がり　拝島大師多宝塔落慶は幅広い信徒によって支えられました。それでも、天台座主山田恵諦大僧正が山上多宝塔から多くの檀信徒に懇請された拝島大師新本堂造営には、様々な人びとの協力が必要です。

信徒、檀家に加えて新しい外護者の力も必要なのです。お正月縁日には若い学生諸君のお手伝いも始まりました。

拝島大師だより『如意輪』創刊　昭和五十八年十一月三日、拝島大師だより『如意輪』を創刊しました。大師信徒相互の、また大師と地域社会との心のつながりの「意の如くする輪」をめざすものです。拝島大師本覚院住職川勝賢亮の創刊の辞に加え、昭島市長皿島忍氏の「如意輪の発刊を祝して」、檀信徒総代谷部信雄氏の「私と大師」のそれぞれが『如意輪』の前途の発展を祝しました。

二　拝島大師新本堂元三大師中堂建立

拝島大師新本堂建立　奥の院多宝塔落慶法要に際して大導師天台座主山田恵諦大僧正によって懇請された拝島大師新本堂建立は、万余のご信徒・本覚院檀徒の全面的な支援協力の下十二年の歳月の後に見事に円成しました。

新本堂の基本設計　天台座主山田恵諦大僧正が拝島大師檀信徒に新本堂建設を懇請したのは訳があります。拝島大師本覚院三十世川勝賢亮が、新本堂の基本設計の基礎とした建造物は御本山比叡山根本中堂と旧大講堂でした。堂内での厄除護摩供修法の便のためには根本中堂がモデルになります。ところが材木量が巨大でとても短期日では用材が揃いません。そこで十分歳月を懸けて用材を用意するということになり、そこで仕事量が膨大な旧国宝大講堂建築が参考に考えられました。

獏鼻付四手先組物唐様扇棰　旧国宝大講堂は、獏鼻付四手先組物唐様扇棰木という桃山様式の日本建築が近世に達成した豪華なものです。三千を超える斗栱、その木造りは七、八年懸かります。その間に直径一尺八寸(五十五センチメートル)、長さ二十八尺(八メートル)の丸柱八本以下、一尺五寸、一尺三寸総計六十本の巨大な欅材の用意です。

巨大な柱は巨大な虹梁（こうりょう）で繫がれます。柱上台輪大斗上に四手先斗栱の組み物が一周五十二個付くのです。

用材寄進　用材は一尺八寸・一尺五寸・一尺三寸、大虹梁・中虹梁・小虹梁、そして三千個の斗や数百の栱、それをお一人お一人ずつ寄進をお願いしました。用材には住所芳名が墨書され後世に残ります。

新本堂工事の進展　昭和五十八年に始まった新本堂工事は昭和から平成に年号が替わるころ大進展し、工事着工以来八年目にして三千個の斗や数百の栱、上層扇棰木、下層平行棰木はすべて木造完了、柱虹梁など大型化粧材は別所で木造り工作を行い、約一年間で終了しました。

旧本堂供養・御本尊遷座式　平成三年（一九九一）二月三日の節分翌日四日午後三時、現本堂供養・御本尊遷座式を行いました。大護摩供が現本堂最後の盛儀で修され、法要参加の檀信徒総代役員世話人百余名は背中に丸二の拝島大師の紋がついた半纏に身を包み本尊慈恵大師像を御輿のようにして客殿に動座、仮安置しました。

旧本堂引家移動　次に旧本堂自体を引家移動しました。柱に鉄のレールを繫ぎ、土台をジャッキで持ち上げ、南正面を東南巽の方角に向きを変え、客殿屋根と正面の松の枝と枝の間をかすめ、ゆっくりゆっくり約一カ月かけて、南東に進み、定位置に着くと、向きを西に変えて現在位置に移動しました。旧本堂の基礎として柱が乗っていた玉石には番付が墨書され、大きな玉石の下には小石と土がびっしり敷き詰められていました。昔の人の建築技術の智慧が二百年も本堂を支えて来たのです。なお、本堂前の門松二本は文殊楼前へ、同じく百日紅は文殊楼東へ移しました。お茶堂も離れて東方へ移動しました。

地鎮祭と新本堂基礎工事　五月三日新本堂建設地の地鎮祭が終わると、基礎工事が本格化、比叡山の諸堂建設のように、後の山を削り前の谷を埋め、人工地盤の部分はラップル工法の工事でした。附近に散らばる大石小石が生コンクリートに投げ込まれました。さらに後山崖線には多宝塔築山と同じ伊豆真鶴岬の小松原石の石組みをし、湧水保護に留意して環境にやさしく堅固不変に造られました。石と水は仲良しなのです。基礎部の上に大きな沓石が据えられました。時は平成三年夏から初秋に入っていました。

建て方、柱が立つ　九月上旬より柱・虹梁以下の用材寄進の檀信徒が、銘々予定の用材に自分や家族の姓名と祈願趣意を墨書しました。九月十七日建て方開始、四十五トンのクレーン二基が鳥居に組んだ二本の柱・虹梁、貫を引き上げます。大きな沓石を据え、柱列ができ、たちまち材木の林野になりました。降雨は一大事非常事態です。十数人の大工、鳶職が懸命に格闘します。やがて、六十本の丸柱が並ぶギリシャ神殿風の景観が現出しました。

上棟式　十二月朔日上棟式、十数名の大工が烏帽子姿で工匠の儀を行い、棟には上棟柱を立て、予め新本堂工事安全、拝島大師所願成就の護摩供を修した棟札を棟に貼り法要し、終わって住職・式衆と工匠の手により四方に餅が撒かれ新本堂の前途に幸あれと祝しました。上棟式数時間が終わるとただちに作業開始、ともかく先を急ぐ工事、しかも十二月の年末、新年初詣での準備もあります。十二月二十九日建て方完了、屋根工事は野地板まで済み、建て方請負の大工さんは帰りました。翌、三十日雪が積もり、雪かきして新本堂に大師様宮殿を入れ、除夜祭となりました。

平成四年初詣、初縁日だるま市　平成四年元旦初詣、二・三日恒例の初縁日だるま市も例年のように行われました。参詣の方々も新本堂の偉容に上を仰いで歎息、おかげで参詣者の列が延々続きました。

巨大な寄棟瓦屋根に金色の鴟尾　正月半ばすぎより屋根瓦葺きが七、八人の瓦職人で始まりました。二月半ば大棟には金色の鴟尾一対が着き、下り棟には二の鬼が着きます。重層下層の瓦葺きにも下り棟には二の鬼が着きました。屋根工事は足かけ三月で完成、足場がとれると全容が現れました。東大寺大仏殿を彷彿とさせる壮大な大屋根の出現です。

新本堂内部は比叡山根本中堂　内部造作が年頭以来三人の大工で進められます。天井取り付けはすでに年末までに終わっており、あとは中陣取り付け、それで新本堂内部がだんだん比叡山根本中堂に似てきました。二層内陣、二層下陣床張り、欄間取り付けに進みました。板戸・ガラス戸は欅、チークの残り材の有効利用、二月節分までにはすべて取り付きました。二階建具は特製サッシで三月中までにはすべて揃いました。

浜縁高欄擬宝珠　さらに側柱に浜縁が付き、その高さは一層の屋根の部分です。西側には清水の舞台ができます。遠くから眺めると御水取りで松明の火が踊る東大寺二月堂を彷彿とさせます。浜縁は本堂周囲をぐるり一周とり囲み、日本建築の鎌倉時代に成立した耐震構造です。材は東北岩手産栗とミャンマー産チーク材で相当耐用年数が長いものです。高欄は、文久三年の旧本堂浜縁高欄の擬宝珠の嘉例により新本堂工事の特に顕著な功績者である人びとの名を刻みました。正面左は奉賛会長臼井勉、同右は総代谷部信雄、左の次の西南角は総代越前久一、右の次の東南角は八王子市秋山豊男・川村茂・関口正三、その次の東二番目は小金井市鈴木金三・高杉覚、次の同三番目は田村建設工業(株)田村洋一郎、西念留吉(瓦屋)、指田茂七(植木)、指田宗男(電気工事)、その次の東北角は長塚トヨ、最後の西北角は天台座主山田恵諦、平成六年五月吉日賢亮代とあります。天台座主山田恵諦は拝島大師新本堂の完成を今か今と期待しましたが、平成六年二月に入寂されました。

重層参詣階段・ステージ　拝島大師の新本堂の独創に重層参詣階段・ステージが有ります。正面小川を跨ぐや松の木の横の階段数段を登り、踊り場をさらに登り、平坦部ステージに上がります。ステージを十数歩歩いてさらに階段を上がり本堂下陣に入りますと、正面に本尊お大師さまが目の高さで拝めます。正しく比叡山根本中堂造りです。参拝終わると上がり階段の裏から下に出、中二階が本堂下層下陣です。そこに入ると護摩供修法が受けられます。さらに数段の階段を下りるとステージ下になるのです。

平成五年の初詣初縁日　新本堂で初めて本格的な参詣が出来ます。正面三間の賽銭箱、既に鰐口二個が下がり、護摩供受付も二階東西に出来ました。ただステージ上での御札御守授与所は未だ仮設施設です。ステージ下の護摩札授与所も本格的に発足して檀家有志の多数の奉仕が開始され、拝島大師総受付や伽藍瓦奉納場所なども揃いました。

中門・回廊東西　比叡山根本中堂をさらに立体的に構成した新本堂は正面階段に中門が立ち、そこから東西に回廊が鍵の手に延び、全体で新本堂正面をカタカナのコの字形に囲みます。

元三大師中堂　中門には旧本堂に懸けられた元三大師の額が移され、拝島大師新本堂が元三大師中堂という御堂であることが宣言されます。元三大師中堂内部は一階から二階吹き抜けで正面三間四面その奥の二階の位置に大師様宮殿が載り、その左右の四天柱には昭和三十四年の嘉例に倣って平成五年八王子元三大師講奉納の金襴水引が懸かりました。こうして平成五年中には新本堂元三大師中堂はすべて完成し、堂内仏具荘厳もほぼ揃いました。十一月にはほぼ完成した堂内で初めての七五三祈願会が開かれ、小さなお子さんもお大師様に熱心に手を合わせました。

拝島大師新本堂元三大師中堂落慶式　平成六年(一九九四)五月一日より八日まで、拝島大師新本堂元三大師中堂落慶大法要、本尊秘仏御影御開帳が開催され、法要は天台宗祖師讃仰も併せます。御開帳は昭和三十四年十月以来、三十五年ぶりです。大法要の日程は次の通りです。五月一日開白法要、同二日用材御寄進法要、同三日新本堂元三大師中堂落慶法要、同四日祖師讃仰法要、同五日青少年育成法要、同六日吉祥如意満足法要、同七日諸願心願成就法要、同八日結願世界平和法要で、三日の新本堂元三大師中堂落慶法要は式に先立ち恒例の稚児行列が組まれました。先頭の昭島市内各寺院の御詠歌隊のご詠歌は、

〇新しき大師御堂の花開き、会うもうれしき御開帳　南無慈恵大師常住金剛尊

と高らかに、鈴を振りつつ歩き、続いて山主三十世川勝賢亮と、天台宗東京教区多摩地区西部住職二十数名の式衆の先触れに、五百名を超えるお稚児の行列が前例通り拝島の通りを練供養しました。行列が大師境内に入ると瑞穂町武州唐獅子太鼓の響きの奉納が有りました。新本堂宮殿の開扉されたお大師様の手に繋がる五色の糸が参道中央の大供

養塔に結ばれ、ここで三十世住職の開眼供養があり、中門前で大導師三千院一山多紀穎信大僧正と合流、元三大師中堂五十間浜縁を行道散華一匝は仏国土の現出です。法要は大導師式衆による天台宗四箇法要の散華対揚、護摩供を厳修します。法儀終わって落成式に移り、本山特使、来賓、山主・奉賛会長らの挨拶、式終わっての清興がまれに見る盛儀でした。

なお法儀は毎日朝座法華三昧、日中護摩供、夕座は一日如意輪供、二日大師講式、三日如意輪供、四日論義、五日大般若転読、六日・七日・八日常行三昧と続きました。法話として毎日統一課題「建築空間と宗教」という連続講演会が開かれ、講師は五月一日山主三十世九州大学教授文学博士川勝賢亮「天台建築と拝島大師新本堂」、同二日東京大学教授文学博士五味文彦「中世絵巻物に描かれた建築と仏教」、同三日東京大学名誉教授文学博士岸辺成雄「正倉院楽器の源流」、同四日国立歴史民俗博物館教授濱島正士「日本建築空間の特長」、同五日東京大学教授樺山紘一「キリスト教教会建築の特徴」、同六日山主川勝賢亮「中国道教の建築空間と日本社寺建築」、同七日武蔵丘短期大学助教授鎌田東二「日本神道の建築空間」、同八日東京大学教授後藤明「イスラム教の建築空間」と続きました。当拝島大師では山門文殊楼落慶式大導師、奥の院多宝塔落慶式大導師を勤めた天台座主山田恵諦大僧正が、常々法要は法儀と講説の両輪と言われたことを忠実に厳修した拝島大師新本堂元三大師中堂落慶大法要でした。

新本堂元三大師中堂落慶記念特別奉納音楽・芸能　奈良東大寺大仏開眼など奈良・平安の王朝時代の大法要には舞楽雅楽らの披露奉納が恒例でした。新本堂元三大師中堂落慶でも五月三日の夕刻清興後に新本堂を能舞台と、一噌幸政の能管笛一調「恋の音取」、大蔵流狂言山本東次郎の三番叟神楽式が特別奉納されました。また他に恒例の郷土芸能が連日奉納されましたが、特に最終日の八日には拝島大師の未来を祝う南米音楽フォルクローレ「アンデスの響き」が東京大学民族音楽愛好会の学生諸君によって演奏されました。これは毎年五月五日に行われる「拝島アンデスの響き」で恒例となりました。なお五月三日の落慶法要には麹町裏千家戸田即日庵社中による供茶・茶席がありました。

三　拝島大師諸堂伽藍造営・境内整備・地域文化形成の新展開

水屋水天宮　五月一日から八日、八日間の新本堂元三大師中堂建立落慶式が終わると、直ちに水屋水天宮造営に着手、平成六年十二月二十三日御水屋を新築落慶しました。単なる手清めの水屋ではありません。梁上に水天宮水神さまを祀るお堂兼用にしました(口絵9)。水は生きとし生けるものすべての命の源泉です。当然水は身を清浄にしますが、自分だけでなく、地域社会も清浄に清めることにも努力したいものです。

新本堂元三大師中堂落慶一周年記念拝島大師音舞台　平成七年(一九九五)五月三日より六日新本堂落慶御本尊開扉記念大法要、拝島大師音舞台が開催されました。五月三日第一回拝島皐月会尺八筝三弦の邦楽演奏、五月五日第二回東京大学民族音楽愛好会南米音楽フォルクローレ「拝島アンデスの響き」、六日薩摩琵琶による平家物語、いずれも新本堂元三大師中堂落慶法要期間中に証明された新本堂の音響効果の良さを確認しました。

総門南大門完成　平成七年春ごろより拝島大師総門南大門の木造が始まり、夏に建て方工事着手、同年九月三日上棟式です。天台密教修法による鎮護上棟作法に続き工匠の儀が行われ、拝島大師奉賛会長臼井勤、同副会長高橋清一、檀家総代谷部信雄、同越前久一諸氏以下参列者一同の引綱の儀が掛け声大きく行われました。三手先天竺様で東大寺南大門を彷彿させる拝島大師新名物が奥多摩街道にできました。中央に拝島大師、右に「念彼観音力(彼の観音の力を念ずれば)」。左に「福聚海無量(福の聚まること海の無量のごとし)」。十月中には瓦葺き工事も完了、落慶しました。この門から参道は山門文殊楼、中門回廊、元三大師中堂と進むのです。

新本堂落慶記念拝島大師音舞台　平成八年（一九九六）四月二十八日拝島皐月会尺八箏三弦の邦楽演奏、五月三日より五日の新本堂落慶御本尊開扉記念大法要拝島大師音舞台では、五月五日第三回東京大学民族音楽愛好会南米音楽フォルクローレ「拝島アンデスの響き」、同十一日には大野利可の篠笛演奏といろいろな種類の楽器が試みられました。五月三日より五日の法要期間中は伊藤睦英作品展が回廊でありました。新本堂落慶記念法要期間中、大師縁の作品展の第一回です。この五月三日より五日の新本堂落慶御本尊開扉記念大法要、五月五日拝島大師音舞台「拝島アンデスの響き」と、五月三日より五日の法要期間中の大師縁の作品展は恒例となりました。

山門文殊楼拝殿落慶　先に昭和四十八年先代第二十九世宗賢師により建立された文殊楼は本山比叡山と同様に建築されたのですが、一般の人が参詣するには甚だ不便な階段でした。そこで楽に文殊さんが参詣できるように拝殿を増築することになり、平成八年十一月三日拝殿落慶し、お披露目を兼ねた大般若転読会が挙行されました。拝殿完成で正月成人式での受験合格、学業成就祈願会場も大勢の参加ができるようになりました。

拝島大師音舞台と地域文化・大師縁の作品展　平成九年（一九九七）五月三日より五日の拝島大師音舞台では三日に拝島皐月会尺八箏三弦の邦楽演奏、五月五日には第四回東京大学民族音楽愛好会南米音楽フォルクローレ「拝島アンデスの響き」があり、大法要期間中回廊東西の会場に、大塚高雄写真展「多摩川の魚たち」、鈴田誠子「八十六才からのレース編み・ふくさ展」、森愛子の切り絵「花に寄せて」がありました。高齢化社会を元気に過ごしたい願いです。

西門転害門落慶　平成八年九月三日に建立発願した西門転害門が平成九年秋には完成しました（口絵11）。害を転じて福となす転害門で拝島大師境内の西境が確定し、やがて板塀が一周することになります。

拝島大師音舞台と大師縁の作品展　平成十年（一九九八）五月三日より五日の拝島大師音舞台には、三日拝島皐月会尺八箏三弦の邦楽演奏、五月五日第五回東京大学民族音楽愛好会南米音楽フォルクローレ「拝島アンデスの響き」です。

期間中回廊東西に清水房次「銅板工芸」がありました。日本職人技術の優秀さは大事にしたいものです。

大師池石組み　平成十年十二月末に大師池を小松原石で石組みし、併せて八角円堂建立基礎を石組みで補強し、鐘楼堂と繋ぐ計画を立てました。

拝島大師音舞台と大師縁の作品展　平成十一年(一九九九)五月三日より五日の拝島大師音舞台、三日拝島皐月会尺八箏三弦の邦楽演奏、五月五日第六回東京大学民族音楽愛好会南米音楽フォルクローレ「拝島アンデスの響き」です。期間中回廊東西に油絵拝島大師多宝塔や焼き物「成清正作品展」です。

八角円堂弁才天堂建立　平成七年正月三日発願の八角円堂弁才天堂が五年の歳月を懸けて平成十一年九月三日建て方を開始し大師の池に姿を現しました。同年末には八角円堂弁才天堂の黄金輝く金箔押しの宝珠が新本堂の金色の鴟尾と相対します。

拝島大師第七回音舞台と大師縁の作品展　平成十二年(二〇〇〇)五月三日より五日の拝島大師音舞台、五月三日拝島皐月会尺八箏三弦の邦楽演奏、五月五日第七回東京大学民族音楽愛好会による南米音楽フォルクローレ「拝島アンデスの響き」があり、期間中回廊東西に「林かね八十歳　日本刺繡レース編み作品展」です。

八角円堂弁才天堂建立　平成十二年十月、前年堂舎建築を完成した八角円堂弁才天堂の周辺整備が進み、高欄に擬宝珠がつき、ついで堂内仏具荘厳に移りました。

西門—文殊楼問の門塀工事完成　平成十二年十二月末、一尺(三十センチ)内外の欅角柱の上には美濃瓦本葺き門塀工事完成しました。正月初縁日だるま市の景観が一段と見事なものになります。

二十一世紀の拝島大師初詣初縁日　いよいよ二十一世紀となりましたが、世の中暗い話題が続きます。拝島大師の参詣がますます重要な意味を持つ世紀に入ったのです。

平成の大般若経六百巻納経　平成十三年(二〇〇一)正月元旦より拝島大師平成の大般若経六百巻納経が始まりました。幕末嘉永安政のころ大般若経六百巻納経は見事に成就、幕末維新の激動から明治大正昭和の日本近現代の激動を見通す灯台の灯りとなりました。現在また平成激動に時代の先を照らす灯明にしたいものです。令法久住、法をして永遠に、これが仏教徒の努めです。

経蔵堂発願　平成十三年正月元旦より拝島大師経蔵堂の発願がなされました。現在拝島大師本覚院に所在する大蔵経以下の仏典書籍を図書館として利用したいものです。経蔵堂は転法輪蔵を二階に備え回転できます。下層は大蔵経諸本、仏教書から歴史・文学その他を備える図書館です。

拝島大師第八回音舞台と大師縁の作品展　平成十三年五月三日より五日、拝島大師音舞台、三日拝島皐月会尺八箏三弦邦楽、五月五日第八回東京大学民族音楽愛好会南米音楽フォルクローレ「拝島アンデスの響き」です。期間中回廊東西に「拝島大師大般若経から幕末の拝島大師展」です。

大師参道及び境内舗装工事　五月中より大師正面参道のタイル舗装及び境内アスファルト舗装工事が進展し、ご信徒皆様の参詣が楽になり喜ばれています。

拝島大師第九回音舞台と大師縁の作品展　平成十四年(二〇〇二)五月三日より五日の拝島大師音舞台、三日拝島皐月会尺八箏三弦の邦楽演奏、五月五日第九回東京大学民族音楽愛好会による南米音楽フォルクローレ「拝島アンデスの響き」があり、期間中新本堂外陣に「神保準一　和凧の世界展」です。

特別音舞台【箏と胡弓とお話しと】と地域文化・大師縁の作品展　平成十四年十一月二十一日、中井猛「胡弓とお話し」、藤田節子「箏曲」土屋京子ほか「琴、尺八」がありました。

八角円堂弁才天堂落慶　平成十四年十二月末、八角円堂弁才天堂入仏供養が行われ、修理を終えた弁才天を中尊として宮殿厨子に右に十四歳の聖徳太子像、左に毘沙門天像の三尊がそれぞれ厨子入りで祀られました（口絵5）。三尊前には昇り龍降り龍の大水引が豪華に懸かり、堂内八角円堂特有の三重格天井という稀にみる文化財的建築となりました。弁天さまは諸芸上達、学業成就で水の神でもあり、家内安全の守護神です。弁天・毘沙門天は大黒堂の大黒天らと七福神になります。

平成十五年の初詣・初縁日　平成十五年（二〇〇三）新本堂落慶十周年の初詣・初縁日、日本経済もここが谷底。上昇に向かいます、大般若経六百巻納経も開始され幕末維新拝島大師発展の再現です。伽藍整備も順調で絶えず改良が加えられています。堂内仏具荘厳も力が入って来ました。

拝島大師第十回音舞台と大師縁の作品展　平成十五年五月三日より五日、拝島大師音舞台、三日拝島皐月会尺八箏三弦の邦楽演奏、五月五日第十回東京大学民族音楽愛好会による南米音楽フォルクローレ「拝島アンデスの響き」、期間中新本堂回廊に「竹内和男　絵画とデザイン作品展」です。

経蔵堂建て方開始　平成十五年十月、平成十三年正月発願の拝島大師経蔵堂が丸二年の木造で建て方を開始しました。七堂伽藍の最終です。欅の丸柱二十数本下層五間四面、二階建て、上層に転法輪蔵を備え回転できます。下層は大蔵経諸本、仏教書から歴史・文学その他を備える図書館です。

拝島大師第十一回音舞台と大師縁の作品展　平成十六年（二〇〇四）五月三日より五日、拝島大師音舞台が三日拝島皐月会尺八箏三弦の邦楽演奏、五月五日第十一回東京大学民族音楽愛好会による南米音楽フォルクローレ「拝島アンデスの響き」があり、それに先立ち大師堂前で立川少林寺拳法愛好会の演武がありました。期間中新本堂外陣で「拝島大師縁の作品展」です。

経蔵堂建物竣工　平成十六年十月、拝島大師経蔵堂は上層建築が苦難の末に竣工しました。この年末には心柱上に水煙相輪取り付け、屋根瓦葺きも終わりました。次は上層に転法輪蔵を備え作成、蔵書棚取り付け、蔵書搬入、入仏です。金箔押しの水煙相輪が八角円堂弁天堂金箔宝珠と相対し、新本堂の金色の鴟尾の大師堂宝前に出現しました(口絵6)。拝島大師七堂伽藍の偉容を一層高めました。

拝島大師第十二回音舞台と大師縁の作品展　平成十七年(二〇〇五)五月三日より五日の拝島大師音舞台、三日拝島皐月会尺八筝三弦の邦楽演奏、五月五日第十二回東京大学民族音楽愛好会による南米音楽フォルクローレ「拝島アンデスの響き」があり、期間中新本堂外陣で「拝島大師縁の作品展」です。また三輪道雄氏により多摩の伝統竈が御茶堂に奉納建造されました。

経蔵堂転法輪蔵、書架蔵書棚取り付け工事　平成十七年正月以来、拝島大師経蔵堂転法輪蔵建築、蔵書棚書架が本格的に進展、一層中央には教主釈迦如来坐像と文殊・普賢両菩薩の釈迦三尊が祀られました。蔵経は敦煌・嘉興蔵の唐宋明の中国、高麗蔵経の朝鮮、黄檗・大正蔵経・縮蔵経の日本と豊富に揃いました。階上には中央に転法輪蔵がその奥に弥勒菩薩を祀りました。

拝島大師第十三回音舞台と大師縁の作品展　平成十八年(二〇〇六)五月三日より五日、拝島大師音舞台、三日拝島皐月会尺八筝三弦邦楽、五月五日第十三回東京大学民族音楽愛好会南米音楽フォルクローレ「拝島アンデスの響き」です。期間中新本堂外陣で「拝島大師縁の作品展」です。それに先立ち大師堂前で終南派太極拳中華武術の演武がありました。期間中新本堂外陣で「拝島大師縁の作品展」です。

文殊楼東経蔵前詰め所、外塀工事の進展　平成十八年秋から冬十二月末迄、完成した経蔵堂を取り囲んで保護するように詰め所、外塀工事が進展しました。詰め所は正月初詣初縁日の昭島警察署現場本部の詰め所ともなります。

拝島大師第十四回音舞台と大師縁の作品展　平成十九年(二〇〇七)五月三日より五日、拝島大師音舞台、五月五日第

十四回東京大学民族音楽愛好会南米音楽フォルクローレ「拝島アンデスの響き」は変わらず。新本堂外陣で地域文化「拝島大師大般若経に見る幕末拝島大師信仰展」です。以上のような経緯で定着した拝島大師音舞台と縁の作品展は恒例として毎年回を重ね、現在に続いています。

経蔵堂転法輪蔵蔵書搬入　平成十九年正月初詣初縁日から二月節分星祀りの年中行事終了後、拝島大師経蔵堂転法輪蔵経蔵に蔵書が書架に並び始まりました。一層中央の教主釈迦如来と文殊・普賢両菩薩が見守ります。なお、本年正月成人の日から文殊楼大般若転読会は新本で行われ、旧本は経蔵堂に安置されました。

拝島大師境内整備、南大門駐車場拡張　平成二十年(二〇〇八)は長年の懸案であった拝島大師境内整備、南大門駐車場拡張が進展しました。正月初詣初縁日に駐車場の整備は欠かせません。

書院観音堂建て方開始　平成十九年夏ごろ設計依頼し、秋には設計図ができあがった拝島大師書院観音堂は平成二十年正月元旦に『如意輪』第七九号で建立発願が正式に宣言され、檀信徒の多くの支持支援を受けることになりました。翌平成二十一年正月経蔵堂の完成を受けて斗栱、棰木の木造から柱梁作成に進み五月末には建て方に入りました。上棟から年末には瓦葺き工事まで完了しました。

平成二十二年の初詣・初縁日　初縁日「だるま市」の伝統護持には、昭島市、昭島警察署、昭島消防署らの全面的な協力と出店露天商の自治的な自助努力がぜひとも必要です。

書院観音堂上棟外部完成　拝島大師書院観音堂がほぼ完成、後は畳入れ、トイレ工事など最後の仕上げです。この書院観音堂は正月初詣・初縁日のお手伝い奉仕者の宿泊施設ともなります。

百年ぶりの天然理心流心武館演武　さらに五月二十二日には古武術天然理心流心武館演武がありました。心武館四代目館長は大塚篤氏です。氏は、あきる野市二宮井上家の縁者で同五日市出身、三年前昭島消防署長として正月縁日救護に詰めたことがある縁があります。会場は百年前大正二年(一九一三)と同じ場所、すなわち大師堂西、築山前のかつて田圃であり、その後池の一部で再び埋めた土地です。天然理心流心武館奉納額の二枚目奉納を発願したとのことです。

本瓦葺漆喰白壁卍崩しの上層張り出し優美な書院観音堂　拝島大師の新名所、後世に残す平成時代の代表建築、かずかずの献辞があります。平成二十二年夏には内部造作がほぼ完成、後は観音菩薩と阿弥陀如来の入仏を待つのみです。

三・一一東北東関東大震災　平成二十三年(二〇一一)三月十一日午後二時四十六分、三陸海岸宮城県沖海中を震源とする巨大地震が発生しました。併発した津波被害と福島原発の火災事故は未曽有の記録的大災害となり、歴史の転機にもなりました。お大師様など神仏の加護を祈るのみです。

拝島大師第十八回音舞台と地域文化・大師縁の作品展　平成二十三年五月三日より五日の拝島大師音舞台、五月五日第十八回東京大学民族音楽愛好会による南米音楽フォルクローレ「拝島アンデスの響き」で、演奏の学生にやや疲れがみえたので尋ねたところ、前日まで東北支援に行き、ほぼ徹夜で帰ったとか。聴衆には福島からの避難者の参加もあり、終わって帰りがけの挨拶が「ありがとうございました。生きててよかった」でした。やはり音舞台「拝島アンデスの響き」は元気の源です。期間中新本堂外陣で地域文化「拝島大師縁の作品展」です。

百年目の第二回天然理心流心武館奉納額　平成二十三年十一月二十三日に百年目の第二回天然理心流心武館奉納額を掲げ、大塚篤館長以下門人多数による奉納演武第二回がお大師様に捧げられました。次の百年の額が奉納できるまでどうぞ御守護下さいという声が真剣に挙げられました。東北大震災の年でした。

旧本堂の玄関控所　平成二十四年(二〇一二)春から秋、旧本堂に向かって右に旧本堂の玄関控所を造営しました。欅丸柱予備材などを利用し、相当雄大な感じの玄関控所です。正月縁日には昭島消防署現場詰め所などにもなります。

第三回天然理心流心武館奉納演武、他三流賛助演武　平成二十四年十一月二十三日に昨年に引き続き第三回天然理心流心武館奉納演武があり、これに本年は北辰一刀流・双水執流・立身流の三流の賛助演武奉納があり、伝統文化を披露しました。

新本堂元三大師中堂内陣、愛染明王と並ぶ虚空蔵菩薩　平成二十四年末、新本堂元三大師中堂左内陣愛染明王と並び虚空蔵菩薩を祀りました。記憶力を増してくれる仏さまです。四月中、十三参りの主尊です。

経蔵―旧本堂間の木造本瓦葺外塀・東司完成　平成二十五年(二〇一三)春から秋、経蔵―旧本堂間に木造本瓦葺外塀・東司完成、東司の神様ウスサマ明王を祀りました。御真言　オンクロダナウンジャです。

拝島大師本覚院公式サイト公開　平成二十五年十月より、拝島大師本覚院公式サイトを開設公開しました。インターネット時代に要望の高かったもので、拝島大師参詣の案内、正月初縁日だるま市の駐車場の利用の仕方。交通アクセス、境内建物、地域環境について、古典会だよりなど内容は盛り沢山です。検索【拝島大師】が便利です。

第四回天然理心流心武館奉納演武、他三流賛助演武　平成二十五年十一月二十三日に昨年に引き続き第四回天然理心流心武館奉納演武があり、これに昨年同様に北辰一刀流・双水執流・立身流の三流の賛助演武奉納がありました。

本覚院客殿・庫裡・離れ屋根瓦替　平成二十五年・二十六年(二〇一四)と本覚院客殿・庫裡・離れ屋根瓦替が行われ、いずれも野地板を杉材に替えるなど耐久性を増す工夫をしました。併せて客殿・庫裡は床板を杉板に替え、畳替もしました。

第五回天然理心流心武館奉納演武、他三流賛助演武　平成二十六年十月二十五日に昨年に引き続き第五回天然理心流心武館奉納演武、これに昨年同様に北辰一刀流・双水執流・立身流の三流の賛助演武奉納がありました。本年から開催月は十月中旬の土曜日、他流の参加も恒例となり、回を重ね今日に至っています。

大黒堂に薬師三尊十二神将　平成二十七年（二〇一五）九月三日、旧本堂内々陣奥の間に薬師三尊十二神将を祀り開眼供養しました。七仏薬師、薬師瑠璃光如来は東方瑠璃光浄土の教主で日本国の守護仏です。

拝島大師五重塔用材工事着手　平成二十七年中よりこれまでの拝島大師伽藍建設の残り材を有効に使用するため、五重塔建設を企画、部材用材の調整が進行しています。欅材を主とした樹木の生命を有効に生かすべく、伝統的工匠の技能が振るわれています。

拝島大師第二十三回音舞台と大師縁の作品展　平成二十八年（二〇一六）五月三日より五日、拝島大師音舞台、五月五日第二十三回東京大学民族音楽愛好会による南米音楽フォルクローレ「拝島アンデスの響き」は恒例で、本年は開場前に中門より文殊楼まで二百人を超える人びとが並ぶ空前の盛況となりました。期間中の地域文化「拝島大師縁の作品展」も好評です。

第七回天然理心流心武館奉納演武、他四流賛助演武　平成二十八年十月二十三日に第七回天然理心流心武館奉納演武、これに昨年に続き北辰一刀流玄武館・双水執流・立身流矢口支部の三流賛助演武奉納の外に、本年から神奈川県小田原市武陽館による薙刀術戸田派武甲流の演武がありました。

五重塔基礎工事着手　平成二十九年（二〇一七）夏には拝島大師五重塔基礎工事が開始され、九月には沓石をより強化した古式の塔基礎石が据えられました。

五重塔一重側柱・四天柱立　平成二十九年十月二日には拝島大師五重塔一重側柱・四天柱が立ち、五重塔三手先組み物の組み立て開始されました。

五重塔二重側柱・四天柱立、初重屋根木造工事着手　数日後の同月十日には二重側柱・四天柱が取り付き、これに一重の三手先組み物の尾垂木、通し栱木が付き、丸桁、隅木に木負・茅負、化粧垂木が付き、裏板が打たれて、屋根工事が本格化しました。

第八回天然理心流心武館奉納演武、他三流賛助演武　平成二十九年十月十四日に第八回天然理心流心武館奉納演武、これに昨年に続き北辰一刀流玄武館・双水執流・薙刀術戸田派武甲流武陽館の演武がありました。

平成三十年の初詣・初縁日　平成三十年(二〇一八)の正月元旦初詣、二・三日の初縁日「だるま市」の参詣者は空前の多数に上り、特に二日の参詣のピーク時には五十メートルに及ぶ長蛇の行列が参道を左に迂回して八角円堂弁天堂周辺に数百人が並びました。

五重塔三重側柱・四天柱立、二重屋根工事着手　平成三十年正月二十一日には拝島大師五重塔三重側柱・四天柱が立ち、これに二重屋根の軒を支える三手先組み物の尾垂木、通し栱木が付く造作となります。

五重塔工事のための架設工事「機械等設置届」申請　これ以上の上層工事施工のための架設工事は高さが十メートルを超えるので「機械等設置届」を厚労省立川労働基準監督署に提出する必要があります。三立架設に図面作成を依頼し、書類作成、届けは平成三十年二月十四日に受理されました。

五重塔工事本格的架設工事着手　平成三十年三月十四日、五重塔工事用の本格的架設工事を「機械等設置届」の申請内容通りに進めるために、既存の足場を全て撤去する作業を開始した上に現場の作業場囲柵を設置しました。翌日届け申請の足場を初重、二重、三重用屋根足場を設営しました。足場には上り段と防禦ネットが取り付き、本格的な足場の景観が現われました。

五重塔四重側柱・四天柱立、三重屋根工事着手　平成三十年三月二十一日には拝島大師五重塔四重側柱・四天柱が立ち、これに三重屋根の軒を支える三手先組み物の尾垂木、通し栱木が付く造作となります。ただ、五重塔木造工事は作業が長期に亘り、作業足場に雨よけの屋根を架けるのが有効です。その工事は同月二十一日・二十二日に行われましたが、この屋根は仮設足場が上に伸びる度に架け直すことが必要です。

拝島大師第二十五回音舞台と地域文化・大師縁の作品展　平成三十年五月三日より五日、拝島大師音舞台、五月五日第二十五回東京大学民族音楽愛好会による南米音楽フォルクローレ「拝島アンデスの響き」は大盛況です。五月五日恒例の音舞台。東大民族音楽愛好会による南米音楽フォルクローレ「拝島アンデスの響き」も二十五回という四半世紀に及ぶ連続開催となりました。本年も昨年同様、東西回廊に椅子席を設け二百名を超える人びとが入りました。期間中の地域文化「拝島大師縁の作品展」も好評です。

五重塔五重側柱・四天柱立、四重屋根工事着手　平成三十年五月八日には拝島大師五重塔最上層の五重側柱・四天柱が立ち、これに四重屋根の軒を支える三手先組み物の尾垂木、通し栱木が付く造作となります。工事に先立って架設工事現場屋根が架設足場から外されました。

五重塔屋根瓦葺き　平成三十年五月二十四日、五重塔瓦葺き工事が始まりました。瓦は奈良県産の大和瓦の本葺きです。初重・二重・三重と続きました。それでも六月・七月二カ月で、四重屋根まで軒敷瓦・巴瓦・平瓦・丸瓦・四隅降棟瓦・鬼瓦、稚児棟二の鬼瓦と台輪下熨瓦と見事に付きました。

五重塔五重屋根工事足場並びに相輪タワー足場工事　平成三十年七月二十四日には仮設屋根を外して、心柱上部二本を入れ、これに五重屋根足場並びに相輪タワー足場を設置しました。

台風十二号・十三号連続して襲来　時に台風十二号が襲来、七月二十七日には屋根シートをロープで縛りました。ついで八月にはいると台風十三号が十二号と同じ道を連続して襲来しました。

五重塔相輪完成　八月九日には台風十三号襲来の間隙を縫って拝島大師五重塔相輪敷設工事が行われました。最上層の五重屋根上部を突き出た三メートルの心柱には下部から、露盤・伏鉢、受花・九輪・水煙・龍車・宝珠の相輪が付きます。いずれも金箔二回押の黄金色輝く荘厳な相輪です。

五重塔五重屋根工事着手　八月九日以降、これが中々の難工事で進展速度はかなり緩慢でした。屋根小屋組造作に手間取りました。それでも旧盆明けには木部完成、ひき続き瓦葺き工事も八月二十八日には完成しました。

五重塔架設足場解体　八月二十九日には仮設屋根を解体して外す工事が当初の工事計画通りにめでたく遂行されました。天空高く相輪を戴き、五重各重の四隅軒角木下の四つの風鐸、計二十個の黄金色がキラキラ輝き、実に大きく雄々しく見える華麗な五重塔の勇姿が現れました(口絵35)。見知らぬ外来者が「思わず手を合わせて拝んでしまいました」という言がそのお姿をピタリと表現しています。九月には最下層の初重内部の造作、ついで浜縁高欄の造りとなります。

平成三十一年の初詣・初縁日　平成三十一年(二〇一九)の正月元旦初詣、二・三日の初縁日「だるま市」の参詣者は前年にも増して空前の多数に上り、特に二日の参詣のピーク時には昨年同様に、五十メートルに及ぶ長蛇の行列が参道を左に迂回して八角円堂弁天堂周辺に数百人が並びました(口絵27・28)。護摩供祈願受付け場所などの増加施設が必要です。

平成から令和の拝島大師　拝島大師平成三十一年正月になると、政府は平成時代の天皇は四月三十日をもって退位、五月一日に新天皇が即位し、年号を改元するという発表を行いました。新年号は四月一日に公表されるといいます。四月一日、官房長官はその年号が「令和」であると発表します。従来中国古典を年号の出典としたものが、はじめて国書『万葉集』を典拠としたとのこと。五月一日、令和時代が始まりました。

二十六回音舞台と地域文化・大師縁の作品展　令和元年(二〇一九)五月三日より五日、拝島大師音舞台、五月五日第二十六回東京大学民族音楽愛好会による南米音楽フォルクローレ「拝島アンデスの響き」は相変わらず大盛況です

（口絵29）。本年も昨年同様、東西回廊に椅子席を設け二百名を超える人びとが入りました。期間中の地域文化「拝島大師縁の作品展」も好評です。

五重塔本尊　拝島大師五重塔は心柱を地面に挿し、立ち上げる古式の五重塔です。初重仏間は中央の心柱を大日如来に見立て、その前立ちに釈迦如来立像、阿弥陀如来立像、右に定印を結ぶ胎蔵界大日如来、左に智拳印の金剛界大日の四体を祀り、天台教学の顕密一致思想を示します。

五重塔建立入仏供養会　拝島大師五重塔の本尊入仏供養、開眼法要が令和元年五月二十六日、午後一時に行われること、二時より「拝島アンデスの響き」が特別に行われること、そうした拝島大師の空前の「お知らせ」が新聞紙上に掲載され、またJR東日本の多くの駅に貼られるポスターが制作されました（二八一頁・図9）。中央に大きく拝島大師五重塔の姿、その右上には「多摩の地に天平武蔵国分寺以来千二百年ぶりの木像五重塔」、左上方には「東京にもある奈良京都の伽藍」とあります。令和新時代の拝島大師の幕開けです。

結　び

昭和五十一年十一月十六日第二十九世住職川勝宗賢時代は終わりました。第三十世住職川勝賢亮は直ちに先代の未完の事業の完成に着手しました。上棟式まで進んでいた鐘楼堂の本瓦葺工事を行い、次に大梵鐘ちぶさの鐘の鋳造です。火入式で滋賀県鋳物師工場に向かう三十世賢亮は比叡山横川で山田座主から慈恵大師供を受法します。昭和五十三年五月二十一日鐘楼大梵鐘ちぶさの鐘落慶式は大変な盛儀でした。次に先代が設計図まで作っていた多宝塔工事に着手し、これも五年の歳月で落慶式を行い、納経石・多宝塔心柱墨書など檀信徒に多大な感銘を与えます。続く八日間の落慶法要は法儀、連続講演「法華経と日本文化」とも好評で、後者の内容は書物(『多宝塔と法華経思想』東京堂出版)に遺しました。多宝塔上から山田恵諦天台座主は檀信徒に旧国宝大講堂モデルの拝島大師新本堂建立を懇請されます。

昭和五十八年の多宝塔落慶後拝島大師本覚院の二大布教事業が開始されます。拝島大師古典会と拝島大師だより『如意輪』の刊行でその後長く続き拝島大師の発展に多大な力の源泉になりました。

次の段階で第三十世住職川勝賢亮が独自な伽藍整備に着手します。多宝塔落慶後十二年の歳月を懸けて建立された新本堂元三大師中堂建築です。昭和から平成に年号が替わり平成六年五月一日から八日、先の多宝塔落慶式に倣った大法要が執行され、法儀・講説とも未曽有の規模内容で行われました。以後は新本堂の音響効果の良さを味わう拝島大師音舞台が新本堂落慶御本尊開扉記念大法要拝島大師音舞台として毎年行われ、五月五日こどもの日には現在第二十六回を数える東京大学民族音楽愛好会による南米音楽フォルクローレ「拝島アンデスの響き」が多数の人びとに歓迎され、元気の源として好評です。その他種々の邦楽演奏など法楽が試みられました。このような行事で毎年恒例として行われるものに平成二十二年から開始された古武術天然理心流心武館奉納演武があり、百年前の天然理心流心武館奉納額に倣った二代目奉納額が平成二十三年十一月二十三日に再現され、地域文化と拝島大師の強固な結びつきを天下に知らしめたのです。他方、新時代に対応した拝島大師の布教活動は平成二十五年十月より拝島大師本覚院公式サイトの開設公開で実現しました。拝島大師厄除護摩供祈願の案内、正月初縁日だるま市の駐車場の利用の仕方、交通アクセス、境内建物、地域環境について、古典会だよりなど内容は盛り沢山です。

結　語―拝島大師本覚院の歴史文化―

本書はこれまで社寺の縁起としてしか取り上げなかった拝島大師の由来事績を歴史学・文学などの総合的観点、つまり歴史文化的理解で拝島大師の歴史を分析します。これにより拝島大師にお祀りするお大師さまがどのような御方か、どうして信仰の対象にまでなったか、他方拝島にお祀りした時期はいつかなどの疑問に答えるのです。

第一章「元三大師良源の生涯」では、大師の弟子達が作った伝記に基づき大師の誕生から入滅に至るその生涯を十一項で辿りました。比叡山に登り天台教学を修得して応和の宗論などで南都興福寺らの学僧と論争し、それによりその学才に注目した藤原摂関家北家本流の忠平・師輔・兼家の支援外護を受けます。国家鎮護、皇統護持の修法に霊験を現し、天台座主に就任以後東塔・西塔・横川三塔伽藍を復興します。門弟三千人、主なものでも三十人余り、中でも源信（恵心僧都）・尋禅（慈忍和尚）・覚運（檀那流）・覚超は四哲と称され、その後の日本天台仏教に大きな影響をのこし教学に絶大な存在となりました。特に総轄すれば恵心僧都『往生要集』による浄土教学と恵心・檀那両流の天台密教（台密）の多様な流派の発展は本来の法華教学の口伝法門・本覚思想の創立を生む日本仏教の真髄形成となるものです。当拝島大師の寺名が本覚院であることはその本質神髄を継承定着するものです。大師良源は正月三日の御入滅で元三大師と称されます。諡号は慈恵と贈られました。その修法の霊験効果はとても人間業とは思えないので、その御正体はどなたか仏さまであろうと推定されましたが、お弟子の恵心僧都によれば如意輪観音とのことでした。

第二章「元三大師信仰の歴史文化」は、一「慈恵大師尊像」、1慈恵大師画像、2慈恵大師木像について、資料として重要な各寺院所蔵文化財を紹介し、平安から鎌倉時代にかけて大師を本尊として祈禱祈願することがどのように発展したかを確認しました。次に二「慈恵大師和讃」二種の内一種、三「慈恵大師講式」各式をそれぞれ紹介した後に、四「慈恵供・慈恵大師本地供・片供・無言加持・慈恵大師法則」など慈恵大師を本尊として修法する具体を紹介しました。そして次に民間における元三大師慈恵大師信仰の具体として、五「慈恵大師護符―慈恵大師御影・角大師・豆大師など―」を紹介し、最後に六「元三大師「観音籤百番」」、おみくじを取り上げました。なお、七「余話」として七猿歌を紹介しました。以上は平安中古より鎌倉室町の中世、そして江戸近世と大師信仰の歴史的変遷が理解されるものです。

第三章「平安・鎌倉・室町期古典文芸に描かれた元三・慈恵大師良源」は、平安・鎌倉時代の古典文芸に元三・慈恵大師良源がどのように描かれているか。この検討も大師信仰の経緯を考える上で重要です。一「平安中期、慈恵大師良源同時代の古典文芸」、1歴史物語、2平安中古文学における慈恵大師良源、二「平安後期鎌倉期、慈恵大師良源信仰確立期の古典文芸」、1院政期の文芸における慈恵大師良源、2源平期・中世鎌倉期の文芸における慈恵大師良源、三「鎌倉後期・南北朝・室町期、慈恵大師良源信仰発展期の古典文芸」と時代を追って資料を収集してみました。慈恵大僧正は入滅後、武将平清盛に再誕したとか、魔界の大棟梁になって人びとに恐れられたとかの意味がよく分かります。

第四章「拝島大師創建の歴史」では、まず拝島大師本覚院と称される謂われに関して、拝島本覚院の創建が元三大師良源の生きた時代である平安前期後半の村上天皇時代(十世紀半ば)に遡ること、本覚院西隣大日堂拝島山一山の有力院坊であったことを推定します。そして十六世紀後半の戦国期末に織田信長の焼打ちを受けた比叡山から元三大師・慈恵大師尊像が将来されて拝島大師の創建がなったことを、戦国期から信長・秀吉の安土・桃山時代、さらに徳川家康の幕藩体制成立時期までの歴史文化と関連させて考察しました。

以上の前半四章に対して後半六章は拝島大師内外に残る確実な記録、文書史料による拝島大師本覚院の歩みの歴史文化で、多摩地区の地方歴史文化と密接に関わる生きた記憶遺産、文化財となります。

第五章「江戸近世の拝島大師」では、一「江戸近世、多摩地区と拝島」、二「拝島大師と東叡山寛永寺両大師堂」、三「『新編武蔵風土記稿』に書かれた拝島大師と大日八坊」、四「江戸近世、拝島周縁村落旧家文書に書かれた拝島大師」と節に分けて考察し、各種史料の史料考証を行い、これまでの地域の歴史の疑問に答えましたが、最後に拝島大師の所在する拝島村の隣村熊川村名主石川弥八郎家の『多摩自慢石川酒造文書』を使用して十八世紀天明五年(一七八五)正月三日拝島元三大師縁日参詣など当該拝島大師信仰史の歴史の一齣を極めて具体的に描きました。

第六章「文政期、中興義順住職による大師堂再建と元三大師御開帳」は、これまで伝説的にしか述べられなかった文政二年の中興義順和尚の元三大師堂建立を具体的に描き、加えてこれまで未知であった文政期における御開帳の史実を掘り起こしました。さらに天保十三年(一八四三)のその没年に及ぶ大師堂向拝建立を、中興義順和尚期が無尽講月掛けで行ったというたいへん重要な拝島大師の知られざる歴史文化の全貌を、これまた拝島大師拝島村の隣村熊川村名主石川弥八郎家の『多摩自慢石川酒造文書』によって極めて克明に再現しました。

第七章「安政年間、拝島大師本覚院『大般若波羅蜜多経』六百巻納経墨書銘記」は、これまで『昭島市史』などでその存在と地域の歴史にとっての重要性が確認されている安政年間、拝島大師本覚院『大般若波羅蜜多経』六百巻納経墨書銘記を克明に分析し、幕末期における拝島大師信仰史の具体的内容を描きました。養蚕業の発展と開国外国貿易で拡大する生糸の生産・流通・世界貿易の局面に関わって拝島大師を信仰した人びとの動態を再現しました。

第八章「拝島大師堂坂開通と「拝島大師」の成立」は、幕末における上川原村と拝島大師との関係を俳句句会と拝島大師信仰の関連を考えながら考察しました。幕末期の拝島大師については、拝島在村・周辺各村の人びとの記録が思いのほか欠落していますが、現在の拝島大師に残る史料や境内の様子から注目すべき拝島大師の歴史文化が分かることがあります。これを上川原村と拝島大師の関係で考察しました。拝島大師に幕末、嘉永三年（一八五〇）より勧進が開始された『大般若波羅蜜多経』六百巻納経が現存することは前章に見た通りですが、その六百巻納経者の最後近くは上川原村（現、昭島市上川原町）の人びとで占められています。上川原村民の納経者は計十二名、各村中では最多です。さらに幕末、上川原村民の生産と在村文化、大師の奉額句会、拝島大師初縁日のだるま市と上川原村の生産と在村文化などを考察、上川原村の大師道と堂坂の開通から、拝島大師境内の堂坂と「拝島大師」の成立と歴史地理学的考察を試みました。

第九章「拝島大師本堂向拝高欄造営と智海尼の生涯」は、まず一「拝島大師旧本堂の向拝高欄擬宝珠刻銘名」では、極めて零細な史料を用いて、幕末・明治維新の二十五世澄俊と智海尼の時代の向拝高欄造営をその擬宝珠刻名を紹介しながら考察しました。鑓水村大塚徳左衛門、中神村中野久次郎（中久）、大神村石川伊右衛門らの結びつきが具体的に分かります。次に二「拝島大師本覚院智海尼の生涯」では、近世後期の文化文政期より天保・弘化を経て嘉永・安政から万延・文久・元治までの幕末激動期の拝島大師本覚院にとって、忘れてはならない人物に智海尼が居たことに注目し、その活躍を顕彰するためその生涯を叙述しました。三「拝島大師本堂向拝高欄造営の時代的背景」では、幕末期における拝島大師だるま市の興りが具体的に確認できます。また今日節分豆まきに配る大黒さんの御札が当時拝島大師蚕祭りに関係したものであったことが推定されます。

第十章「明治・大正・昭和戦前期の拝島大師」は、まず、明治期の拝島大師本覚院の二十五世澄俊から二十六世藤井賢祐の住職在任を確認し、さらに明治四十年に寂した二十七世住職解脱院大阿闍梨阿實、姓大塚氏に及びました。この時期は日本全国に廃仏毀釈の嵐が到来し、寺院は有名無名を問わず例外なしに破壊されていたころですが、拝島大師は意外なほど平穏無事でした。正月二・三日の初縁日「だるま市」はますます盛んになり、三日早朝の若者による裸参りは寒中の寒さを吹き飛ばす熱気が溢れました。拝島大師はあいかわらず土地の人びとにより大切に護持されたというのです。二十六世藤井賢祐の時代、明治十四年（一八八一）大師堂西に築山が造園されました。地域の文化創造の一部です。次に青梅鉄道（拝島）停車場設置請願書で拝島大師に言及していることを確認しました。そこに出て来る地域の地名は、南方の八王子町を始め、北方の箱根ヶ崎・石畑・殿ヶ谷・岸・三ツ木・横田・中藤などから、埼玉県下の三ヶ島・勝楽寺、及び所沢・川越・扇町屋・飯能などに繋がり、西方の牛浜・福生・川崎・羽村等を経て、青梅町などはすべて先章に紹介した拝島大師本覚院『大般若波羅蜜多経』六百巻納経者の中核的町・宿・村々です。

拝島大師初縁日では「諸方遠近の老若男女を問わず参詣に群集せること恰かも泰山を崩すが如く、その雑踏言語に尽し難し」と、昔も今も変わらぬ拝島大師正月二・三日初縁日「だるま市」の賑わいです。青梅鉄道拝島停車場設置のため乗客誘致の拝島最大の目玉です。これらを明治二十四年十一月青梅鉄道会社事務所に請願したのは当時神奈川県に属した北多摩郡拝島村の有力者は嶋田成徳（中宿）、榎本廣輔・高橋伝蔵・細井文十郎（三者上宿）、臼井米三郎・臼井留兵衛・谷部金五郎（三者下宿）と青木伝七（当時村長）でした。以上の拝島村惣代も拝島大師信徒総代でした。さらに以上の青梅鉄道拝島停車場設置の請願に協賛する他村代表の名は、西多摩郡殿ヶ谷村石塚幸右衛門、北多摩郡岸村荒田鎌三郎、同郡三ツ木村比留間利八、同郡中藤村榎本利亮など、また同郡八王子町八日市久保兵次郎、同郡八王子町寺町新井伊兵衛らですが、いずれも拝島大師信徒世話人などで確認される人びとです。

青梅鉄道拝島停留場が設置され、正月二・三日の拝島大師初縁日参詣者が喧噪を極めるため、その対策施策として参道拡張が企図されました。それが現在でも奥多摩街道から始まる個所に明治三十二年(一八九九)建立の「元三大師」石碑があります。ここに見える人名からも当時の拝島大師の地域における位置の重要さが窺えます。

第二十七世本覚院住職大塚阿實師は明治四十年(一九〇七)六月十四日寂しました。法名解脱院大阿闍梨阿實和尚、次代は川勝宥賢師が第二十八世住職となりました。二十八世住職の時代は大正二年(一九一三)には天然理心流心武館奉納額記念奉納演武があり、大正十二年(一九二三)十二月廿四日、青梅鉄道は拝島大師初大師に臨時列車を運転する広告チラシを印刷することを決めました。拝島大師参詣の隆盛は上向きの時期でしたが、大正九年(一九二〇)大師堂瓦屋根換工事は遂に二十八世住職在世には成就しなかった不幸に見舞われました。

第十一章「昭和戦後期の拝島大師」は、第二十九世川勝宗賢の時代です。昭和二十三年(一九四八)宗賢が住職に就任し、先代の遺した課題に取り組みましたが、まさに戦後復興に合わせた昭和二十五年の拝島大師本堂改修工事の竣工であり、同年十月二日には元三大師堂改修落慶式が行われました。それにより昭和二十年代後半の初大師はサーカス・見世物が出て、南関東随一の初縁日だるま市となりました。昭和二十九年・三十年ころ、昭島市の成立と拝島橋完成、国道十六号拝島・八王子間開通して八王子方面からの参詣が一段と発展します。昭和三十四年(一九五九)十月二日には拝島大師満八十年目御開帳を挙行し、次いで昭和四十二年(一九六七)本覚院客殿・庫裡新築、同四十八年山門文殊楼、同五十一年鐘楼堂造営の上棟式まで行いましたが第二十九世川勝宗賢は急逝します。

第十二章「昭和末期・平成・令和時代の拝島大師」は、第三十世川勝賢亮の時代です。まず拝島大師本覚院大梵鐘ちぶさの鐘完成と奥の院多宝塔建設という先代の遺した事業を達成し、盛大な落慶式をもって次の発展へのバネとします。一字一石納経石・多宝塔心柱墨書など新機軸で、続く八日間の落慶法要は法儀、連続講演「法華経と日本文化」とも好評でした。その内容は『多宝塔と法華経思想』(東京堂出版)です。多宝塔落慶後に拝島大師古典会と拝島大師だより『如意輪』が創刊され、その後拝島大師の発展の源泉になりました。山田恵諦天台座主から要請のあった旧国宝大講堂モデルの拝島大師新本堂元三大師中堂建立は十二年の歳月を掛けて成就し、平成六年五月一日から八日、先の多宝塔落慶式に倣った大法要が執行され、法儀・講説とも未曽有の規模内容でした。新本堂の音響効果の良さを味わう拝島大師音舞台として五月の新本堂落慶記念法要中に行われ、五月五日には現在第二十六回を数える東京大学民族音楽愛好会南米音楽フォルクローレ「拝島アンデスの響き」が好評です。このような行事で毎年恒例として行われるものに平成二十二年から開始された古武術天然理心流心武館奉納演武があり、百年前の天然理心流心武館奉納額に倣った二代目奉納額が平成二十三年十一月二十三日に再現され、地域文化と拝島大師の強固な結びつきを天下に知らしめたのです。他方、新時代に対応した拝島大師の布教活動は平成二十五年十月より拝島大師本覚院公式サイトの開設公開で実現しました。

図９　拝島大師五重塔建立入仏供養会案内ポスター

その後平成時代、拝島大師伽藍整備の掉尾を飾るともいうべき拝島大師五重塔建立が企画され、平成時代末までに工事は円成し、令和元年五月二十六日には、拝島大師五重塔の本尊入仏供養、開眼法要が開催されました。入仏供養会は午後一時に行われること、二時より「拝島アンデスの響き」が特別に行われること、そうした拝島大師の空前の「お知らせ」が新聞紙上に掲載され、またＪＲ東日本の多くの駅に張られるポスターが制作されました(図９)。中央に大きく拝島大師五重塔の姿、その右上には「多摩の地に

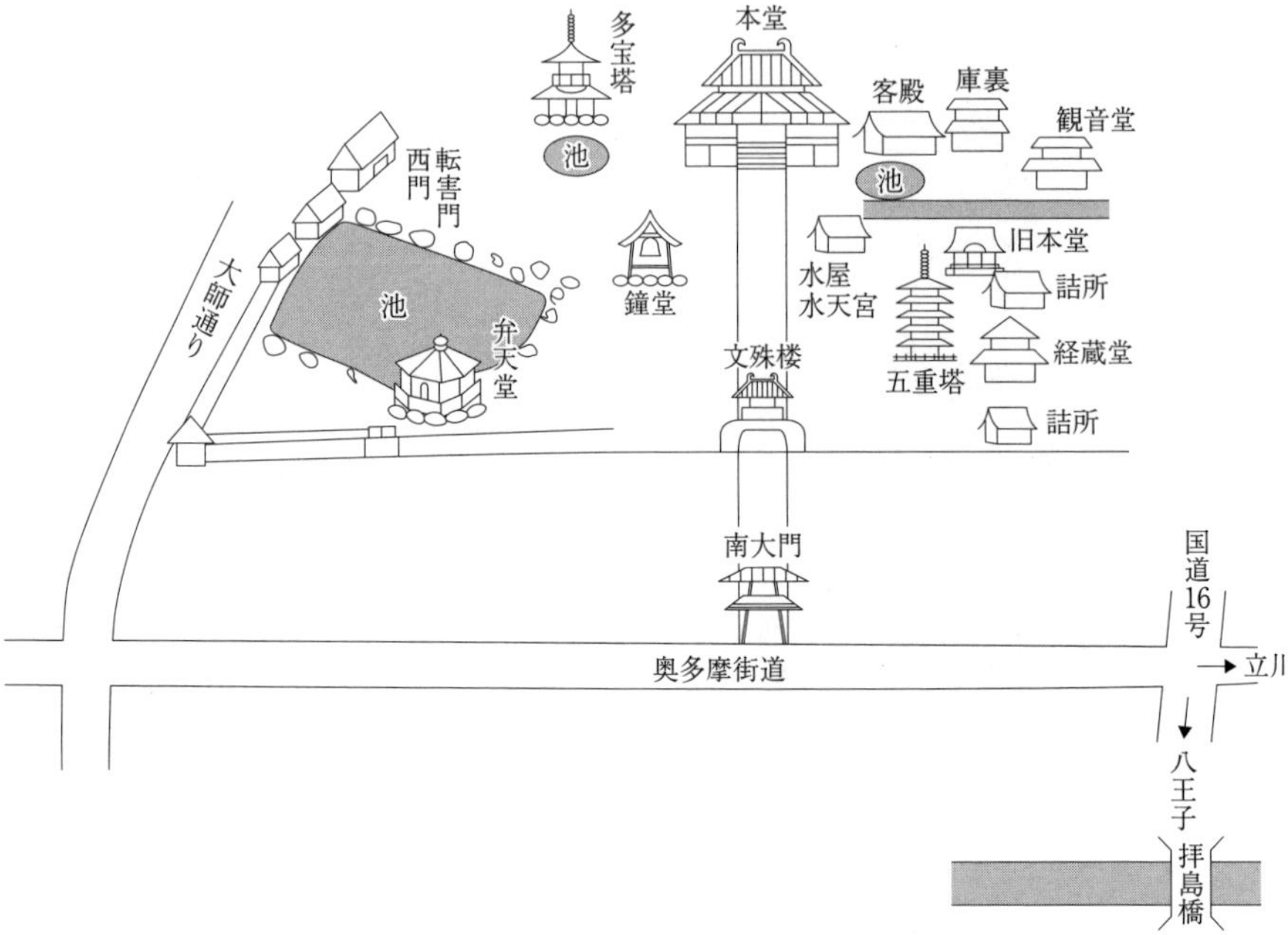

拝島大師本覚院　境内図

天平武蔵国分寺以来千二百年ぶりの木造五重塔」、左上方には「東京にもある奈良京都の伽藍」とあります。令和新時代の拝島大師の幕開けです。

あとがき

本書はこれまで社寺の縁起としてしか取り上げられなかった拝島大師本覚院の由来事蹟を、歴史学・文学など文系諸学などの総合的観点で考察する、つまり拝島大師の歴史文化を分析しようとするものです。それにより拝島大師信仰の伝統の全貌が明らかになるのです。これは一面では、拝島大師の正史編纂の企図であって、今日の地方創生の時代的要請とも関連するものです。また、拝島大師の地域社会における歴史文化像を正確に描写するのは、多摩地区及び南関東西部山岳周縁地域社会の人びとの生活文化の伝統を知るよい素材を提供し、それを通じて拝島大師信仰の普遍性を理解できるものです。拝島大師有縁のご信徒の皆様に本書の刊行のご支援を願い、ひとりでも多くの人びとの本書の閲覧を懇請するものであります。

なお、この種の寺社の由来来歴を中心とした縁起は、古来の伝統的な著作を除きますと、多くが歴史学者や郷土史家の著作です。そのため寺社の最も核心的であり、文化現象として最も価値有る、それこそが文化財として評価されるべき信仰の歴史文化がほとんど記述されないことが多いのです。ところが逆に信仰を担う寺社の側の著作は、リスクとなる、不都合な部分はこれを書かないということもあり、全体として普遍的、学術的価値有る書物とは成りません。今回の本著作を客観的に述べますと、寺社の担当責任者が自ら執筆した学術的著作にしてかつ一般書という、従来他に類例を見ない著作です。

拝島大師本覚院の歴史文化について書かれた専著はこれまで皆無でした。そこで本書は拝島大師の地域、多摩地区に密接に関係する内容に焦点をあわせました。でき上がってみると、本書は単なる一拝島大師という寺社の縁起ではなく、地域の歴史文化を知るよき素材になっています。多くの読者の活用利用を期待するものです。

令和元年九月三日

本覚院第三十世住職　川勝　賢亮（守）

10　写真・図版

ぶしゅうはいじまだいしほんがくいん
武州拝島大師本覚院の歴史文化

2020年(令和2年)1月1日　第1刷　3200部発行　　**定価[本体1800円＋税]**

著　者　川勝 賢亮

発行所　有限会社岩田書院　代表：岩田　博　http://www.iwata-shoin.co.jp
〒157-0062　東京都世田谷区南烏山4-25-6-103　電話03-3326-3757　FAX03-3326-6788
組版・印刷・製本：三陽社

ISBN978-4-86602-089-1 C3021　￥1800E

著者紹介

川勝　賢亮（かわかつ　けんりょう）

1940　東京都下に生れる。
1964　東京大学文学部東洋史学科卒業
1972　東京大学大学院人文科学研究科博士課程退学
1973 より　九州大学文学部、講師、助教授を経て、
1987 より　教授・東洋史学担当
1998 に退官、大正大学文学部教授、九州大学名誉教授
2011 に退職、大正大学名誉教授
1980　文学博士（東京大学）
2008　博士（仏教学、大正大学）

主要著書（川勝 守）
『中国封建国家の支配構造―明清賦役制度史研究』1980、東京大学出版会
『明清江南農業経済史研究』1992、東京大学出版会
『東アジアにおける生産と流通の歴史社会学』（編著）1993、福岡、中国書店
『明清江南市鎮社会史研究』1999、汲古書院
『日本近世と東アジア世界』2000、吉川弘文館
『聖徳太子と東アジア世界』2002、吉川弘文館
『中国城郭都市社会史研究』2004、汲古書院
『日本国家の形成と東アジア世界』2008、吉川弘文館
『明清貢納制と巨大都市連鎖―長江と大運河』2009、汲古書院
『チベット諸族の歴史と東アジア世界』2010、刀水書房
『日本歴史文化概論十五講』2011、岩田書院
『三角縁神獣鏡と東アジア世界』2012、汲古書院
『中国改革開放の歴史と日中学術交流』2013、汲古書院
『三角縁神獣鏡と東アジア世界　続』2015、汲古書院
『正倉院鏡と東アジア世界』2017、汲古書院

索　引

付：参考文献／口絵・本文中 写真図版

け

こ

さ

し

た

ち

つ

て

ほ

ま

み

む

め

も

や

ゆ

よ

■参考文献

平林盛得『良源』吉川弘文館人物叢書、昭和51年。
慈恵大師一〇二五年御遠忌記念企画展図録『元三大師良源―比叡山中興の祖―』
　大津市歴史博物館、平成22年。
寺島典人「良源像の造像について」（同前『元三大師良源』所収）。

■口絵・本文中　写真・図版